中国教育文化的阐释

丁钢 著

Interpretation of Chinese Education Culture

教育科学出版社
·北京·

出 版 人　李　东
责任编辑　薛　莉
版式设计　郝晓红
责任校对　马明辉
责任印制　叶小峰

图书在版编目（CIP）数据

中国教育文化的阐释/丁钢著. —北京：教育科学出版社，2021.2
ISBN 978-7-5191-2574-5

Ⅰ. ①中… Ⅱ. ①丁… Ⅲ. ①教育学-文化学-研究-中国 Ⅳ. ①G40-055

中国版本图书馆 CIP 数据核字（2021）第 032416 号

中国教育文化的阐释
ZHONGGUO JIAOYU WENHUA DE CHANSHI

出版发行	教育科学出版社		
社　　址	北京·朝阳区安慧北里安园甲 9 号	邮　　编	100101
总编室电话	010-64981290	编辑部电话	010-64989363
出版部电话	010-64989487	市场部电话	010-64989009
传　　真	010-64891796	网　　址	http://www.esph.com.cn
经　　销	各地新华书店		
制　　作	北京金奥都图文制作中心		
印　　刷	唐山玺诚印务有限公司		
开　　本	720 毫米×1020 毫米　1/16	版　　次	2021 年 2 月第 1 版
印　　张	14.25	印　　次	2021 年 2 月第 1 次印刷
字　　数	196 千	定　　价	52.00 元

前言

教育活动作为文化传递与创造的核心，本质上呈现为一种教育文化现象。教育文化研究是将教育作为深层的社会文化活动的重要影响因素，研究教育文化与社会生活的内在联系，强调教育活动的文化内涵和实践功用，并呈现教育文化实践的多元形态与丰富内涵。

对于中国教育文化的考察，首先必然涉及什么叫传统的问题。对于这个问题，无论中外都有着许多不同的阐释，但如果从共性的认识来看，有一点是比较一致的，这就是在广义上都肯定传统是指历史上形成的东西。我们讨论教育文化传统，也是从历史出发的。

我们关注教育文化传统的多元形态与丰富内涵，这对如何正确地评价教育文化传统的价值以及如何阐释它尤为重要。

人们往往习惯于把儒家教育与中国传统教育文化等同起来，大多是依据中国自汉代开始罢黜百家、独尊儒术，而使儒家教育成为中国古代社会正统教育的主流这种认识。的确，由于中国宗法社会的早熟，儒家所提倡的等级划分，修身、齐家、治国、平天下等具有强烈政治意味的伦理构想，以及在这基础上形成的教育思想与实践在中国教育文化传统中占据着主要的地位，发挥着重要的作用。

但是实际上，孔子的教育思想不等同于孟子、荀子的教育思想，孟子、荀子的教育思想与实践包含有对孔子教育思想与实践的发展与改造，比如孔子重视礼乐教育而反对法制，而荀子在发展礼乐教育的基础上把礼法加以统一，提出了礼法并用的教育思想。到了汉代，汉儒更是吸收法家与道家的某些思想，对儒家教育思想进行了改造，形成了一个以儒家教育思想为主干、兼容诸家的教育体系。如果再往前追溯，早在汉代之前，不仅儒家主动吸取其他诸家的合理思想，而且像法家人物管仲、韩非等以及道家人物田骈等，都对儒家的教育思想加以汲取而使各自流派成为后世儒家发展的重要参照系。《吕氏春秋》庞杂的教育体系的形成，正是早期诸家争鸣融合的结果。因此，汉代虽说罢黜百家而独尊儒术，但事实上此时的“儒术”已融百家为一体，已非孔子儒学的本来面貌。不仅孔子不等于儒家，即使是后来发展出来的程、朱、陆、王等这些被视为圣人的硕儒大师也不能作为整个儒家的代表。柳宗元、刘禹锡、王夫之等被统治阶层加以排斥的非正统派人士，对中国教育文化传统的贡献亦是不容忽视的。

而且，儒家教育文化传统（已经整合起来的）本身也不能涵盖整个中国教育文化传统。因为除了儒家教育文化传统以外，中国还存在着墨、道、法等诸家的教育文化传统。例如，在魏晋南北朝时以自然主义教育为特征的道家教育文化传统，相对于正统的儒家教育文化传统，形成了重自然、轻名教的玄学教育思潮，这对中国教育文化传统的发展是具有重大影响的。

中国历史上还存在着佛教和道教这两个相对独立而各具特色的宗教。如果说儒家教育非常重视政治与道德方面的教育，那么佛教教育则侧重于人的内心修养和思想的熏陶，注意对人的心理以及思维方面的训练，而道教教育则更注重养身修行的教化。佛教与道教的教育目的虽然是宗教本位的，但在具体的教育中又有一些合理的东西。从宗教平等的观念出发，佛教教育还十分注意在寺院教育中的师生平等关系，最突出的一点便是“问难”。佛教重视游学，游学者无论游学至何处，均可与当地讲师互相诘难，如确实才思过人，学问高于当地讲师，还可替代其讲师地位。而道教教育十分重视养身修行，注重“外丹”“内丹”，其教育又具有浓厚的科技教育的色彩。道教养身修行炼“外丹”是需要掌握一定的科学知识与技术的，而“内丹”实为一种气功养生术，其中关于吐纳导引、经络学说等的传授，也在一定程度上体现出科技教育的特色。因此，对于佛教和道教的教育必须做细致深入的研究。这种包裹于宗教神学之中的教育文化传统也应当成为中国教育文化传统中的一个组成部分。

在考虑中国教育文化传统时，关于多民族的教育文化传统也不容忽视。事实上，中国自古以来就是一个多民族的国家，不少民族有着自己较为系统完整的文化与教育文化传统。我们不能也无法忽视这些教育文化传统的事实存在，它们也必然是中国教育文化传统的重要组成部分。民族教育文化传统的形成，从外部来讲，与不同地区和社会的政治、经济、文化习俗、宗教、语言等有关；从内部而言，又与其教育体制、办学目的、教学内容与方法等相联系。对于诸如此类的教育文化传统，如果我们缺乏深入细致的把握与研究，那么今日的教育变革以及民族教育的现代化，就将因教育文化传统资源的缺乏而失去实际意义。

进一步讲，人们对于教育文化传统的认知，往往集中于那些已经制度化、系统化和见诸书面文献的思想观念，而忽视那些蕴藏于民间的风尚习俗之中的非制度化、非系统化的教育行为方式。比如说，社会的生活方式、礼仪的遵从、行为的模仿以及知识的口耳相传等。古人云“建国君民教学为先，化民成俗其必由学”，这就明确道出了中国古代教育的两个任务或两个方面：建设国家和管理公务，要以教育为最优先、最重要的事情；而要教化人民、形成良好的风俗习惯，必须从教育入手。前者比较容易认识，后者则涉及如何在风尚习俗的教化中推进教育。民间教育文化、教育方式所体现出来的教育文化传统往往被忽略。这正要求我们对中国教育文化传统有全面而深层的把握。

今天我们之所以要经常不断地讨论教育文化传统问题，有着非常现实的思考，也即背景与动因：在中国教育现代化的进程中，教育文化传统究竟有着什么样的作用和意义？从发展的角度看，现代化是在传统的背景下起步的，并且在具有一定文化传统的社会中发展，所以现代化总是与一定的教育文化传统相关的。可以说，现代化既是现实的，同时又是一种积累、传递和发展。简言之，它是一种历史与现代的共存，并且指向未来。正如传统并非一成不变的，教育文化传统本身也经历着不断的选择、批判、改造，我们今天对于传统的选择、批判与改造本身也是在发展传统，从而构成了现代化建设中的一项重要任务。从这一意义来看，我们今天所进行的教育现代化建设恰恰是传统的延续。我们研究教育文化传统的目的也不仅仅是保存它，而且是改造它、发展它，使其适应今天的需要，因为“过去的文化既不可一概否定，也不应一味地赞美。不论我们如何想唾弃它，而它也是同现代有着血肉的联系；另一方面，不论我们如何想赞美它，而它已经不能按照原来的样子复活”（永田广志，1978）[8]。这就需要我们对中国教育文化进行理解与阐释。

谈到阐释，又必然涉及阐释的对象，这阐释的对象就是历史上形成并影响至今的教育文化传统。我们要理解教育文化传统对今天的现实究竟具有什么样的作用与意义，就离不开对于教育文化传统的阐释。对教育文化传统做出全面与真实的阐释，仍是我们今天反思传统与变革传统的一个重要方面。因为，教育文化传统不仅具有外在的时代根据，而且具有内在的理论价值。这就是说，它不仅提供了特定时代的特定知识思想体系，而且提供了关于教育本质认识的某种智慧。这种智慧包含着对于教育的深刻洞见以及合乎人性发展的真理性认识，并且蕴藏着许多有待充分展开的合理因素。

譬如，中国教育有着重视道德教育的传统。这一传统具体通过对于仁义与礼法关系的不同理解而展开。就其道德知识结构而言，其中许多概念与观点属于过去的道德教育范畴，但是就其所提供的教育智慧来说，古代教育家对于道德认知、情感与意志的培养经验，对道德修养与人格完善关系的处理，以及把道德教育看成使个体社会化的重要途径，用以促进社会与个人的发展等方面的智慧，常常值得再三回味与探究。

又如，“孝”作为传统的美德，在古代社会得到充分的强调而构成道德教育内容之一，其与家长制及崇尚先人经验的认知方式等是相关联的，而现代社会要使之成为道德教育的一个内容，就需让其建立在今日的家庭形态与关系以及社会道德认知的基础上。

再如，儒家有着重视仁智统一、强调理性自觉的教育文化传统，要求人基于道德而保持理性上的自觉与修养。即使在现代社会，我们也必须承认培养道德自觉仍然是道德教育的一个重要原则，儒家所提倡的“慎独”“内省”等方法，同现代教育所强调的自律是相联系的。

对教育文化的阐释并不在于探寻规律，而是要探求意义，即采用理解的方法，从内心的理解出发去把握历史中教育文化行动的意义。运用阐释的方法解读教育文化，就必然要投入理解，并体现为一种对于历史与现实的文化关怀。

伽达默尔说，“在精神科学里，我们的各种形式历史流传物尽管都成了探究的对象，但同时在它们中真理也得到了表述”，“对历史流传物的经验在根本上超越了它们中可被探究的东西。这种对历史流传物的经验不仅在历史批判所确定的意义上是真实的或不真实的——而且它经常地居间传达我们必须一起参与其中去获取的（teil zu gewinnen）真理”。（加达默尔，1999）[导言19]文本（即伽达默尔所称的“本文”）的意义并不是由作者的意图所决定的，“本文的意义超越它的作者，这并不只是暂时的，而是永远如此的。因此，理解就不是一种复制的行为，而始终是一种创造性的行为”（加达默尔，1999）[380]。

对中国教育文化的阐释，笔者其实更在意读者能够从自己的理解中得到感悟、启发。于是，阅读便成为一个追问的过程，成为一种由理解者参与的阐释过程，也是一种力图从文本中发现其意义的过程。

如果作者与读者都能成为理解与意义的建构者，那么本书的目的就算达成了。

目录

CONTENTS

Chapter Ⅱ:
Aspects of Educational Cultural Tradition / 019

Chapter Ⅳ:
The Change and Orientation of Contemporary Education Culture / 141

第一章

文化处境中的教育诠释

关于教育处境的考察，以往大多从政治或经济的角度进行，对于教育历史的研究更是如此。这种研究方法至今仍具有合理性。事实上，政治和经济对整个社会历史（包括教育的发展）的确具有重大影响。但问题在于，这样一种研究方式并非既定的或唯一的思考途径，我们必须面对和考虑社会文化历史发展的多重性与复杂性。对这种多重性与复杂性进行解读，则需要了解中国教育文化历史本身的知识范围所具有的多元与多学科交叉性质，同样也需要探究文化解释的教育理性。

第一节　教育的文化功能

在过往的文化讨论中，由于人们引入了大文化的观念，便把文化问题推向了更为广阔的领域。文化的研究不再局限于政治和经济两个方面，而开始从社会文化的各个方面来分层次考察整体文化的承继与变迁，从而为各个领域的研究提供了一个大文化背景，同时又使得各个领域的研究获得了其本身的文化意义，并与整体文化的发展相联系。这种研究所取得的积极成果之一，便是对教育功能的文化观照。

一、教育功能的文化观照

人们不难发现，政治和经济对社会文化发展的巨大作用，往往不能离开教育这一中介而得以充分发挥；作为文化媒介的教育，正是促使政治和经济的变化渗入人心的一个不可或缺的手段。教育将文化（包括政治、经济等在内）加以有目的、有意识的传递与保存，并通过选择与重组实现文化的改造和创新，由此影响社会生活与精神。这就是教育的文化功能。教育的文化功能显然具有更为广泛的涵盖面。

首先，教育的文化传递，包括了知识、思想、道德、风俗、艺术以及每一世代的认知图式等。这种传递绝对不是指生物意义上的遗传，而是指社会文化的积淀，是对社会文化世代连续性的同化与顺应而引起的文化潜移。正如恩格斯曾深刻地指出的：

> 由于它承认了获得性的遗传，它便把经验的主体从个体扩大到类；每一个体都必须亲自去经验，这不再是必要的了；它的个体的经验，在某种程度上可以由它的历代祖先的经验的结果来代替。如果在我们中间，例如数学公理对每个八岁的小孩都似乎是不言而喻的，都

无需用经验来证明，那末这只是“积累起来的遗传”的结果。（恩格斯，1971）[244]

其次，教育在文化传递的过程中也在不断地改组和重建着文化。黑格尔曾认为，文化遗产“当我们去吸收它，并使它成为我们所有时，我们就使它有了某种不同于它从前所有的特性”（黑格尔，2009）[9]。这说明，文化传递事实上也是一种文化涵化，即系统的重组。这种重组既包括对原有文化要素的选择组合，同时又包含自己的理解与判断，从而导致整个系统发生不同性质的变化。如孔子修订“六经”，表面上看仅是对以往文化的承继，而事实上其结果相对于过去的理解已经发生了很大的变化，孔子的判断与理解（仁学思想的提出）导致了儒家文化鲜明的政治化与伦理化的倾向。同样，对不同文化系统中相似要素或不同要素的选择、吸收与改造，又使得儒家文化在吸收佛道文化的基础上，产生了新儒学——宋明理学。

正是这种有目的的选择与重组，使教育发挥了文化传递中的改造功能，推动了文化的嬗变。

二、关注的若干问题

由于对教育的文化功能的认识不断深入，对中国文化与教育关系的讨论便给教育研究带来了新气象。我以为，文化史与教育史研究的联姻，使教育历史研究的范围扩大，是文化讨论对教育研究所产生的最积极的影响。

归结起来，有几个方面的问题值得关注。

1. 传统教育的总体框架

把儒家的教育文化看作中国教育文化的主体，这是教育界的共识。应该承认，以儒家教育为主体的中国传统教育，对中华民族的历史与文化以及民族文化心理的形成具有极为深远的影响。然而，儒家教育本身并不是一成不变的。虽然儒家教育的主导地位正式确立于西汉，但它是各民族教育文化长期冲突融合的产物。它自身的发展是一个动态的变迁过程。从文化史的角度来看，它起码经受了魏晋南北朝时期玄学、道家学说与佛学的冲击，而唐宋以降所产生的理学教育，则是由多种文化长期碰撞与融合而衍变生成的新儒学教育体系。

既然一方面承认儒家教育的主导地位，另一方面又确认它是一个涵盖面很广且不断衍变发展的体系，这就必然引申出中国教育传统究竟有着什么样的结构的问题。

从历史的发展来看，中国传统文化本身就是一个多元的结构，大致由儒家文化、道家或道教文化及佛教文化三部分构成。在中国漫长的文化发展史中，由于在满足封建社会需求上的不同，注重实际、人伦关系的儒家文化处于正统主导地位，崇尚自然、无为而为的道家文化起着重要的补充作用，而提倡出世、精神修炼的佛家文化则充当了满足人们宗教心理欲求的重要角色。因此，在教育上，一方面形成了以儒家教育为主流，佛道教育为补充的局面；另一方面随着社会的变动沉浮，三者此起彼伏，形成了一幅错综复杂的历史图景。所以，儒、佛、道三家教育构成了中国传统教育的主干部分。

此外，区域文化与教育流派的关系、少数民族文化与教育的关系以及诸如科技、艺术等方面的教育问题，即教育发展的地域性、民族性、多元性等问题，也随着讨论的深入而引起人们的关注。

2. 大众文化与教育

在着力探讨精英文化的同时，广泛地研究民俗文化，也是十分必要的。

这是一个文化视角的问题。对精英文化的注重使人们的眼光过于集中于上层文化，而忽略了大众文化的传播与变迁对社会生活的实际作用。

对于教育研究来说，不仅应看到上层、官方的教育的作用与影响，也必须注意到下层、民间的教育对于文化传递与变迁的实际功用。

首先，中国古代教育的萌生与发展的历史事实告诉我们，如果我们仅从学校教育中寻找中国传统文化的传播途径，那就根本无法解释为何旧的文化思想会那样广泛地影响着人们的社会生活及精神观念。那种以为中国的传统文化已成为遥远的回响的观点，与历史事实是相违背的。中国封建社会的学校（包括私学）对传播传统文化确实起了重要的作用，但广大的下层人民并非都有受教育的机会。他们对传统文化观念与知识的获得，更多地是靠蕴藏于风俗习尚之中的非学校教育。这种教育大多是通过口耳相传以及风尚仪式等而世代延续的。

其次，从文化人类学的角度来看，广义的文化传递并不局限于学校这一狭窄的空间。文化人类学家认为，教育者和学校必须成为研究的对象，但单单研究学校是绝不能理解教育模式的。事实也是如此，社会的生活方式、礼仪的遵从、行为的模仿等等，都构成人们文化习得的途径。此外，大众文化的传递也包含创造性的一面，并以此影响着整体文化的变迁。这在历史上并不少见。

3. 对传统教育的评价

如果我们把传统与过去等同起来，那么必然会把传统看作绝对固定了的一成不变的东西。那样，传统就死了，无论你如何肯定它或者否定它，都不会对现实产生任何影响，更与未来无关。

然而，传统却活着——孔子活着，老子活着，教育传统的许多方面仍然活跃在我们的现实生活之中。为什么呢？正如每个人都是他的时代的成员，同时又是历史的遗传物一样，历史与当代共存，这就是人的复杂性。教育也是如此，它既是现时的，同时又是一种积累的传承，是一个历史与时代的共存体。从这个意义上去理解传统教育，它本身就不仅仅是过去，而且包含着现在与未来，因而与我们的当代教育生活保持着密切的关系。

三、民族教育的反思与成熟

现代教育的发展并不意味着与传统教育相割裂，我们面临的是两者的关系如何更新的问题。正如传统教育不是一成不变的一样，我们今天对传统教育的选择、批判、改造与重新解释，也势必会造成一个新的传统。

由此可见，我们研究传统教育的目的并不仅仅在于保存它，或者摆脱它的制约，而且是改造它、发展它，使其适应今天的需要，帮助我们解决现在所面临的问题。从这个意义上讲，我们不是传统教育的旁观者或评判者，我们是传统教育的真正主人。只有这样，传统的东西才能真正为我们所承继。

中国当代的教育变革与发展不能以牺牲中华民族传统的基本精神为代价。历史证明，一个善于保持自己民族优良传统的民族，一个勇于改造与更新自己民族传统的民族，才是一个有生命力的民族。

并且，经过改造与更新的传统教育将不再属于过去，而体现了我们所处时代的精神，它必将成为当代教育的一个组成部分，更富有民族与时代的精神。

回顾一百多年来中国教育向西方学习的历史，如果说由于前几次学习发生于民族危亡之际，我们不能对传统教育文化与西方教育文化做深入细致的考察的话，那么全面深入地了解中国教育文化与西方教育文化便是我们当前应首先着手的一项任务。

一方面，任何一种文化的更新与发展，必须开始于对自己传统的反省与批判；另一方面，在开放的世界面前，每一种文化又是属于世界的，文化之间的借鉴、渗透甚至融合是无法避免的，并且是必要的。因此，从对中西方教育文化的比较入手，检阅自己的教育，必然成为新时期教育改革的起点。同时，当我们将对中西方教育文化特殊性与差异性的比较不断引向深入时，也需关注中西方教育文化的共性问题。毫无疑问，人类的各种文化总是以不同的形式表现出来，但这种丰富的多样性并不排斥许多共同性。因此，对于中西方教育文化共同面临的问题的探讨也应成为比较的一个方面。

总之，我们的民族教育文化，只有经历自觉地批判、深刻地反思以及认真而审慎地选择和接受一切有价值的东西的过程，才能变得更为成熟，更加完善，更具有鲜明的时代性和民族性。

第二节　教育文化历史研究的知识图景

在教育学科发展中，教育文化历史研究作为教育研究的基础，与其所具有的知识图景和研究视野紧密相关。探讨教育文化历史研究本身所蕴含的知识图景和所呈现的知识特征，有利于教育文化研究的推进与发展。

一、历史研究的知识范围

这里，我们首先借鉴北京大学吴小如和吴同宾著、中华书局 1982 年出版的《中国文史工具资料书举要》（以下简称《举要》），把文史工具书分为两大类，进而来看教育文化历史研究所涉的知识范围。

一类即为包括经、史、子、集在内的“广义的工具书”。

经：包括十三经。在中国文化中，经典很重要。最早的经书在秦汉时被称为六艺，而六艺与教育的关系就甚为密切。再从十三经来看，其中的《论语》《孟子》，以及《礼记》中所含的《学记》《大学》，本身就是代表中国传统教育思想的重要论著。《尚书》《春秋》《礼记》都是研究先秦教育不可或缺的史料。

史：涉及史学，主要是二十四史，也包括很多历史资料、丛刊之类的文献。《举要》中提到了《中国近代史资料丛刊》，其实这种丛刊非常多，远的不说，今人所编的大型教育史料系列就有朱有瓛主编的《中国近代学制史料》（1983—1993 年）、熊承涤等主编的“中国古代教育论著丛书”（1987—1998 年）、陈元晖主编的《中国近代教育史资料汇编》（1990—1997 年）等。

子：一般指哲学著作，如《百子全书》《诸子集成》，另如宋元明清四朝学案和清儒学案等。学案又跟思想家、思想史研究有关，因此通常也包括一些类书和佛道两藏。古人还把小说家列入诸子百家，于是一些神话、传说、小说、笔记和杂录都被列入“子”部。这些作为研究教育文化史和教育思想史的重要资料，应该是无人怀疑的。

集：主要是古代作家诗文词曲的结集，包括古典散文、诗歌、词曲、戏曲、小说等总集。拿笔记小说来说，它虽然不尽为信史，但是可以用作佐证史料，因为其中所反映出来的社会制度、生活风尚或旨趣等，都与历史及教育文化历史研究具有相关性。

另一类是可进一步分类细化的工具书。

一如类书和政书。类书是分类聚集的，大致根据政治、经济、法律、文化等方面制度和社会民俗生活等的需要编撰而成。流传下来的有《北堂书钞》《艺文类聚》《太平御览》《册府元龟》《永乐大典》《佩文韵府》等。政书则分门别类地反映了历代典章制度的沿革变化，包括政治、经济、文化等制度乃至天文、地理、文学和艺术等方面的内容，流传下来的有《通典》《通志》《文献通考》《唐会要》《五代会要》《西汉会要》《东汉会要》《宋会要辑稿》《明实录》《清实录》《历代职官表》等。

二如索引和年表等。索引有人名索引，包括《二十五史人名索引》《八十九种明代传记综合引得》《唐人行第录》《宋元方志传记索引》《宋元学案人名索引》《历代为讳字谱》《史讳举例》等，可供我们查阅姓氏谱系、原始传记资料等。地名索引包括《太平寰宇记》《读史方舆纪要》《中国地方志综录》《历代地理志韵编今释》《三辅黄图》《水经注》等，可用于查找历代版图疆域、古今地名沿革、地区综合资料和专门地名等，跟地理学有关。而年表和历表，包括《资治通鉴目录》《历代纪事年表》《历代纪元编》《疑年录》《释氏疑年录》等，与史学有关，专供查考历史事件、人物以及历史的发展。

三如语言和文字方面的工具书。如《说文解字》《切韵》《唐韵》《广韵》《集韵》《尔雅》《释名》《广雅》《经典释文》《经籍籑故》《经传释词》《方言》《通俗编》等，它们虽说为文字、声韵、训诂和方言俗谚之类的书籍，却是一般文史工作者所需倚重和掌握的。

说得夸张一些，中国人的学术研究一直是跟语言学相关的，一直到晚清的时候，学科的分门别类都跟训诂学、金石、碑帖等学问的展开有关系。无论乾嘉学派的繁荣是否与当时的文字狱有关，但确实与语言学有关。这种研究，由于重视对经典文献的再解释，导致了目录学、碑铭学、历算学、版本学、地舆学等专门学问的出现（Elman，1990）[67-85]。

仅是从文史资料工具书的角度，我们已经可以看到，教育文化历史研究不可避免地会涉及史学、哲学、政治学、经济学、法学、文学、语言学、民俗学，甚至天文学、地理学、考古学、图书情报学等众多的学科门类，这些构成了教育文化历史研究丰富的知识图景。并且，当我们把这些工具书以学科归类的方式呈现出来时，就可知晓教育文化历史研究的多学科维度进入是如此必然和必要，而一旦我们把这些工具书背后隐藏的各种学科门类的知识应用到教育史的研究中来，教育文化历史研究的多学科知识领域的运作就不可避免地发生了。

二、分类视角的知识图景

我们再从历史研究的分类视角来看其中所呈现的知识图景。这里，以梁启超《中国历史研究法》之补编中关于五种专史中的人的专史、事的专史和文物的专史的论述为例展开阐述，并结合传统和现代的史学视角来看教育文化历史研究需要拓展的方面。

第一，人的专史。历史离不开人的活动，而人的活动恰恰是历史研究的核心。人物专史可以分为立传、专传、合传，还有年谱、人表等，这些都是比较传统的做法。梁启超以为，“历史与旁的科学不同，是专门记载人类的活动的”，“所有好的历史，都是把人的动作藏在事里头”。（梁启超，1998）[172-173]他进而认为，这种研究“不但要留心他的大事，即小事亦当注意。大事看环境、社会、风俗、时代，小事看性格、家世、地方、嗜好、平常的言语行动乃至小端末节，概不放松。最要紧的是看历史人物为甚么有那种力量”（梁启超，1998）[174]。因为，“一个人的性格、兴趣及其作事的步骤，皆与全部历史有关”（梁启超，1998）[173]。

可见，以往的历史研究还是把人的活动看得很重。范文澜的《中国通史简编》大概可以算当代史学著作中最具司马迁《史记》之笔法的了，里面即使写历史事件，也是透过丰富生动的人的活动来展现。可惜这种写法在教育史研究成果中很少见到。

曾几何时，历史人物的研究有些淡化了，就剩下典章制度的研究了。我们并非说制度不重要，而是要强调，制度也是人的活动的结果。在人的思想研究方面，研究主题后来又有所窄化，慢慢地把人的思想活动也抽象化了。教育史研究者在写某某人的教育思想时，往往把其分为教育思想、教学理论、教学方法、人格培养等，这样人的思想就被肢解了，本来鲜活的事实变成了官样文章，不“活”了。当然，人的专史并非只是关注伟大人物如仁人志士和有重要影响之人，也要关注社会基层中的各色人物。

在西方，人的专史又是如何扩展的呢？20 世纪法国年鉴学派将传统史学与地理学、经济学、语言学、心理学、人类学等多种学科相结合，把历史研究扩展到了广阔的人类活动领域，开创了一系列新的研究领域和方法，不仅拓展了比较史、地理史、系列史、历史人类学等的研究，而且开拓了心态史、精神史的研究。这对 20 世纪的史学产生了深远的影响，并与 90 年代在国际史坛日益引人注目的史学流派，如意大利的微观史学、德国的日常生活史和美国的新文化史相互呼应。(伊格尔斯，2003)[111-135]（伯克，2006）[103-104]

而像《最后的儒家：梁漱溟与中国现代化的两难》这样的人物传记，则没有停留于对人物的事迹和思想的罗列。作者考察了梁漱溟思想发展的轨迹、他受到的家庭影响和他的社会活动，讨论了乡村建设的主要内容并与毛泽东等人的思想相比较，指出了梁漱溟思想与世界性反现代思潮在客观上的联系。(艾恺，2003)

近年来，在中国教育史的研究中，深入人物生活的研究开始出现，如关注现代中国第一代女大学生学术与生活的叙事《文化、性别与教育：1900—1930 年代的中国女大学生》（张素玲，2007）和《历史的背影：一代女知识分子的教育记忆》（姜丽静，2012）。至于有关教育人物研究的口述史作品，如《中国教育口述史（第 1 辑）》（于述胜，2011）和《“青椒”的历史印痕：大学青年教师学术与生活的社会考察》（李宜江，2016）也已经引起关注。正如《过去的声音：口述历史》的作者汤普逊（P. Thompson）所认为的，在传记和交互分析之间存在着特别强烈的张力，而这是建立在口述史自身具有的实力上的。普普通通的生活经验恰恰是口述史发展的沃土。这种张力证实，发展的动力蕴含在历史和真实生活之间。(汤普逊，1999)[221-222]

第二，事的专史。梁启超认为：“研究历史，必把一件件的史迹看为集团，才有下手的地方。把史迹看作集团研究，就是记事本末体。……我们所希望的记事本末体，要从新把每朝种种事实作为集团，搜集资料，研究清楚。大集团固然要研究，再分小点，亦可以研究。凡集团事迹于一时代有重大影响的，须特别加以注意。”（梁启超，1998）[174-175]梁启超举例，如东林、复社类的组织、团体，还有重大的事件比如清世宗（雍正帝）继位前后情形等，可以列为事的专史。

而从教育专史来说，它现在变成了专题史，比如说女子教育史、高等教育史、职业教育史、书院史、科举史、宗教教育史等等，不仅关注历史中的大事件，也逐渐关注起小事件，如《嵌入村庄的学校：仁村教育的历史人类学探究》（司洪昌，2009a）、独辟蹊径研究近代教会教育历史的《学生生活图景：世俗内外的教育冲突》（孙崇文，2008）等。除了这些有关文献的研究之外，现在对图像做历史分析的做法，也开始流行起来，如《明代科举图鉴》（龚笃清，2007）等。教育影像史方面的研究也是值得我们期待的研究领域，并且已经有了《影像记忆：百年变迁的教育叙述》（毛毅静，2015）这样的先行研究成果。也如葛兆光所指出的，我们不能仅仅看图说话，而且要注意图像所表现出来的文字文献中所没有的东西。（葛兆光，2005）[138-139]如此，历史的遗物、图像，乃至近代以来的影像，都将给教育文化历史研究开启新的世界。

第三，文物的专史。梁启超认为：“文物专史是专史中最重要的部分，包括政教典章、社会生活、学术文化种种情况，……最好是把人生的活动事项纵剖，依其性质分类叙述。”（梁启超，1998）[267]梁启超把其分为三类：政治类包括民族、国土、时代、家族和阶级，以及政治制度形式与运用等；经济类包括消费方面的衣、食、住，生产方面的渔猎、畜牧、农耕、矿业、家庭手工业和现代工业，及与其相关的水利、交通、商业等；文化类包括语言、文字、神话、宗教、学术思想、文学、美术等。这里涉及政治史、经济史、文化史、文明史、思想史、知识史、艺术史、生活史、民俗史等许多方面。

从这些角度来看，教育文化历史研究的知识面本身就具有综合性质，教育本来就跟整个政治、经济和文化生活密切相关。需要指出的是，教育文化历史研究并非依附多种学科而发展，因为教育本身对于政治、经济和文化生活起着重要而不可替代的中介作用。教育文化历史研究只有在这种密切的关联中，才能真正地体现出其独特地位。

至于地方的专史和断代的专史，正如梁启超所说，地方的专史作为方志的变相，要“破下工夫，仔细研究，各人把乡土的历史、风俗、事故、人情考察明白，用力甚小而成效极大”（梁启超，1998）[179]；而在断代的专史方面，“时代的专史为全通史的模型，专史做得好，通史就做得好”（梁启超，1998）[180]。

虽然谓地方的专史和断代的专史，实际上它们只不过是区域、时间上的限定，但人、事、物都必涉及。而唯有如此，加上以上所述的三种专史研究，我们才有可能使教育通史性质的研究具有实质性的突破。

三、重视知识的多元性和交叉性

综上所述，教育文化历史研究的知识图景意味着其本质上不是封闭的，而是扩展和开放的，当然这种扩展和开放并不意味着会以其他学科的知识来代替自身的研究范围，而是提供了一种交叉研究的视域和研究情境。教育文化历史研究的知识图景并未给其构造与辩护设定界限，相反，它为知识的流通、运用和交叉开启了广阔的空间。在这个意义上，教育史学的知识具有一个重要的特征，即它不仅具有多元性和交叉性，而且其知识构造始终是一项有待于完成或者正在完成的工作。

所以，教育文化历史研究需要我们多去发现与创新，比如发现新的史料是种创新，改变了研究方法是种创新，知识和视野的多元取向也是一种创新。我们今天总是在强调跨学科和多学科研究，其实教育文化历史研究的知识图景及其知识特征本质就是如此。当然，时代在进步，人类的认识在发展，学术的视野也随之不断拓宽，结合传统与现代史学的视角，我们可以不断扩展教育文化历史研究所蕴含的知识图景，进而确立教育文化历史研究在学科知识的多元性和交叉性方面所呈现的知识特征，拓展教育文化历史研究的理论视野和知识领域。

第三节　教育文化研究的价值取向

从文化诠释的角度出发，教育可以展开其广泛的文化含义。任何教育理性的合理运用都是与适用的文化环境相结合的，当它以纯粹理性至高无上的姿态凌驾于其适用的文化环境时，它便成为一种“泛科学理性”，便成为一种教育的权力。这种权力难以从操作的层面上加以解读或融合，而使教育理性局限于他者文化的疆域之中。教育发展需要进行国际化和本地化的过程性对话与互动，教育变革需要面对的问题是如何做出文化选择以及如何形成符合自身需要的教育体系。因为，教育本质上不可能是一种抽象的话语或纯粹的知识活动，它既是一种价值判断，也是一种文化现象的经验描述，它必须具有价值参与的生存环境。

一、一种研究的视域

涉及教育抉择的讨论有很多，这里主要讨论教育的文化性格问题，并且不是在一般意义上去探讨教育的文化含义。尽管教育文化讨论将包含教育知识或结构等的形成，但相比于教育设计及原则，如何从教育的文化处境角度看待教育抉择中文化取向的特殊含义，更为重要。

应该说，教育的文化内涵，也是教育政策制定者经常加以思考的主题。然而，当人们试图为教育寻找一种具有普遍真理性的未来方向时，教育的文化性格又往往被人一笔带过，成为普遍性追求的“作料”而受到事实上的冷落。可是，各种教育执行环境却不理会这种冷落，无论是拒斥或接纳，人们都站在各自的文化立场上去对待那种傲然于世的普遍性理性原则或真理。由此，我们不得不在考虑教育理性的同时，关注教育理性的文化处境或生存环境。

由于这种关注，教育的研究就不再限于教育目标、编制模式、教育实施和评估等等，它们似乎已被纳入人们驾轻就熟的套路之中。从日臻完善而精致的“技术性”发展中，人们已难以解读貌似超卓的教育理性与具体文化境遇之间的冲突和困扰。于是，尝试突破教育研究与其他学科之间的界限，视教育为文化核心的广域探索，便应成为教育研究的重要方面。拓开教育领域之外的领域，并不是要寻找教育以外的东西，相反，是为了解读教育本身，使教育文化作为探讨的一个路向得以凸显，以期做出一种根柢性的教育体系建构。因为，教育过程的本质体现为一种文化代码、一种价值赋予，体现为一种文化主体的自觉。

二、教育理性及其价值

我们首先要讨论的是教育的理性。

“每一个事实都有价值负载，而我们的每一个价值也都负载着某个事实。”（普特南，1988）[248]这里，事实（或真理）与合理性是相互依赖的，而合乎理性，不仅应包含符合理性上可接受性标准的意义，还包含符合贴切性标准的意义。(普特南，1988)[168]换言之，我们所有的价值都涉及贴切性标准，一个无价值的事情同样也无事实可言。就教育而言，它也不是“价值中立”或“文化无涉”的纯粹知识活动。教育的理性认识如任何认识活动一样，对于概念架构的任何选择，都是以价值为先决条件的。当人们在选择一个描述日常教育活动和社会关系的教育架构时，必然首先涉及价值。

如果我们把教育理性作为科学的客观性对待，它在强调社会、知识进步的要求与方向的同时，也必然会反映其应用环境的特定社会文化形态。费耶阿本德曾指出，科学本身也是一种意识形态，它也会经常犯错、产生偏见，把专家与门外汉隔离开来。如此，科学也需要受到社会和大众的控制。(Feyerabend，1978)[13-16]这里，社会与大众都非抽象的存在，其总是在一定的文化处境之中。而科学客观性总是与价值取向、经验适合性以及理性的可接受性等认识论、方法论原则，乃至鲜活的科学实践紧密结合的。所以，任何标榜为科学的教育理性之合理运用，都需要与其适用的文化环境相结合。否则，只要当教育理性以一种纯粹理性至高无上的姿态凌驾于其适用的文化环境时，它便会变为一种可被称为“泛科学理性”的东西。

这种“泛科学理性”，即使是人们的一种共识，但当它被看作一种适用于一切文化处境的（抽象）真理时，当它漠视与适用环境的互动及被强行推广之时，也就容易失去其本身所蕴含的事实（或真理）基础，而这种教育权力也就难以从操作的层面上加以解读与融贯。

三、话语限制与“泛科学理性”

对“泛科学理性”的批判，其主要任务是对被指称的普遍性提出挑战。

如果我们从福柯关于话语和权力的关系理论来看，会发现不存在一种不受权力影响的话语，也不可能用这样一种话语来推行批判。“泛科学理性”给自己赋予一种普遍性，由此它在教育中运用就具有了权力的合法性，在看似“价值中立”而非权力话语的表达中，实际上拥有了强势的话语权力。更为巧妙的是，这种似乎不受权力影响的语境，也限制了批判的话语。那种以“泛科学理性”包装的教育理性所表达的普遍性质，使人们往往只能从细枝末节上加以评论，而在一面无法从根本上加以怀疑的理性旗帜下，它以一种超然正确的姿态，使任何可能的批判都变成了堂吉诃德式的战斗，它以一种绝对真理的话语方式（通常是最流行、最时髦的方式）限制了批判者的理性。

这种貌似具有普遍性的理性，事实上是非历史性的。福柯认为，对于普遍性，必须从历史性这一角度来理解。利奥塔更直接地指出，并不存在单一的理性，而只存在多种多样的理性。一个巨大而唯一的理性，只能是一种空想。事实上，存在着多元的理性，至少存在着各自独立的理性和实践的理性，这些理性是由完全不同的成分构成的。这种多元理性的存在，正如布尔迪厄所认为的，是历史性的产物，理性的条件是被历史性地决定的。（福柯，1997）[3-5]

应当指出，在这里引用后现代主义的话语来阐述普遍性的问题，并不是要否定普遍性本身，而在于批判一种普遍的模式及其所隐含的非历史性。

四、作为文化解释的教育理性

教育理性的历史性与价值性质，也都与它的文化处境有关。从这一角度看，文化的处境也是教育的处境。

从广义上说，每一种教育的理性都是一种关于教育的解释。因此，对于教育理性也应当从诠释的角度加以认识，如基于诠释的方法，其可以分为应然与实然两类。目前教育的定义大多出于应然的领域，即无论视教育为科学理性还是文化产物，教育都不是一种经验描述，而首先是一种价值中立的判断。但是，文化的诠释是与实然相关的。在一般科学的意义上，教育类似于一种哲学思考；而在文化的意义上，教育是一种现象上的经验描述。应该说，教育不是严格意义上的科学活动。如果说教育是文化传递和发展的主要中介，那么它同时也成为文化变迁的核心。我们处在一个多元的文化处境中，不同的文化处境必然影响教育的处境。因而，教育的理性不会与文化无涉而保持价值中立。

泰勒把文化看作复杂生活的整体，包括知识、信仰、艺术、法律、风俗以及人作为社会成员所习得的其他各种能力与习惯。（Tylor，1980）[56]这种能力与习惯的综合性，同威廉姆斯所认为的文化意指一种物质上、知识上和精神上的整体生活方式，内涵十分相近。（Williams，1983）[60]这是一种至今还较流行的概念。然而，整体的生活方式又能够怎样去把握呢？克罗伯和克鲁克洪以为："文化由外显的和内隐的行为模式构成，这种行为通过象征符号而获致和传递。文化代表了人类群体的显著成就，包括它们在人造器物中的体现；文化的核心部分是传统的（即历史地获致和选择的）观念，尤其是它们所带的价值。文化体系一方面可以被看作活动的产物，另一方面则是进一步活动的决定因子。"（Kroeber et al.，1952）从这点来看，教育作为文化传递与创造的核心，其理性的价值取向，只能是某一文化结构历史地形成的产物，并且取决于这一文化结构本身的活动方向。脱离实际的文化经验与处境，只能使教育文化变成一种抽象的泛（非）文化的活动。

但是，在应然领域，尽管也包含价值判断，可这是一种价值中立的判断。在这种判断中，没有实质性的“文化遭遇”。在客观主义的标识下，价值中立的判断很少顾及具体的文化处境，即使有，也是偶尔涉及，仅具点缀意义。其实，问题在于，任何教育所处的社会文化环境本身可能是价值中立的吗？如果不是，我们如何肯定教育的价值中立的判断能够恰如其分地描述出它的真实性？确切地说，那种因价值中立的判断而具有普遍意义的认识，要么隐藏着最隐蔽的偏见，要么就是对本身的文化处境缺乏实在而深刻的认识。

因此，探究一种文化解释的教育理性，文化经验或处境的描述仍然是必要的。要做出教育应当是什么的价值判断，就必须对某一社会文化现象进行广泛的比较与综合，以减少文化偏见。更重要的是，对适合于自身需要的教育理性及其体系，人们并不是完全依据社会发展水平或阶段来加以判断的。来自不同文化处境而发展的教育理性，本身也是具有适切性的创造。否则，人类许许多多有意义的文化经验都将受到局限或被排除。

五、过程性对话与交流

20 世纪以来，现代性成为一个话题，它经常被认同为资本主义工业文化的主导精神，即理性启蒙精神。尽管关于现代性有着种种相悖的讨论，但其已成为“传统-现代”的一个内在精神。在 20 世纪 60 年代出现而在 90 年代被重提的“文化帝国主义”，则是现代性的一种扩散。汤林森认为，其实直到 60 年代，“帝国主义”这个词都足以形容时代之特征，但是现在，“全球化”已经取而代之。全球化强调的是全球各地域间的相互关联与依赖，其发生过程虽说没有明确的目的，但却相对削弱了各自文化的同一性。由此，现代性已转向后现代性，文化帝国主义也变成文化的全球化。他以为，这就是我们当代的文化宿命。(汤林森，1999)[328]

但是，即使从后现代主义的角度来看，福柯对话语和权力关系的阐述也是被忽视的。而且在强调同一性之时，民族性因文化殖民、文化霸权的问题被搁置了起来。进而，对于这种同一性是不是中性的与平等的，换言之，这是由谁主导的同一性，仍然大可质疑。可以说，社会体系都是与经济体系相关联的，如果把经济形态作为同一性的遁词，任其凌驾于任何文化形态之上，就可能导致不恰当的思考，形成思想的僵化与贫瘠。

如此来看，全球化也许不过是文化帝国主义的替代物。当然，这并不是说人们所热切关注的全球化问题不重要，而是想说明，全球化之重要不仅在于经济，更在于各自的文化经验及生活方式。全球化并不能掩盖或改变地域间的特殊性及差异性，而成为一种排斥、否定的逻辑。它更应该关注各种文化之间的相互理解、兼容共处等问题。

事实上，全球化与本地化已形成非常复杂的互动关系。全球化并不一定在消解各种地方文化的差异，文化认同的问题也在不同领域形成了自己新的特色。全球化也不是一个单纯的先进和落后的统一关系，它不仅仅是一种整合，也包含差异。从这点来讲，全球视野中的教育发展，也包含教育的多元和多样的发展可能性，而在这种多元和多样中呈现出一种共同的发展潮流。教育在互动中呈现多样，在多样中进行合作。

在全球化的发展中，应该存在选择及融合，其过程则呈现为一种合作性的对话——一种文化多元和共同发展的原则对话，各区域得以在一个共同发展背景下找到自己的发展道路特色，提出新的发展思路，处在世界发展潮流之中。

联系到教育，教育本身就是一种文化的象征。教育的发展不应是排斥社会文化的多样性的，相反，教育的发展应愈来愈体现文化多元并存且相互交融的趋向。文化差异的存在正是交流和对话的基础，并由此获得互相渗透、互补互动的可能。从教育的发展而言，过程性的对话和交流，是形成符合自身需要的教育体系所必需的。换言之，我们需要对不同教育理性背后的文化处境有更深入与广泛的理解和研究，从而逐步形成日益成熟的自省能力和机制，如此对话才能真正展开。否则，一个缺乏自我思考能力的教育体系，也是一个缺乏文化自我发展能力的教育体系。

第二章

教育文化传统的诸多面相

中国教育文化实在是要从汉字教育说起的，这不仅仅由于汉字独特的认知方式，而且因为它体现出一种重视直观形象而融通的思维方式。乐教也体现了这种鲜明的思维方式，俗话说“寓教于乐”，这里的“乐”已不局限于歌舞艺术，而指向对教育社会性和自然性的理解。这种思维方式不仅促进了不同思想文化的融通、物质文化与精神文化的融通，也深深地扎根于中国以宗族为基础的社会生活之中。

第一节　汉字教育的文化特性

从西方语言学来看，在文字变成纯粹的语言符号之前，文字的特性就包含在语言的特性之中。而汉字不同，汉字作为目前世界上仅存的，还在使用的表意文字，保存着原始的文字特点。汉字在发展中，不断地把社会文化凝聚在其系统之中，汉字不单纯是语言的符号，而且是文化的符号，体现出一种中国式的思维方式。由于汉字独特的认知方式，汉字作为一种知识体系渗透到教育的各个层面。可以说，从识字到治学方式，汉字的教育教学有着鲜明的民族文化特性。

一、表意文字与文化符号

西方语言学家大多比较拘泥于现今大部分民族所使用的表音文字的特征，认为“语言和文字是两种不同的符号系统，后者唯一的存在理由是在于表现前者”（索绪尔，1980）[47]。其实，表音文字是突变后的文字体系，它已远离了文字最初的形态。文字为适应社会发展过程中各方面的需要，从原初的象形文字转化为纯粹模拟语言的拼音文字。文字依附于语言，忠实地再现语言，所以它本身的“文化”功能也就相应地减少了。（吴琦幸，1990）[109-110]

然而，汉字作为表意文字，其作用远逾语言。今天，我们依然可以在考古资料的基础上，通过现代汉字来追溯它的原型。汉字的字形结构保存了远古时代造字的文化背景，人们可以通过分析汉字的形体来窥测远古社会的生产、生活、经济状况。而汉字在此后的发展中又不断地把社会文化凝聚在自己的系统中，在哲学、文学、艺术等各方面深刻地影响了中国人的创造力和表现方式。

表音文字的特点是把词中一连串的声音摹写出来，有时是通过字母，有时是通过音节。表意文字与语音不发生直接的联系，而是间接地与它所表达的观念发生联系。每一个字的能指（signifier）只表示一个音节，不能明确记录声音，但它能表示一个意思。其能指和所指（signified）之间的指称关系属于有动机的约定俗成。比如汉字之所以用“忧”表示与心理有关的含义，是因为“忧”的“忄”像心脏（），而英文中之所以用“a”表示低元音，则是硬性规定，属于无动机的约定俗成。所以汉字可以直接以形表意，也就是说，汉字字形结构本身往往就有“能指”意味，人们无须通过“音响形象”，用直观分析的方法就能把握其“所指”。其形、音、义是相互联系的，具有直观性、形象性的特征。（李静，2004）[35-37]

进而来说，在文字与语言的关系上，表音文字和表意文字是两个不同的模式。表音文字中文字的功能是再现语言，并不提供语言之外的信息。而“汉字单个的形体是一个意义、语音的复合体。各种笔划组合的是一个意义整体。在认知方式上不是从声音到意义，而是从形体到音、意结合体。这样一种独特的认知方式，就使汉字不单纯是语言的符号，而是文化（意义组成了文化）的符号”（吴琦幸，1990）[111]。

可以说，“图画（或实物实景）—象形—表意”这一演变过程，是汉字字形与字义之间逻辑关系的再现。汉字是音的单位，更是一个意义单位。按照传统的“六书”理论，汉字有象形、指事、会意和形声四种造字法（假借和转注是用字法）。

其中，象形，是以表达物的形象为主，但又不是对物的外在形象的简单描摹，即“依类象形”。“类”就是指同类事物的共同特征。对事物的共同特征的把握，不仅需要观察、注意，还需要分析、综合等抽象思维过程。如“山”字，古汉字为“”。现实中，山的形态可以说是千姿百态，古人之所以用三个相连的三角形来表示“山”，是因为他们抓住了山的两个基本特征：三角形的基本形状和连绵起伏的基本姿态。

指事，是对那些没有明显的形象、不能直接以形写之的事，假借某些符号予以加工，或在象形字的基础上添加一些指事性的符号的造字方法。

比如“末”字，就是在象形字“木”的上面，加上一小点或一横而成。树梢在树的顶部，也借喻为事物的顶端。而树梢没有树本身重要，“末”就意为次要的了。指事字较象形字更加强调了形的主观创造性，已经有了以意赋形的趋向，其思维水平已由简单的抽象概括走向了类比联想和创造性想象的层面。

会意，是“和数字以成一字也”（王筠，1962）[45]。它加工的与其说是字形，不如说是隐含在字形之内的字义。如“温”字，就是由水、日、皿三种事物的字形组合而成的，意思是指盘子里盛上水放在太阳底下晒，而其结果就是温暖。会意，是典型的以意赋形的造字法，与象形、指事相比，其自由度更大，思维层次也更高，基本上达到了概念思维的层面。（潘庆玉，2001）[15-19]因此，按照象形字、指事字、会意字的顺序，可以形成对汉字字形从图画到古汉字再到今汉字的解读。

二、汉字的文化内涵

汉字的文化内涵，即汉字在构成、演变过程中折射出来并蕴含的社会现象、社会意识和民族精神，可以从汉字字形中反映出来。

从甲骨文算起的3000多年的历史中，汉字发展具有很强的继承性。它是目前世界上硕果仅存的表意文字。可以说，汉字是一种自源性文字体系。汉字形体中保存了汉民族丰富的文化内涵和历史信息。我们很容易通过甲骨文、小篆、隶书、楷书，了解到汉字的原始构成、历史演变及其构成和演变过程中的“社会意识”和“社会现象”。几乎每一个汉字就是一幅图画，一幅展示了先民的生活和意识、反映了相关事物的发展与文化因素变动的图画。比如最能代表华夏文明的玉石、车马和陶瓷文化都能通过“石”“佩”“车”“轮”“陶”“瓷”等汉字得以展示。（杨润陆，2000）[30-48]汉字是承载中国历史和文化的很好资料。陈寅恪先生曾说：“凡解释一字即是作一部文化史。”（沈兼士，1986）[186]①

① 1936年4月18日，陈寅恪读完沈兼士寄来的论文《“鬼”字原始意义之试探》，复函道：“依照今日训诂学之标准，凡解释一字即是作一部文化史。中国近日著作能适合此定义者，以寅恪所见，惟公此文足以当之无愧也。”

另外，以线条为构成基础的汉字书法，充分展现了汉字线条曲直婉转的变化，看似简单平凡的点画躯壳，饱含了汉民族古老的文化传统和朴素的审美风尚，具有很强的审美价值。汉字书法艺术欣赏，即在字形结构解读的基础上，感知图画（或实物、实景）、一般的古汉字、今汉字与书法作品在间架结构、线条笔锋上的异同，从而体现独特的审美感知能力。

审美感知能力是客体的审美属性直接作用于感觉器官所引起的人脑对客体各个部分的整体性心理反应。它是审美活动的开端和基础。如果审美感知能力发展不充分，其他的审美能力，如审美理解、审美情感、审美想象和创造能力便很难得以发展。审美感知能力培养的重要途径就是对艺术作品进行有距离的感知，从艺术作品中获得对生命运动模式，如对称、均衡、节奏、有机统一等的感知和体验。适宜的距离感是审美中很重要的因素。一方面，书法艺术以其“无形而具图画的灿烂，无声而具音乐的和谐”体现了中国文化外延简约抽象、内涵博大精深的特点。它与我们的经验存在一定的距离，让人感知到书法作品时空对现实时空的超越，从而感受到美。同时，从具体形象的实物、实景或图画到古汉字、今汉字，再到汉字书法，这一对汉字的越来越抽象的认知过程，又为人们欣赏书法奠定了一定的经验基础。人们在欣赏书法时便可以产生共鸣，从而感受到书法的美。方块字还可以让孩子感受到生命运动中平衡匀称的美，并且汉字书法还可以通过线条的不同组合和变化，让人感受到或雄壮有力、或优美温柔，或静止、或流动，或欢快、或沉重，或对抗、或统一的生命运动模式，从而培养人的审美感知能力。

综上所述，解读汉字字形结构、挖掘汉字文化内涵、展示汉字书法艺术，可以促进人们认知能力、个性特征、人文素养、审美感知能力的良好发展。

三、汉语言文字的教育文化功能

汉字与中国传统思维方式相关。六书教学，实质上是在传递一种中国式的思维方法，它的意义也就超出了文字学本身。从汉字构形来实现对汉字的认知，成了汉字教学所独有的功能。

《左传·宣公十二年》云“夫文止戈为武”，认为“武”是由止、戈二字构成，它的本义是止息干戈。另外，把两个表示简单的具体意义的字加以组合，用来表示复杂和抽象的意义，如日加月为明、女加子为好、人加木为休、水加目为泪等，都是从象形图画来解释字义的例子。虽然上述解说不尽合造字本义，但用这种方法来分文析义却是中国传统的思维方式。

而在今天，我们的语文教学对这种方法依然有所延续。如特级教师斯霞在《谈语文教学》中介绍她教“蚯蚓”与“攀”的经验时说：

> 蚯蚓是条虫，所以是虫字旁，生活在土里，所以虫旁加个丘字，它没有脚，所以不能写成兵字。蚯蚓身体弯弯曲曲，像一个弓字，有时又很直，是一条直线，所以蚓字是虫字旁加一个引字。……讲解攀高峰的“攀”就这样说：“要攀登到山峰上去，山上有很多树，所以这个字有两个木字，树木有许多叉叉树枝，所以有两个叉字。登山要用大手，用力一攀就攀上去了。所以下面是一个大和手。”（吴琦幸，1990）[116]

她在教学过程中，经常运用谈话法、叙述故事梗概、演示动作表情等方法，以旧带新，由易带难，用形象具体带抽象，促进生字的教学。（张隆华，1991）[512]

其实，汉字作为一种表意文字，不仅具有象形的表意功能，而且由于汉字字形蕴含叙事或者说是以叙事来构形的，所以自来就具有表“事”的功能。因此可以说，汉字的教育也是一种表事的教育。

比如，在叙事中，人的行动或行动中的人是叙事的主要内容，从汉字的偏旁部首来看，我们可以发现“人”及表示人的肢体或器官的“手”、“足”、“口”和“目”等占有很大的比例。因此，姜亮夫说：

> 整个汉字的精神，是从人（更确切一点说，是人的身体全部）出发的，一切物质的存在，是从人的眼所见、耳所闻、手所触、鼻所

嗅、舌所尝出发的（而尤以“见”为重要）。……总之，它是从人看事物；从人的官能看事物。（姜亮夫，1984）[69]

正如傅修延所指出的，汉字的组合不仅关联着对人的动态行为的联想，而且传递着行为的情感和内容。前者有三种组合方式：行动+行动，如“交”（两脚交叉）、“步”（双足移动）等；行动+物象，如“食”（口与食器）、“射”（手与弓箭）等；物象+物象，如“贮”（贝与贮贝之器）、“戎”（戈与盾）等。而后者则有几种情况：主体状态，像“女”（敛手屈身行礼）等；客体状态，像“周”（田中密密匍穴下种）、“疆”（田田相接，连成大片）等；情感倾向，如在指称上古四方族名时多以虫兽为偏旁，如“狄”“戎”等。（傅修延，1999）[33-35]

因此，汉字的教育并非仅仅包括读音、拼写和语法等方面的内容，汉字中所蕴含的“意”和“事”，才是汉字认知的关键，其中有着深刻的文化含义和内容。

汉字作为表意文字，保存着原始象形文字的特点，在发展中，不断地把社会文化凝聚在自己的系统之中。汉字体现为文化的符号，蕴含着中国文化的内涵和思维方式。当文化隐藏在汉字及语言之中时，汉语言文字的教育实际上就成为一种独特的教育文化。对于汉语言文字而言，其教育不仅具有工具性功能，更具有一种人文传递的内在意义。

第二节　乐教的内涵与功用

乐之为乐，至少包含两方面的含义：一是指情感上的快感与美感，一是指作为艺术——人为的形式——借以寄托人类精神的物化形态。在人类精神发展史上，人们在不同历史时期赋予其不同的社会（阶级）内容，从而形成完善人类自身的条件，这就是乐在其形象性、情感性特点之外的社会性特征。正是这种社会性内容的不断变迁，使乐构成了人类思维结构的内在要素。在它进入教育领域之后，便产生了一种不同于其他教育形式的、实现人的个性和谐的重要手段。

一、乐与乐教溯源

在我国先秦时代，乐与教的结合经历了一个相当长的过程。

在古代乐的范围是很广泛的。正如郭沫若所说：

> 中国旧时的所谓乐，它的内容包涵得很广。音乐、诗歌、舞蹈，本是三位一体不用说，绘画、雕刻、建筑等造型艺术也被包涵着，甚至于连仪仗、田猎、肴馔等都可以涵盖。所以乐者，乐也，凡是使人快乐，使人的感官可以得到享受的东西，都可以广泛地称之为乐。（郭沫若，1954）[187-188]

也就是说，乐不仅涵盖当时的艺术表现形态以及任何使人获得快乐情感的东西，更重要的是它还是礼仪的象征。即使是那些被称为原始歌舞的东西，其实也是礼仪的一个重要组成部分。

因为先民坚信，世间的万事万物都是由神操纵的，所以要想求得诸神的帮助，就必须通过歌舞的形式去娱神乐神，从而实现人与神祇之间的合作与谅解。这些情况在屈原时代仍可看到一些残迹。王逸《楚辞章句》说，楚国巫风盛行，民间祭祀时都要“作歌乐鼓舞以乐诸神”。《九歌》大概就是这种民俗的产物。王国维说：

> 古之所谓巫，楚人谓之曰灵。楚辞之灵，殆以巫而兼尸之用者也。其词谓巫曰灵，谓神亦曰灵。盖群巫之中，必有象神之衣服、形貌、动作者，而视为神之所凭依，故谓之曰灵，或谓之灵保。（王国维，1983）[1-2]

可见，当时作为综合艺术形态的乐，它在本质上是宗教性的象征与情感，因而它与巫术礼仪文化融为一体，本身就是巫术礼仪。尽管乐也充满着人们的强烈情感、思想、信仰与期望，但并非如后来那样是指向人的本身，是为了实现人的个性和谐。另须指出，远古的巫术礼仪实际并不完全体现为宗教，事实上，它本身也是一种社会政治制度。从这个意义上讲，"古代所以把礼乐同列并举，而且把它们直接和政治兴衰联结起来，也反映原始歌舞（乐）和巫术礼仪（礼）在远古是二而一的东西，它们与其氏族、部落的兴衰命运直接相关而不可分割"（李泽厚，2009）[13]。传说中人类祖先也要鼓瑟鼓琴，其中的道理大概也就在于此。

由于此时的乐主要是服务于神，而非服务于人本身，它表达的是一种宗教的情感，是神的象征，基本上属于原始宗教范畴，似乎与教育还无多少关联。可是宗教归宗教，一旦它与道德教育结合起来，乐与礼的亲密关系就保留了下来，也许任何社会政治制度都需要培养人的某种情感去理解它、服从它？无论如何，当人们逐渐把目光从神转向人与人之间的关系，乐便作为调节人际关系的一个重要手段进入教育的领域，成为宗教教育的一个重要组成部分，展示了它的教育功用。

把乐与人伦道德相配合而形成宗教教育的重要内容，这在尧舜时代就已见端倪。尧舜时代，原始社会进入父系氏族公社阶段，由于生产力的提高，私有制得以发展，新的分工即农业与手工业的分工，导致了"从事单纯体力劳动的群众同管理劳动、经营商业和掌管国事以及后来从事艺术和科学的少数特权分子之间的大分工"（马克思 等，1995a）[525]。为了实现少数人对多数人的统治，人伦关系问题被提上议事日程，也由于这种分工的出现，以往"民神杂糅""家为巫史"的局面也被改变，与鬼神打交道便成了少数人的特权。于是，全民性的原始教育状况被打破，学校教育开始萌芽。

据《尚书·舜典》记载，舜曾命部落联盟的公职人员分别掌管教育，如命"契，百姓不亲，五品不驯，汝作司徒，而敬敷五教，在宽"。所谓"五教"，即指父义、母慈、兄友、弟恭、子孝之五常之教，这是对百姓施教的内容，目的在于宣扬上下尊卑的道德观念，维护正在产生的等级秩序。对于显贵后裔，则命夔为"典乐"，开展乐教。所谓"典乐"，即掌管祭祀庆典的歌舞等的官员。这或可为把乐作为学校教育重要内容的最早记载。为何贵胄子弟要专门学乐？原因在于，原始社会末期，一般宗教仪式和公众集会性质的活动都已由氏族联盟的上层来主持，而在这些活动中，乐是必不可少的，所以对于氏族显贵来说，就必须具备一定的歌舞的文化素养，结果是作为游离于生产和生活过程之外的专门教育——乐教就得以产生，并成为贵胄教育的专利。刘师培说："观舜使后夔典乐，复命后夔教胄子，则乐官即属教师。"（刘师培，1997）[667]这说明舜时已设有专门从事乐教的教师。至于"成均之学"，历代学者大都认为这便是当时进行乐教的学校，"均"为"韵"字之古文，故"成均"实指以乐教为主的学校。《玉海》称"《春秋繁露》云：'成均，均为五帝之学'"。孔颖达也以为，"尧已上当代学亦各有名，无文可知。但五帝总名成均，当代则各有别称"，目前的考古发现也可证明这种说法确实是有一定历史根据的。

然而，乐教的正式出现，其意义并不单纯在于贵胄子弟的培养，更重要的是为了配合对于百姓的礼教或德教，实现对人伦关系的调节。它一方面培养贵胄子弟"直而温，宽而栗，刚而无虐，简而无傲"的德行，另一方面起到"八音能谐，毋相夺论"的道德教育作用。因而这种乐教虽然旨在使学习者掌握宗教活动中的乐舞技能，但已充满人伦教育的意味。故刘师培说："古代教民，口耳相传，故重声教。而以声感人，莫善于乐。"（刘师培，1997）[667]正是出于这方面的特殊功效，随着宗教意识逐渐淡薄，乐教却兴盛起来。诚如郑玄所言："成均之法者，其遗礼可法者。"乐教的传统绵延后世，成了中国古代教育的重要组成部分。

我国从夏代便跨入了奴隶社会。为了维护奴隶制等级社会的秩序，夏代承袭原始氏族社会含有宗教意味的"礼"与"乐"，把其作为巩固奴隶主阶级统治的有力工具。夏代普遍建立了宗庙、社稷，行郊天之祭等，据说还初步设立了包括小学与大学在内的各种学校机构，乐也较前代发达，如《大夏》之乐直至西周还被作为国学的必修课程内容。

殷商是奴隶社会的发展时期，尊神与宗教仍是当时的文化特点，从已发现的甲骨文的内容来看，殷人几乎无事不占，无事不卜。正如《礼记·

表记》记孔子所说："殷人尊神，率民以事神，先鬼而后礼。"这给教育也带来一定影响。从甲骨卜辞看，殷人常把大学与宗庙坛相提并论。进行敬神事福的活动自然少不了乐，所以乐教在殷商时期得到了很大的发展。如甲骨文就记有"万"人学习乐或教乐的内容。另据甲骨文所记："丁酉卜，其呼以多方小子小臣其教戒。"据考释，所教内容"戒"当有两种含义：一是持戈而警戒，一是持戈而舞蹈。以"戒"为教育教养内容，正包含习武和习乐这两个方面。习乐大概是在乐人的宗庙"瞽宗"进行。《礼记·明堂位》说："瞽宗，殷学也。"总之，在殷商"国之大事，在祀与戎"，宗教与教育密不可分，乐教自然就发达起来，故后世有所谓商"以乐造士"之说。

西周时代，我国的奴隶社会达到了鼎盛时期。从商纣王暴政导致灭亡的历史教训中，西周统治者清醒地认识到，不能光称受命于天，因为纣王也自称受命于天却被消灭，看来还必须有所约束，重视人伦关系的调节，"敬德保民"，维护贵族内部团结，同时以民情为监，使敬德与天命互为表里，互相配合，才能长治久安。正是从这种思想出发，西周十分重视礼乐教育，所谓"崇四术，立四教，顺先王诗、书、礼、乐以造士"。西周王朝的奠基人周公姬旦亲自制礼作乐。《尚书大传》说："五年营成周，六年制礼作乐。"《礼记·明堂位》也称："周公践天子之位以治天下，六年，朝诸侯于明堂，制礼作乐，颁度量而天下服。"可见，周公在安定国家后所做的头一件事便是制礼作乐以巩固统治。他不仅亲自制礼作乐和选辑诗歌，为乐教所用，而且编制了大型乐舞。《吕氏春秋·古乐》云："武王即位，以六师伐殷，六师未至，以锐兵克之于牧野；归乃荐俘馘于京太室，乃命周公为作《大武》。"《大武》后来成为乐教的内容，直至春秋时期还十分完整。统治者本身对礼乐如此注重，对乐教必然有所推动。

西周已有较完备的学校制度，不仅有国学、乡学之分，而且在国学中又有小学与大学之分，主要是为贵族子弟而设。他们按年龄入学，大致是八岁至十五岁入小学，十五岁至二十岁入大学。小学与大学都很重视乐教。《礼记·内则》在描述从小学至大学的学习过程及内容时，曾明确指出：十有三年学乐、诵诗、舞《勺》（一种文舞），成童（十五岁以上）

舞《象》(一种武舞，属小舞)、学射御。

《礼记・月令》记，孟春之月“命乐正入学习舞”，秋季之月“上丁，命乐正入学习吹”。《周礼・大司乐》也说“掌成均之法，以治建国之学政，而合国之子弟焉”，还说用“乐德”“乐舞”“乐语”来教国之子弟。《礼记・王制》称乐正“顺先王诗书礼乐以造士，春秋教以礼乐，冬夏教以诗书”。乐正是乐官，可分大乐正与小乐正，《礼记》郑玄注谓大乐正为“乐官之长”。在此之上还有大司乐，也是乐官，《周礼》称大司乐掌“建国之学政”。乐正之下还有太师、少师、乐师等职。西周时期“政教合一”“学术官守”。所谓“是居官之人，亦即教民之人也”，他们都是国学的教师，且大多是乐官。从由乐官来掌管学校教育以及上述对乐的教学内容的重视来看，乐教在西周具有崇高的地位。

从西周乐教的特点来看，由于强调“以德配天”，所以乐教服务于宗教的倾向依然存在。以乐舞之教为例，据《周礼・ 春官宗伯・大司乐/小师》记载：当时所教乐舞主要有大舞与小舞两类。大舞即指《云门》《大卷》《大咸》《大磬》《大夏》《大武》等，主要用于祭祀；小舞即《帗舞》《羽舞》《皇舞》《旄舞》《人舞》《干舞》等，主要用于祈雨、祭祀。又如“六乐”，凡奏六遍，都是用来感召天地物神之类的。

除此之外，还必须看到，由于西周统治者十分重视“德政”，因而在教育上也就相当强调德教，它给乐教带来的影响则是，虽然沿袭前代传统，乐教仍服务于宗教的需求，但已逐渐趋于伦理化与政治化。如《周礼・ 春官宗伯・大司乐/小师》说“以乐德教国子，中、和、祗、庸、孝、友”。这说明乐教不仅旨在敬神、娱神、乐神，也旨在与人伦道德相配合。以乐德教育国子与《周师》所记师氏“以三德教国子”相符。乐教使国子们能够做到中、和、祗（敬)、庸（常)、孝、友，即协调统治阶级内部以及统治阶级与被统治阶级之间的各种矛盾。乐教包括德育的内容与目的，其中的道德伦理和政治意义得到强调，究其社会原因，除与西周重德治有关外，“乐以安德”已是当时有识之士的共同认识。如《左传》记文公七年晋郤缺对赵宣子之言“九功之德皆可歌也”，所谓“九功”就包括正德、利用、厚生等。“若吾子之德，莫可歌也，其谁来之？

盍使睦者歌吾子乎?”这里虽不专门论乐教，但认为“乐”是用以歌“德”的，这是十分明显的。又《左传》记襄公十一年晋功臣魏绛所言：“夫乐以安德，义以处之，礼以行之，信以守之，仁以厉之，而后可以殿邦国，同福禄，来远人，所谓乐也。《书》曰：‘居安思危’，思者有备，敢以此规。”这又从政治伦理道德上指出了“乐”的社会功用。

不仅统治者重视“乐”与“德”的关系，在下层百姓那里，乐也不单是祭祀或礼仪的附属品了，人们开始把乐作为讽喻歌颂的手段。这些情况在《诗经》中有大量的反映。因而君主要求“公卿至于列士献诗”、乐师献曲等，以便听取各方面情况，观察民风，改进政治。

这些历史事实都证明，乐与德的联姻，已使西周的乐开始同远古的巫术相分离，而被认为是宣扬政治伦理道德的重要手段。乐教已成为推行德教的重要手段，并逐渐成为审美教育的手段，如“乐语之教”就含有这方面的意义。《周礼 · 春官宗伯 · 大司乐/小师》云“以乐语教国子，兴、道、讽、诵、言、语”。兴即比喻，所谓以善物喻善事，以恶物喻恶事；道即导，指借古证今的启发引导；讽、诵即歌咏吟诵、配乐赋诗之类；言、语即指论辞或答难之类的文体。“兴、道、讽、诵、言、语”均指诗歌弦诵、写作的教学，这些与宗教就无多大关联，与后世的审美教育内容却非常接近。

结合以上乐德之教来看，对贵族子弟的文化素养教育，不仅要培养以中和之美为内容的伦理观，而且要求贵族子弟掌握一定的审美形式，具备相当的艺术修养，具有一定的审美观。由此观来，西周时期的乐教尽管还具有一定的宗教意味，但已突破了宗教的藩篱，其主要特点与倾向是政治伦理的、审美的。随着历史的变迁，这成为春秋战国时代乐教的基本方向，并成为先秦诸子关于乐教问题争鸣的主要内容。

二、内涵与功用：关于乐教的争鸣

在春秋战国之前，由于整个社会被宗教神秘的巨大身影所笼罩，人们还未能考虑乐教本身的内涵与功用等一系列问题。乐教在宗教神秘主义的氛围中发展着。随着西周王朝走向衰落，鬼神的形象再一次遭到破坏。与此相应的则是人神关系的进一步弱化，在当时的历史条件下如何处理好新的人际关系、社会关系为人们所共同关注。这给教育带来新的课题。先秦教育思想家不约而同地把目光转向处理社会与人的关系问题，随之而来的便是对教育的内涵以及功用问题的探讨。其中，对乐教在新的历史使命面前的内涵和功用的评估，开始得以展开。

在此，我们先来考察一下诸子关于乐教内涵问题的争鸣。

在西周时期，乐教虽然仍包含着很强的宗教意味，但其主要特点与倾向已指向政治伦理。随着时代变迁，在春秋战国时期，乐教注重政治伦理内涵则成了主要方向。比如，儒家创始人孔丘虽然试图恢复“周礼”，向往旧日的时光，但对历史的剧变毕竟无法无动于衷。作为一个时代的思想家，他率先把目光从神的身上转到人的身上，开始重视实际人事。体现在教育中，他“不语怪力乱神”（《论语・述而》）。学生问他鬼神之事，他说：“未能事人，焉能事鬼。”（《论语・先进》）不仅孔子，道家与法家等诸派思想家也不谈鬼神之事。墨子虽然提倡尊天事鬼，他所办的私学也带有宗教色彩，但从他主张“非乐”的思想看，其根本目的在于反对兴乐所带来的奢侈淫逸、以丧天下的后果。乐在前代本是与宗教礼仪合二为一的，但墨子既尊鬼，又反对乐教，这似也可佐证当时的乐教确实已开始逐渐脱离宗教的范围而成为一种独立的教育手段。正因为如此，乐教的内涵究竟如何，成为诸多思想家所关心的问题之一。

先秦儒家十分重视乐教。《论语・述而》称：“子以四教：文、行、忠、信。”《论语・宪问》记“子路问成人”，孔子说：“文之以礼乐，亦可以为成人矣。”可见“文”包括礼乐教育。而礼乐教育的内核就是孔子的仁。“人而不仁，如乐何？”（《论语・八佾》）也就是说，乐教必须符合仁的原则，才能进行教化。孔子用作乐教的教材《诗经》，便是按“可施于礼义”的要求加以重新整理的结果。《史记・孔子世家》记：“古者《诗》三千余篇，及至孔子，去其重，取其可施于礼义……三百五篇。”孔子说：“《诗》三百，一言以蔽之，曰：‘思无邪’。”（《论语・为政》）“思无邪”与“可施于礼义”相一致，诗教归属于政治伦理，其内涵是十分明确的。《礼记・经解》记载，孔子曰：“入其国，其教可知也。其为人也温柔敦厚，诗教也。”《礼记》虽为汉儒述作，所引孔子之语未必可信，但确实反映了孔子把诗教服务于伦理道德教化的思想。

与诗同样重要的是音乐，孔子本人是个音乐爱好者，他在率领弟子们周游列国时“弦歌不衰”。孔子对音乐也十分精通。但孔子习乐并非单纯为了学习音乐，更重视其中体现的为人之道。这种把乐与政治伦理结合在一起的思想，便是他日后大力倡导乐教的出发点。“乐云乐云，钟鼓云乎哉？”（《论语·阳货》）音乐不仅仅要有美的外在形式，更要紧的是它必须体现政治伦理的内容，并为其服务。这种思想在《论语·八佾》中表达得更为明确：“子谓《韶》：‘尽美矣，又尽善也。’谓《武》：‘尽美矣，未尽善也。’”

《韶》之所以尽美尽善，是因为它是歌颂舜德的，它符合孔子的政治伦理理想。而《武》之所以尽美而未必尽善，是因为周武王是以征伐取天下的，这不符合孔子的理想。这里，且不论孔子的这种评价标准是否合理，但从孔子对乐的“尽美尽善”的要求来看，他强调的是美的艺术形式与善的艺术内容相统一，而以善——他的政治伦理原则——为核心。这与重视“温柔敦厚”的诗教相一致，构成了其乐教的基本内涵。在孔子之后，强调美善统一、文艺为政治伦理教化服务，便成为儒家乐教的基本思想。

孟子在这方面说得很明白，他在《孟子·离娄上》中说：

> 仁之实，事亲是也；义之实，从兄是也；智之实，知斯二者弗去是也；礼之实，节文斯二者是也；乐之实，乐斯二者，乐则生矣；生则恶可已也，恶可已，则不知足之蹈之，手之舞之。

这里，孟子十分明确地把乐的由来与内容归结为仁义。这是对孔子“尽美尽善”思想的发展。诚如有人指出的那样：“在孔子的思想里，美是作为善的形式来看待的，它有待于同善相统一。而在孟子的思想里，美已经包含着善，它就是善在和它自身相统一的外在感性形式中的完满的实现，再不是一种外在于善、有待于同善相统一的形式。”（李泽厚 等，

1984）[183-184]由此，孟子把乐教作为推行仁义教化的普遍手段，不仅上层统治者要学，而且下层民众也要学。《孟子·梁惠王下》记录了孟子与齐宣王谈论此事时，孟子要求统治者与众乐乐，这把乐的政治伦理的本质含义点得再清楚不过了。据此，孟子还对施行乐教中教与学的双方提出了一定的要求。对教者而言："说《诗》者，不以文害辞，不以辞害志。以意逆志，是为得之。"（《孟子·万章章句上》）这说明教《诗》者必须以思想内容为重。而对学《诗》者而言："颂其诗，读其书，不知其人，可乎？是以论其世也，是尚友也。"（《孟子·万章章句下》）可见，在孟子那里，乐教的内涵也无非儒家的修己治人之道而已。

如果说孟子的"与众乐乐""与民同乐"多少有点古代民主思想色彩的话，那么荀子则强调了乐教巩固政治的作用。他在《富国》中说："知夫为人主上者，不美不饰之不足以一民也"，故统治者"必将撞大钟，击鸣鼓，吹笙竽，弹琴瑟，以塞其耳；必将雕琢刻镂，黼黻文章，以塞其目"。但这些东西必须以礼义为准。"苟情说之为乐，若者必灭。故人一之于礼义，则两得之矣；一之于情性，则两丧之矣。"（《礼论》）乐教的目的是把人的感情欲望导向礼义，并以礼义为根本。荀子在《乐论》中说：

> 夫乐者乐也，人情之所以不免也。故人不能无乐，乐则必发于声音，形于动静，而人之道，声音动静，性术之变尽是矣。故人不能不乐，乐则不能无形，形而不为道，则不能无乱。

这里，荀子认为人的愉乐情感是天生的感受，但必须加以礼义的引导，而作为艺术形态的乐之所以必要，就在于它以仁义之道为内容，可以引导人们的愉乐情感符合礼义要求，所以他又说"乐者，所以道乐也"（《乐论》）。

从这个观点出发，"故《诗》、《书》、《礼》、《乐》之道归是矣"（《儒效》）。"《诗》言是，其志也"，"《乐》言是，其和也"。乐教教材的价值都在于"明道"。

有必要指出的是，荀子从其性恶论出发，把情感看作人性的固有本质。他首次从人性论出发，把乐教的产生归结为人自身的发展需求，使得乐教落实在人的内在需求上，这在中国教育思想史上无疑是一个重大的突破。尽管荀子仍把乐的内涵归结为政治伦理，但客观上揭示了乐教之所以必要，是因为除了符合政治伦理，它本身也体现了人类自身追求身心和谐、完美发展的本质需求。从今天的美育理论来看，这是具有十分重要的理论意义的。因为社会的发展和个人身心的健康发展，以情感教育为中介，这恰恰是实现美育的基础。当然，真正认识到这一点的是今天的教育，并非古已有之，荀子也只不过是有所察觉而已。但荀子的思想对《礼记·乐记》的思想还是有一定影响。《礼记·乐记》论"乐"时说：

> 凡音者，生人心者也。情动于中，故形于声，声成文，谓之音。
>
> 凡音者，生于人心者也。乐者，通于伦理者也。是故知声而不知音者，禽兽是也；知音而不知乐者，众庶是也。唯君子为能知乐。

声指声响，音则指具"文采节奏"（"成文"）的艺术形式，其中包含着人自身的情感。乐则不仅是音，它还给人以美。《礼记·乐记》认为，只知"声"，禽兽是也。知"音"则是人所具有的能力，因为只有人才具有情感。但只知"音"而不能体味其中符合伦理道德的感情，则只能成为百姓，而不能成为君子。因为只有君子才能两者兼而有之，真正体会"音"之为"乐"。由此可见，《礼记·乐记》把艺术的"音"与"情"看成一体的，认为艺术是情感的表现，这无疑是对荀子思想的继承。正是这一点揭示了乐教作为情感教育形态的内在根据。然而，"音"之为"乐"，还必须表现符合伦理道德的感情，光是文采节奏并不能体现乐教的真正目的，只有注入伦理内涵，才能体现，所以说"乐者，通伦理者也"。对于这一点，老百姓并不能体会，只有君子才能做到。而儒家教育的目的就在于培养符合封建伦理原则的"君子"，所以乐教就是引导人的感情行为符合这种伦理要求的、不可或缺的教育手段。可以说"乐者，通伦理者也”这句话，正是对先秦儒家关于乐教基本内涵讨论的一个总结与概括。

与儒家并为显学的墨家，则不这么看问题。墨子主张以强力教育的手段来改良社会，“今求善者寡，不强说人，人莫之知也”（《墨子·公孟》）。在强调教育的同时，墨子却反对进行乐教，提出“非乐”的思想，他认为进行艺术活动就必然耗费大量的人力物力，百姓将不堪负担，其结果只能是人民怠于耕织，统治者怠于政。这种思想是具有一定的合理性的，但这种狭隘的功利主义同时否定了审美和艺术活动的社会价值与教育价值。

与墨家相似，法家也反对进行乐教，但二者有很多不同之处。墨家是从小生产者的狭隘功利论出发，而法家是站在维护新兴地主阶级的立场上，以“法治”反对“德治”，强调以“法治”为准绳，以是否符合发展耕战和富国强兵的要求作为评判乐教的依据的。法家主张“法治”，反对儒家的“德治”，儒家提倡的乐教是进行“德治”的重要手段，因而法家在反对“德治”的同时，也把乐教作为破坏“法治”的东西而加以反对。韩非认为，在当时那个“争于气力”的时代，统治只能建立在对人们欲利之心的利用和满足上，想通过精神情感上的教化使之为善是不可能的。由此，“不务听治，而好五音，则穷身之事也”，“耽于女乐，不顾国政，则亡国之祸也”。（《韩非子·十过》）

从上可见，墨家、法家虽然出发点各不相同，但都以功利论来反对儒家的道德论。实际上二者并没认识到儒家讲究乐教也是在强调伦理的功利，只是内涵不同而已，对这点道家倒是看得很清楚。表面上看，道家似乎与墨家、法家一样，反对儒家津津乐道的乐教，但实际上，道家反对的只是儒家以社会伦理为内涵的乐教，除此之外，道家提出了具有自然主义特征、以自然无为之道为内容的审美教育思想。道家认为，美的东西并不存在于艺术的形式之中，它是自然固有的。庄子说：

> 天地有大美而不言，四时有明法而不议，万物有成理而不说。圣人者，原天地之美而达万物之理。是故至人无为，大圣不作，观于天地之谓也。（《庄子·知北游》）

澹然无极而众美从之。此天地之道，圣人之德也。（《庄子·刻意》）

在道家那里，美已摆脱了对善（儒家所说的社会伦理）的依附，而取得了独立的地位。相对于儒家以政治伦理道德为重的乐教思想，这是一个重要的补充。因为它毕竟揭示了审美教育的一个重要方面，即美育不仅要使人更好地接受社会伦理道德规范，培养人的道德情操，而且要培养人的自然真实的审美感受能力。道家比较重视美与真的统一，这与儒家的美善相乐的思想一样，从不同的角度揭示了在审美教育中真、善、美的内在联系，同样给人以诸多启发。

如把以上所述的儒、墨、道、法四家关于乐教的思想加以归纳的话，实际可归为二类：一是以儒、墨、法三家为代表的伦理–功利型，一是以道家为代表的自然–超功利型。如前所述，这两种类型的教育思想之间的差异是显而易见的，不同于以往的宗教教育，它们的目的都是指向人的，但由于它们的思想来源于不同的阶级背景，除了在对乐教内涵的理解上存在分歧外，在对乐教或审美教育的功用的理解上也呈现出明显的对立。

儒家从维护社会的等级秩序出发，高度重视乐教从道德情感上培养人们遵循现实社会中的政治伦理道德规范的自觉性。

儒家虽也重视刑罚，但更重德治。孔子认为“为政以德，譬如北辰，居其所而众星共之”（《论语·为政》）。为政以德，就必须从行为与情感上培养人的道德，从教育角度讲就是兴礼乐之教，“礼乐不兴，则刑罚不中；刑罚不中，则民无所措手足”（《论语·子路》）。从孔子开始，儒家重视乐教的政治伦理功用。以学《诗》为例，孔子说：

小子何莫学夫《诗》?《诗》，可以兴，可以观，可以群，可以怨。迩之事父，远之事君，多识于鸟兽草木之名。（《论语·阳货》）

从“兴观群怨”来看，诗教的政治伦理功用得到了肯定。通过人的审美意识来进行道德教化，这是有积极意义的。然而其目的仍属于“事父”

“事君”的社会阶级性目的，局限性是显而易见的。正是从这一目的出发，孔子一方面说“人而不为《周南》《召南》，其犹正墙面而立也与”（《论语 · 阳货》），说明学《诗》对个人的立身行事是很重要的；另一方面又说“诵《诗》三百，授之以政，不达；使于四方，不能专对；虽多，亦奚以为”（《论语 · 子路》），就是说读了《诗》，还须加以实行，去“事父”“事君”，否则就是枉学。这十分明确地把诗教与修身齐家治国平天下紧密地结合在一起，强调了乐教的政治伦理功用。

这些思想启发了后来的儒家，荀子对乐教立己治人的作用做了明确的说明。请看荀子的论述：

> 故乐行而志清，礼修而行成，耳目聪明，血气和平，移风易俗，天下皆宁，美善相乐。
>
> 乐合同，礼别异，礼乐之统，管乎人心矣。（《荀子 · 乐论》）

荀子明确指出，乐是从人的内心情感方面来加以调和感化，使其向善的。礼是从人的行为举止上加以节制，使之符合等级制度的要求。礼乐相互配合，就可使人从内心到外表都能符合封建地主阶级的要求，并能起到移风易俗、使天下太平的效用。正是由于此，荀子认为：“夫声乐之入人也深，其化人也速，……四海之民莫不愿得以为师，是王者之始也。”（《荀子 · 乐论》）乐教是立国治本的重要措施。

《礼记 · 乐记》继承荀子的思想，对儒家关于乐教作用的论述做了系统的概括。首先，指明“乐者，通伦理者也”“声音之道，与政通矣”，说明乐教与政治伦理是相通的。其次，发扬荀子“乐合同，礼别异”的思想，进而指出“乐由中出，礼自外作”，即礼乐不同的功效源自它们各自的教化特点。“乐也者，圣人之所乐也，而可以善民心，其感人深，其移风易俗，故先王着其教焉”。而乐之所以可以“感人深”，就在于乐对人的影响是从人的内心表现出来的。为使这种内心感情能至于善，就必须以乐教“致乐以治心”，即用乐来影响人们的情感，并引之向善，从而使人们的情感返回正道，与君子之志相和，使情感符合伦理道德的要求。所以，《礼记·乐记》说："君子反情以和其志，广乐以成其教"。《礼记·乐记》以"致乐治心"和"反情和志"，十分清楚地点明了儒家乐教的特点与作用。

墨家从小生产者的阶级利益出发，主张"节用"，反对儒家主张和倡导的礼乐教育。墨子认为，人民在"饥者不得食，寒者不得衣，劳者不得息"(《墨子·非乐上》)的情况下，缺乏最起码的生存条件，根本不可能考虑进行审美和艺术活动。如在缺乏"衣食之财"的情形下，要求人民"弦歌鼓舞，习为声乐"，那是不可能的，强行为之会劳民伤财，加重人民的负担，于治国安民无益。他批判孔子："盛容修饰以蛊世，弦歌鼓舞以聚徒，繁登降之礼以示仪，务趋翔之节以观众……。繁饰邪术以营世君，盛为声乐以淫遇民，其道不可以期世，其学不可以导众。"(《墨子·非儒下》)如孔子倡导的诗教"诵《诗》三百，弦《诗》三百，歌《诗》三百，舞《诗》三百。若用子之言，则君子何日以听治？庶人何日以从事"(《墨子·公孟》)？总之，乐教并不像儒家所说的那样，可以使人心向善而出善政，相反，会使人心变坏而出弊政，故必须加以反对。

法家也否定乐教的社会作用，但其判断标准为是否有利于法治的推行。韩非子说："夫严家无悍虏，而慈母有败子，吾以此知威势之可以禁暴，而德厚之不足以止乱也。"(《韩非子·显学》)既然深厚的道德不能有利于耕战与富国强兵，那么通过审美和艺术活动来提高人们德行的乐教自然就被排斥在教育之外。但韩非子又认为乐虽不能起到治国安民的作用，却可为统治者享乐之用。可见墨、法二家关于乐教功用的理解是源于不同的阶级立场，二者之间还是有区别的。

与儒、墨、法三家的观点不同，道家并不从乐教是否有利于社会的政治伦理角度来考虑问题，而是关心如何使个体生命自然发展。引申到审美教育的问题上，首先道家非常强调个人审美感受的直接性。儒家认为感情的陶冶主要是通过对艺术的审美来实现的。道家与之相反，认为自然本身已包含着美，任何人为的艺术形式都是对自然之美的破坏，如果人想从中获得审美感受、陶冶情感，只会败坏人的自然本性。《庄子·天地》称：

> 且夫失性有五：一曰五色乱目，使目不明；二曰五声乱耳，使耳不聪；三曰五臭熏鼻，困惾中颡；四曰五味浊口，使口厉爽；五曰趣舍滑心，使性飞扬。此五者，皆生之害也。

其中音乐、美术等都不适合人的自然本性，因此皆为“生之害”。美既然存于天地自然之中，人就只需通过“观于天地”“原天地之美”“判天地之美”，便可“备于天地之美”，体会到自然无为的精神，造就“圣人之德”。

道家与墨家也有所不同。墨家的“非乐”是从实用功利角度加以阐述的，而道家却是从对人的自然本性是否有好处来衡量事物的。前者仍在强调社会的功利性，而后者却是超越社会功利的。道家在推行“不言之教”时，反对以任何功利欲望来要求、约束人，推至审美教育也如此。只要人们对“澹然无极”的自然无为之道“众美从之”，就可以获得“圣人之德”。老子说：“道之尊，德之贵，夫莫之命而常自然。”（《道德经》第五十一章）庄子说：“至乐无乐，至誉无誉。”（《庄子·至乐》）这实际上是一种无德之德、一种超功利的审美的人生态度，而其正是通过对天地之道、自然之美的审视、体味而产生的。反过来说，正是因为道是自然无为的，所以审美活动就必然是超功利的，以此才能成就人的自然个性。

因此，说道家不讲审美的教育作用是不够确切的。道家要求人们通过对自然之美的审视体味来返璞归真，而自然无为、保证个性的自然自由发展，这本身就是对审美教育作用的肯定。当然，一味强调超越功利并不是积极的，但这种思想也包含着对儒家过分强调政治伦理功用、束缚人的自由发展的批评，而其注重审美的直接性与超功利性相对于儒家侧重的间接性和功利性，客观上也是一种补充，因为它毕竟揭示了美育本质与规律的另一方面。与墨家、法家的思想相比，道家思想倒显得积极多了。从这一角度出发，我们可以说，在审美教育功用问题上的儒道之争更具有普遍意义，值得我们深入探究比较。

三、儒与道：两种美育理论的评判

美育问题是我国春秋战国时期诸子百家教育思想争鸣的重要内容之一。儒家把政治伦理作为美育的基本内涵，肯定了乐教的价值。墨家和法家以实用功利来衡量，否定了儒家所提倡的乐教。道家并不简单地否定乐教，而主张以自然无为之道为审美的对象和内容。由此，在审美教育的功用问题上，儒、道两家持伦理-功利型和自然-超功利型这两种相互对立的美育思想，并影响了关于美的形态与教育的种种看法。对儒、道两家关于美的形态与教育的有关论述加以比较、评判，可为古代美育思想研究提供一个参考角度。

自然界本身是无所谓美的，在远古时代，“自然界起初是作为一种完全异己的、有无限威力的和不可制服的力量与人们对立的，人们同它的关系完全像动物同它的关系一样，人们就像牲畜一样服从它的权力”（马克思 等，1974）[35]。但在人类改造自然的漫长艰苦斗争中，人们开始控制与利用它，自然才成为人的审美对象。我国古代很早就把人与自然的某种同构对立关系运用到对自然的审美之中，如《诗经》中已有大量描述。

《国风·秦风·小戎》曰：

> 言念君子，温其如玉。

《小雅·节南山之什·节南山》曰：

> 节彼南山，维石岩岩。赫赫师尹，民具尔瞻。

这些都赋予了自然美以社会性格，自然是作为人们的品德或精神美的象征被对待的。这种审美实践对后世产生了积极影响。

后来孔子把这些运用到他的教育中。孔子针对“君子”的人格修养以及品格特征，说过这样一段话：

知者乐水，仁者乐山。知者动，仁者静。知者乐，仁者寿。（《论语·雍也》）

这段话的意思是说：聪明人（知者即智者）喜欢水，仁之人喜欢山；聪明人好动，仁之人沉静；聪明人快乐，而仁之人长寿。这是用自然山水来代指“知者”与“仁者”的不同品质特征。那么为何“知者乐水，仁者乐山”呢？“知者乐水”，是因为水具有川流不息的特点，而“知者”捷于应对、敏于事功，“知者不惑”（《论语·子罕》），也如同水一样具有“动”的特点。韩婴说：“夫水者，缘理而行，不遗小间，似有智者；动下而之，似有礼者；蹈深不疑，似有勇者；障防而清，似知命者；历险致远，卒成不毁，似有德者。天地以成，群物以生，国家以宁，万事以平，品物以正。此智者所以乐于水也。”（《韩诗外传》）“仁者乐山”是因为山宽厚崇高，巍然不动，长育万物，而“仁者”稳健沉着，宽厚与众，“仁者不忧”，故也具“静”的特点。《尚书大传》说：

夫山者，恺然高，…… 草木生焉，鸟兽蕃焉，财用殖焉，生财用而无私为，四方皆伐焉，每无私予焉。出云风以通乎天地之间，阴阳和合，雨露之泽，万物以成，百姓以飨，此仁者之所以乐于山也。

这些解释基本上是符合孔子原意的。但如果从美育角度来分析，孔子的话的另一层含义则是，要想成为“知者”和“仁者”，除了注重自我的修养外，还可以通过审视体味自然山水即学习大自然之美来实现。正因为自然山水具有某种与人的精神品质相似的形式结构，故可成为人们完善自身的审美对象，人们由此而获得精神上的感应、共鸣，从而陶冶性情，使精神升华。自然之所以美，基本要义就在于此。《荀子·尧问》中假托孔子与其弟子子贡的一段问答，阐述得更为明白：

子贡问于孔子曰：“赐为人下而未知也。”孔子曰：“为人下者乎？其犹土也。深扣之而得甘泉焉，树之而五谷蕃焉，草木殖焉，禽兽育焉；生则立焉，死则入焉；多其功，而不息“德”。为人下者其犹土也。”

此段问答很明显，意思并不在于以土比德，而是要人学习土为人下的品格，通过对自然的审视，感受谦下的精神品质。这种对自然美教育作用的发现，可说是儒家美育思想的一份优秀遗产。

自然之美在道家那里也是备受赞美的。譬如“天地有大美”，以及大至“不为顷久推移，不以多少进退”的大海之美，小至“栖之深林，游之坛陆，浮之江湖，食之鳅鲦，随行列而止，逶迤而处”的小鸟之美，等等，都是道家所赞美的自然之美。道家之所以赞美这些，是因为他们认为这些都是自然无为的、自由自在的。人要学习得道，就必须以这种自然美的品质为榜样。因此老子在其《道德经》中大谈“上善若水”“上德若谷”之类的道理。他说：“古之善为士者……，涣兮若冰之将释，敦兮其若朴，旷兮其若谷，混兮其若浊。”

或有问，老子的这种思想不是与儒家相似吗？不是也以山水等自然之物来象征人的德行吗？确实，尽管道家不重视自然美的社会性，但人之为人是无法脱离社会性的，人光具有自然属性是不成其为人的，因而道家对自然美的看法也不免带有社会性质。然而，道家对自然美的看法毕竟与儒家是有所区别的。道家认为人学习自然是为了回归自然，而不是为了符合社会伦理规范。庄子说：

法天贵真，不拘于俗。（《庄子·渔父》）

“法天贵真”就是说要学习自然的无为品格，“不拘于俗”即是反对以世俗的伦理规范来加以约束。“礼者，世俗之所为也；真者，所以受于天也，自然不可易也”。（《庄子·渔父》）

对自然美的审视也是如此。道家认为，人可以法天地、法自然，通过对天地山水等自然美的审视效法，使自己获得自然无为的真实情感与品质。庄子说：“山林与，皋壤与，使我欣欣然而乐与！”（《庄子·知北游》）这种审美过程不应拘于任何伦理道德。而儒家在对自然的审美过程中却是时时处处以世俗的伦理道德为目的的。可以说，“法天贵真，不拘于俗”这句话，是对二者关于自然美教育作用的论述的最简洁明白的划分。并且，从目的上看，道家在自然美与人的修养关系的认识上，是不受任何社会伦理功利束缚的，而儒家正好相反，因此也体现为功利与非功利的两种审美观。然而当我们从整体上去考虑时，会发现人对于自然的审美恰恰是功利的又是非功利的，因为它是规律与目的的统一，所以儒、道两家的思想虽有歧异但实际上是可以互相补充的。对儒道思想的考察对于我们今天思考如何发挥自然美育的作用具有启发意义。

自然美固然可以为教育服务，但它毕竟是一种自然形态的东西，而艺术美则是一种人为的意识形态的东西。艺术在对自然形态的美进行加工和创造的过程中，融入了人的情感、思想等。因为它所反映出来的东西比自然更为典型、强烈、集中、普遍，更具理想色彩，所以对人们具有更大的教育作用。可以说，艺术是美育的主要内容。先秦儒家便是如此认为的。

关于这点本无须多说，儒家诸子以《诗经》《乐经》等为教育的内容也是众所周知的。在此需补充说明的是，儒家对乐教内容是有其价值判断标准的。如孔子论述《大韶》与《大武》的美善统一的问题时，就明确指出《大武》尽美未必善，而《大韶》才是尽善尽美的。因《大韶》反映的是尧舜揖让天下之德行，《大武》却是对武力征伐的歌颂。前者符合儒家主张“德治”的政治理想，后者则与之相违。虽则“颜渊问为邦，子曰：‘……乐则《韶》《武》’”（《论语·卫灵公》），但孔子认为《韶》更适合于修身养性。如《孔子家语·辩乐解》记载了这样一件事。有一天子路弹琴，孔子闻声对冉有说：“仲由真是太不成材了！先王制用乐曲，讲究用中正平和的声音来节制欲念，风格近于南方，与北方迥然不同。南方是万物生长的地方，北方是征讨杀伐的战场。所以君子的音乐，温柔中和，可以用这种音乐来修身养性。……那些小人的音乐就非如此，声音高亢挺拔，渲染征讨杀伐的气氛。……现在仲由如同小人一样，对先王的音乐毫无兴趣，而专去弹奏那些亡国的小人之音。这样做哪能保证他将来不掉脑袋呢?”尽管这是后人的记载，未必可信，但把它与孔子关于

《韶》《武》的言论结合起来看，还是比较符合孔子思想的。这说明孔子运用艺术进行教育是有其政治伦理和道德理想的标准的。后来的儒家基本上都承继了孔子的思想内核。

在对待艺术美的态度上，由于道家强调自然的天然素朴之美，因而对儒家所提倡的诗、乐持激烈反对的态度，的确有非常偏激的言论，在此不予赘述。但关键是，道家是否由此就一概否定任何文艺及其作用呢？我感到，不能把问题简单化。其实，道家对艺术美是有独特的看法的。

首先，道家反对的是人为造作的艺术，认为真正的艺术美应是没有任何功利欲望驱使而创作出来的。如《庄子·达生》所记“梓庆削木为鐻”，“鐻”旧注是一种乐器，因此“削木为鐻”实际是一种艺术创造活动，梓庆雕刻的鐻，使“见者惊犹鬼神”，十分成功。而这样的优秀作品是在“不敢怀庆赏爵禄”“不敢怀非誉巧拙”，直至“辄然忘吾有四肢形体”的情况下创作出来的。《庄子·田子方》所记“宋元君将画图”的故事也是如此。众画史应召而至，拜揖过宋元君，便“舐笔和墨”，还有一半人在门外，等候指派。而独有一位后来者，坦然徐行而来，拜揖宋元君后并不立门外等候，却直入室内，等宋元君派人视之，他已经解衣箕坐，裸体赤身准备作画了，宋元君感叹道：“可矣，是真画者也。”看来庄子认为唯有处于一种完全不计功利、自然自由的精神状态，才能创作出好的艺术作品。

其次，在艺术欣赏中也必须游心于道。如庄子十分欣赏所谓黄帝的“咸池”之乐。在《天运》中庄子借黄帝之口说：“咸池”第一段“奏之以人，征之以天”，“先应之以人事，顺之以天理，行之以五德，应之以自然，然后调理四时，太和万物”；第二段“奏之以阴阳之和，烛之以日月之明”；第三段“奏之以无怠之声，调之以自然之命”，“布挥而不曳，幽昏而无声”。可见“咸池”之美，就在于它表现了天地自然无为的变化，人们在欣赏中，对自然运动变化由惧转为怠，终于产生迷惑。黄帝曰：“惑故愚，愚故道，道可载而与之俱也。”如此就可体会到道的自然无为了。显然这种重视自然的心态、重视体验的艺术审美思想同儒家强调政治伦理的要求是大相径庭的。

儒道在有关审美标准的论述上也是如此。儒家提倡“中庸之德”，反对过或不及，孔子说：“中庸之为德也，其至矣乎！”（《论语·雍也》）他把社会矛盾的和谐统一作为最高的政治道德理想，因而主张在政治上“礼之用，和为贵。先王之道，斯为美”（《论语·学而》），体现在艺术审美上则须“乐而不淫，哀而不伤”（《论语·八佾》）。荀子进而阐明“乐之中和也”（《劝学》），只有中和之乐，才能使“乐在宗庙中，君臣上下同听之，则莫不和敬；闺门之内，父子兄弟同听之，则莫不和亲；乡里族长之中，长少同听之，则莫不和顺。故乐者，审一以定和者也”（《乐论》）。道家不同，道家认为人是自然的一部分，“天地与我并生，而万物与我为一”（《庄子·齐物论》）。音乐之和本来自天地之和以及人与自然的统一和谐，进而产生“与天和者”的“天乐”之美和“与人和者”的“人乐”之美（《庄子·天道》），所以艺术的美，也就是合规律性与合目的性的统一。前述庄子关于艺术审美的思想就是以此为根本出发点的。

由此可见，虽然儒道都主张中和之美，但在理解上是有本质区别的。一个偏重于伦理原则，一个偏重于自然法则。然而，两家的各有侧重，恰好证明艺术审美本身具有的社会功利性与自然规律性，唯有两者统一，才能构成艺术审美的全部内容。从这个意义上讲，两家的思想不是也可以而且应该可以相互补充吗？

无论自然美还是艺术美，对于教育来说，都是为了“陶冶性情”。目的不在于自然与艺术本身，而在于人格的完善，即造就完美的理想的人，对儒道来说都是如此。然而，对于怎样的人格美才是一种真正的人格美，儒道的看法就不尽相同了。人是社会的主体，因此，人格美是社会美的最主要的内容。换言之，社会美的主要内容即是人格美，这种认识在我国先秦儒道的思想中已得到了讨论。

问题主要集中在以下两个方面。

第一，人格美怎样才能形成？儒家认为，美的人格的形成可以通过审美教育来实现。孔子说：“兴于《诗》，立于礼，成于乐。”（《论语·泰伯》）关于“兴于《诗》”，包咸注曰：“兴，起也，言修身必先学诗。”

至于“成于乐”，《论语·宪问》记载，有一天“子路问成人。子曰：‘若臧武仲之知、公绰之不欲、卞庄子之勇、冉求之艺，文之以礼乐，亦可以为成人矣。’”“乐”之所以如此重要，原因在于“乐所以成性”（孔安国注）。刘宝楠《论语正义》说：“乐以治性，故能成性，成性亦修身也。”这些解释是符合孔子意思的，由此看来，孔子把成人之美的过程规定为必须先学《诗》，最后完成于乐。由此造成的理想人格，才能“从心所欲”而“不逾矩”，并富有自由愉悦的感受。孔子说：“知之者不如好之者，好之者不如乐之者。”（《论语·雍也》）把“仁”的知识转化为一种内心情感的自觉要求与愉快的情感体验，这种要求与上述思想是相一致的。“乐之者”所获已不仅是道德知识，同时也具有了一种伦理的美感，这样的人格就具有了美。

但道家崇尚自然无为，故极力反对人为的约束，反对任何外在的约束人的东西，自然也在教育上反对儒家的仁义礼乐之教。老子针对“为学日益”，主张“为道日损。损之又损，以至于无为”（《道德经》第四十八章）。庄子则说：“意仁义其非人乎!”“自虞氏招仁义以挠天下也，天下莫不奔命于仁义。是非以仁义易其性与？”（《庄子·骈拇》）因此，美的人格的产生不能依靠外在的规约教化，应靠每个个体自身的体验体会来实现，这就是对自然之道的观照。如果说审美有益于人格美的产生，那具体而言就只能通过“判天地之美”“原天地之美”“观于天地”来达到。同儒家相比，道家这种思想抽取了审美教育的社会性，但在尊重人的个性方面还是具有一定合理性的。

第二，什么是美的人格？在这个问题上儒道是有同又有异。孔子认为教育的目的就是培养有益于统治阶级的“仁人志士”，“无求生以害仁，有杀生以成仁”（《论语·卫灵公》）。“朝闻道，夕死可矣”（《论语·里仁》），便是一种最崇高的人格，也是美的人格。荀子则认为“君子知夫不全不粹之不足以为美也”（《劝学》）。人格之美就体现在人格的完全和纯粹，这实际上是在追求一种在一定道德规范下的人格美。在这个问题上，儒家诸子的观点是一致的，只是孟子更突出了人的精神美。孟子认为个人修养除需一定的规约外，还要与自觉的努力结合，这就须善养“浩然之气”（《孟子·公孙丑上》）。“浩然之气”，“配义与道”，是“集义所生”，它是为实现儒家理性之善而“至大至刚”、无所畏惧的奋发向上的精神状态。这是一种人格精神之美。正因为它是“集义所生”，所以实质上是仁义等善性的扩充，孟子概括为“充实之谓美”（《孟子·尽心下》）。也就是说仁义等善性的充实所产生的“浩然之气”，具有一种高尚的道德精神，而这种精神才是人格美的本质含义。

道家虽然并不同意人格美的本质是仁义精神，但同样重视人格精神之美。庄子明确指出，人对自然社会主要不是爱其形，而是爱其精神之美。他说：“非爱其形也，爱使其形者也。”（《庄子·德充符》）成玄英疏：“使形者，才德也”，“才德者，精神也”。这说明庄子追求的是一种精神美、“德充之美”。庄子说：“德将为汝美，道将为汝居。”（《庄子·知北游》）这种“德”不是儒家倡导的伦理道德，而是一种不以好恶内伤其身、是非不得于身的“无德之德”，实际就是一种保身全生、自然无为的精神状态。有了这种“德”，人就会更加美好、与道同在。

可见，在先秦，无论儒家还是道家，其所追求的人格美的重心都在于一种内在的精神之美。所不同的是，儒家主张通过人为培养与自我充实两方面来实现人格美，并且使之体现为一种社会道德精神；道家则认为人格美完全由个人的体验观照而致，而且不受任何社会道德的影响。乍看起来，似乎一是积极入世的，一是消极避世的，然而二者都体现出一种人本主义精神，共同开创了中国古代教育史上重视人的精神关系的优良传统。

第三节　道家理想人格的培养

很多教育学派都把怎样培养一种独立的个性及形成一种什么样的理想人格，作为自己教育理论的重要部分，从而形成自己的教育目的和道德教育的主要内容，道家自然也在此列。

首先，如从道德教育的角度来加以分析，我们可以看到，儒家力求培养的是为求获仁义而杀生舍生的君子，而墨家注重的是兼爱并利天下的“兼士”，法家要求的是具勇敢进取精神的“法士”，这些与道家所主张的自然无为的“善人”、超凡脱俗的“真人”的理想人格是完全不同的。

齐国道家也提出了他们的理想人物形象，如他们说：“一言而利之者，士也。一言而利国者，国士也。是故君子卑身以从道，知（智）以辩之，强以行之，责道以并世，柔身以寺（待）之时”（《黄帝四经·十大经》）。这里把君子分为士与国士两等，他们能辨清道的方向，并努力以行，辅助世政。所以，“王天下者，轻县国而重士，故国重而身安”（《黄帝四经·经法》），把君子看得比县、国还贵重。但是这里所说的君子已极少有道家理想人物的色彩，而更多兼有儒家、墨家和法家的精神。因此，在讲道家理想人格培养之时，我们于齐国道家姑且不论，主要论述老庄在理想人格方面的道德教育思想。

其次，如从人性论角度看，不同于孟子的性善、荀子的性恶、墨子的人性善少恶多等观点，也不同于孔子所说的“性相近也，习相远也”，老庄认为人性是自然的。老子认为人具有“素朴”的本性，人性的本然状态如同婴儿一般是无知无欲的。庄子则直接指出人性即自然，因为他认为人与天地万物为一，人和自然是混同一体的。正是在这种自然人性观的基础上，老庄提出了有关人格品德、修养方法及人格的社会意义等一系列具有道家特色的道德教育内容。

老庄基于自然人性的观点，极力反对儒家的仁义忠孝礼智信品德说，他们根据自己的道德原则提出理想的人格品德论，建构了道家的道德教育思想原则与方法。

一、法自然的人格品德

观老子的思想体系，可把其道德原则归结为“法自然”。老子从这个总原则出发，提出了他对人格品德的要求。

“无为”是老子的主要观点，引申至道德品德，则主张“孔德之容，唯道是从”。道的本质是自然无为，因此人依循道，也应无为。老子进而论证："飘风不终朝，骤雨不终日。孰为此者？天地。天地尚不能久，而况于人乎？"（《道德经》第二十三章）从事于道的表现则是"圣人处无为之事，行不言之教"（《道德经》第二章），"抱怨以德"（《道德经》第七十九章），"为者败之，执者失之。是以圣人无为，故无败；无执，故无失"（《道德经》第二十九章）。

这样就可以无为而过自然的生活，老子以为只要这样去做，则天下可以大治。他说："是以圣人之治，虚其心，实其腹，弱其志，强其骨。常使民无知无欲，使夫智者不敢为也。为无为，则无不治。"（《道德经》第三章）一个人必须按照道的自然规律从事，"辅万物之自然而不敢为"（《道德经》第六十四章），只求满足人生存之必需，保持素朴的状态，这便是大德了。

《吕氏春秋·不二篇》说"老聃贵柔"。老子认为，为人处世应以柔弱为主。为什么呢？因为"反者道之动，弱者道之用"（《道德经》第四十章）。既然道的运用是弱的，那么人的行为自然应是柔的。老子说："人之生也柔弱，其死也坚强。草木之生也柔脆，其死也枯槁。故坚强者死之徒，柔弱者生之徒。是以兵强则灭，木强则折。强大处下，柔弱处上。"（《道德经》第七十六章）这就是说，人活着的时候身体是柔弱的，死后身体就僵硬了，就像草木活着时枝干柔弱，死后才枯槁坚硬，军队如果强大了就会被消灭。所以，坚强的东西属于死亡的一类，而柔弱的东西属于生存的一类。由此老子归结出一条原则，即柔弱处于优势，坚强处于劣势。

老子又举水为例。"天下莫柔弱于水，而攻坚强者莫之能胜，以其无以易之。弱之胜强，柔之胜刚。"（《道德经》第七十八章）他认为，柔弱的东西之所以最为强大，就在于其能胜刚强，所以"守柔曰强"（《道德经》第五十二章）。可惜大家虽然都明白这个道理，但是没有人照着去做。因此他十分强调，一个人要想顺乎自然地自由生存，就必须崇尚"贵柔"的美德，因为这是"无为而无不为"的集中体现。他警告说"强梁者不得其死"（《道德经》第四十二章），并立志学道以此开始（"吾将以为教父"）。

首先，他要求人们保持一种婴儿般的心理状态，所谓“含德之厚，比于赤子”（《道德经》第五十五章），“常德不离，复归于婴儿”（《道德经》第二十八章）。

其次，要“虚其心”（《道德经》第三章）。“上德若谷”（《道德经》第四十一章），这样虚怀若谷，便是一个有高尚道德的人。所谓“健德若弱，实德若虚”是也。《史记·老庄申韩列传》记老子对孔子曰：“良贾深藏若虚，君子盛德，容貌若愚。去子之骄气与多欲，态色与淫志，是皆无益于子之身。吾所以告子，若是而已。”这段话说的便是这个道理。

应该指出的是，老子运用辩证法则，看到了事物的两个方面而重视人们谦下的美德，是具有启发意义的，但他一味强调守柔无为，且把它绝对化了。

与“贵柔”相联系，便是“不争”。要守住柔弱，关键在于不与人、与世去争权夺利。老子说：“圣人之道，为而不争。”（《道德经》第八十一章）因为“天之道，利而不害”，所以“人之道，为而不争”。不争的道德品行是怎样的呢？老子以水为例说：“上善若水，水善利万物而不争。处众人之所恶，故几于道。居善地，心善渊，与善仁，言善信，正善治，事善能，动善时。夫唯不争，故无尤。”（《道德经》第八章）就是说，最有道德的人就如水一样，利于万物而不与万物争，待在大家不愿久留之地，这样就接近于道了。因此人要居善择地，心保沉静，待人真诚，言则有信，为政精干，办事能长，把握时机，只要如水一样与万物无争，就不会犯过错。

具体来说，即老子所说的：“我有三宝，持而保之。一曰慈，二曰俭，三曰不敢为天下先。”（《道德经》第六十七章）慈，就是爱，即所谓救人救物，而不弃人弃物。俭，就是“去甚，去奢，去泰”（《道德经》第二十九章），即去掉那些极端奢侈的、过分的东西，诸如自见、自伐、自是、自矜之类。不敢为天下先，即所谓“圣人后其身而身先”之义。唯有如此，人才能不犯错误，虽然不争，但别人也不敢相争，可立于不败之地，保全自身。

要想守柔不争，唯有去其私见欲望，而要做到这一点，就必须知足。反过来说，只有知足知止，才能保证不争，甘处柔弱的地位。正是在这个意义上，老子把知止知足看得很重要。

“祸莫大于不知足，咎莫大于欲得，故知足之足，常足矣。”（《道德经》第四十六章）罪过都来自纵欲和贪得无厌，都在于不知满足，如果能够知道满足，才会得到满足。

“名与身孰亲？身与货孰多？得与亡孰病？是故甚爱必大费，多藏必厚亡。知足不辱，知止不殆，可以长久。”（《道德经》第四十四章）即是说：声名与生命哪个更亲？生命与财产哪个更贵重？得与失哪个更有害？过分爱惜名誉会导致更大的耗费，丰厚的贮藏必带来严重的损失。物极必反，事物都会向其反面转化。明白这个道理，知道满足，就不会遭受屈辱，知道适可而止，就不会有危险，由此可以长久安全。虽然这里所说的知是“知止”，带有片面强调退守保生、柔弱无为的色彩，但他从事物矛盾转化的辩证关系来说“知足”，启迪人们在一定程度上适可而止，至今仍不失其深刻性。

以上是老子为理想人格所设定的道德品质。

二、因任自然的人格品德

后来的庄子将老子“法自然”的原则发挥到极致。庄子在“齐物”的思想基础上，提出“因任自然”的道德原则。庄子说：“至人无己，神人无功，圣人无名。”（《庄子·逍遥游》）至人、神人、圣人都是庄子所崇尚的理想人格，这与实际生活中的具体的人是有差别的。《庄子·秋水》说：“‘何谓天？何谓人？’北海若曰：‘牛马四足，是谓天；落马首，穿牛鼻，是为人。’”也就是说，万事万物有差别，这是天生自然的，而给马首牛鼻系以绳索，则是人为的。这种人不是一种理想的人，理想的人应是顺应自然、毫无作为的。其具体的品德便是无己、无功、无名。

无己就是完全不考虑自己、物我两忘、不受任何牵累的一种自由生活的境界，它表现为“逍遥游”。无己的人，“肌肤若冰雪，绰约若处子；不食五谷，吸风饮露；乘云气，御飞龙，而游乎四海之外”（《庄子·逍遥游》）。庄子用优美形象的语言描述了一个神乎其神的人物，他来去无牵挂，甚至不食人间烟火，所谓“至人神矣”即此谓。

物我两忘，混同万物，就不必有所为。《庄子·在宥》曰：“无为而尊者，天道也。有为而累者，人道也。”“是故至人无力，大圣不作，观天地之谓也。”（《庄子·知北游》）人应效法天地，故也应无己、无功。既然无己又无功，自然不能追求个人的功名地位，所以说“圣人无名”。

庄子认为万物各异是自然的，但异名同实，所以对人来说应该“有人之形，无人之情”（《庄子·德充符》），排除一切情感，“喜怒哀乐不入于胸次”（《庄子·田子方》）。这样就可超脱一切，成为“真人”，这是一种最高的理想人格。

《庄子·大宗师》说：“古之真人，不知说生，不知恶死。其出不欣，其入不距。翛然而往，翛然而来而已矣。不忘其所始，不求其所终。受而喜之，忘而复之。是之谓不以心捐道，不以人助天，是之谓真人。”这种人格具有浓厚的神秘主义意味。这里所说的自由，实际上不是指道德上的自由，而是指审美活动上的自由。这种超功利主义的、超社会现实的理想人格，当然于人的道德实践活动无补，但这种人格理想客观上深刻地揭露了自由与必然的矛盾，给后世带来深远的影响。

三、老庄的修养方法

老庄为了培养以上所主张的德行，提出了一套与其相适应的修养方法。

老子提出的修养方法有两种。一为见素抱朴。老子说“见素抱朴，少私寡欲”（《道德经》第十九章）。所谓“见素抱朴”，便是保持朴质，外表看上去很单纯，内心极为朴素。“敦兮其若朴”（《道德经》第十五章），要专精守气，致力柔和，像个毫无欲望的婴儿一样。所谓“少私寡欲”，即要不断地减少私心，降低欲望。所谓“五色令人目盲，五音令人耳聋，五味令人口爽，驰骋畋猎令人心发狂，难得之货令人行妨。是以圣人为腹不为目，故去彼取此”（《道德经》第十二章）。有人以为这是老子主张取消一切物质文明的铁证。其实不然。老子认为，对这些缤纷色彩、纷杂音调乃至口味货利的追逐，如果过分，就会使人不轨，所以理想的人应但求安饱而不逐声色之娱，要抵制物欲的诱惑而保持安足。这与前述“去甚，去奢，去泰”是一脉相承的。由此，才能保持朴质。

二为啬。老子说：“治人事天莫若啬。夫唯啬，是谓早服。早服谓之重积德；重积德则无不克；无不克，则莫知其极；莫知其极，可以有国。有国之母，可以长久。是谓深根固柢，长生久视之道。”（《道德经》第五十九章）这是说，治理国家，养护身心，都不比爱惜保养精力重要。保养精力才能遇事从容，早做准备，不断地积德。由此，治国则可长久，治身则可保身。以上都是用以延长生命的克治方法。

庄子根据他的道德理想，也提出了两种修养方法。一曰缘督为经。庄子说：“为善无近名，为恶无近刑，缘督以为经，可以保身，可以全生，可以养柔，可以尽年。”（《庄子·养生主》）“督”，即谓中，就是指凡事都要顺着中间的空虚去追求养生之道。他举例说，庖丁在解牛三年后，掌握了这个道理，解牛时不见全牛，只凭心领神会。其妙处在于：“依乎天理，批大郤，导大窾，因其固然。”（《庄子·养生主》）郤、窾，均指骨节之间的空隙。解牛时顺自然之理，乃游刃于骨之空虚，不受折损，牛应声而解，全不费力。此例是寓只要一个人处于善恶两端之间，就可保全自身，不中道夭折，而悠哉游哉了。

二曰心斋坐忘。生活在社会的夹缝中，毕竟不是易事。因此，庄子又提出了另一个修养方法——心斋坐忘。什么叫心斋坐忘呢？庄子解释道：“若一志，无听之以耳而听之以心；无听之以心而听之以气。听止于耳，心止于符。气也者，虚而待物者也。唯道集虚。虚者，心斋也。”（《庄子·人间世》）“堕肢体，黜聪明，离形去知，同于大通，此谓坐忘。”（《庄子·大宗师》）由此可见，心斋即集中意志，排除杂念，不用耳心，除呼吸外停止一切心虑活动，静待事物变化，保持一个虚静的心境。要保持这般虚静心境，则需进一步遗忘身躯，绝除聪明，忘掉一切，与大道合一，由此获得真人的品格。

四、道家道德教育思想评价

综上所述，我们在此对老庄的道德教育思想做一评价。

首先，道家提出的理想人格在先秦是独树一帜的。老子曾说“我独异于人”（《道德经》第二十章），庄子也称“独有之人，是之谓至贵”（《庄子·在宥》）。道家非常重视保证每个人自然本性的自由发展，面对沉重的政教礼义制度，要求保持个人的独立性与安全；主张一切政教礼义都应该按照客观自然的规律而建立，为发展人的自然本性服务。这是对苛政的控诉，对虚伪礼教的揭露，有其合理的地方，对后人的人生观产生过积极的影响。但也应看到，道家把自然现象与社会现象混淆，一味强调回到自然的状况，不顾社会现实生活中的道德实践的另一面。

其次，道家也注意其理想人格的社会意义。老子说：“圣人不积，既以为人，己愈有，既以与人，己愈多。”（《道德经》第八十一章）圣人不私积藏，尽量帮助别人，自己反而更充足；尽量给予别人，自己反而更丰富。这是一种很高尚的道德境界，正是老子“三宝”中所谓慈爱于人的充分体现。因此，不能说老子是极端的利己主义者。或有问，这与“不争”的关系如何呢？我们说，这与不争不矛盾，老子屡次强调的是利万物而不争，利万物而不害，正因为不争，人才会产生高尚的道德。这是否“有为”呢？我们说，老子思想的主旨就在于无为而无不为，无为是一种处世之方，克制自己、少私寡欲不仅可保持自身，也是对互相倾轧人生的一种惠施。由此，人格就具有了社会意义。

最后，道家的道德教育同儒家的道德教育形成了互补。除我们前所提及的人性论基础不同之外，二者还有一个鲜明的区别。儒家的道德教育是用来调整人与人之间的社会关系的，通过遵守社会必要的伦理关系来完成，重视人格中的社会责任感，提倡以理节情、人为努力、乐观进取。而道家的道德教育很少用来调整人与社会的关系，理想人格是通过超功利的直观内化过程实现的，重视人格的独立性，要求与社会及自然协调，反对任何情感的束缚，倾向于自然的发展，是无为而为甚至于消极退守与遁世的。儒家重视道德的实行，而道家更重精神的境界。

两家的道德观集中反映了功利与非功利、社会与个人的双重需求，这种张力正好构成互补。从教育史的发展来看，二者都具有一定的历史感。

在先秦的教育思想发展过程中，儒家确乎是其主线。然而，道家在教育思想中的贡献，也从某些方面弥补了儒家教育的不足。儒家尚人为，道家尚自然；儒家尚理性，道家尚直觉；儒家尚实用，道家尚思辨；儒家尚启发，道家尚辩证；等等。诸如此类的差异联系，恰恰构成了互补的条件，由此形成了二者互相制约、互相影响、互相渗透的关系。因此，我们可以说，先秦诸子是在一个共同的历史条件下、在相互的论辩中共同创立了中国古代教育思想的基础。其中，以孔孟为代表的儒家教育思想和以老庄为代表的道家教育思想，是我国古代教育思想的两大渊源。

第四节　中国宗教教育问题

当我们习惯于把儒家文化作为中国文化的核心来加以考虑时，把儒家的教育文化看成中国传统教育文化的基本内容，是十分自然的。然而，儒家教育在中国古代社会的整个发展过程，并不是一帆风顺的，它时常受到各方面的挑战与冲击，产生了一些变化。这种改变既受制于社会经济生活发展的需要，也受到由此生发的思想意识的挑战，其中就有来自宗教如道教和佛教的挑战。为什么以“礼乐”为核心的、实践人伦教育的儒家教育会不时地受到那些“虚妄”的宗教教育的冲击呢？这个问题其实并不费解。如果中国的道教或佛教教育不是基于古代社会本身需要所产生的，那么儒家教育完全可能涵盖它们，取而代之。然而佛道教育不仅产生于实际需要，而且和儒家教育相比，它们在很多方面有着长处。所以，儒家教育面临佛道教育的挑战，不能漠然置之。但是，儒家教育与佛道教育的差异或对立也不是绝对的。从原始教育文化中脱胎而出的儒家教育仍或多或少地带有宗教先验的痕迹与色彩，因此在与宗教教育的接触及冲突中，它不断变换而呈现出某些宗教因素，由此形成了中国教育发展过程中三家对立互补的复杂图景。

一、宗教及其教育研究的实质与范围

关于中国宗教教育的研究，以往之所以相对被忽略，原因主要在于宗教被看作超现实的、虚妄的，本质是神学主义的，这种看法限定了人们的思路，使人们忽视了宗教教育的研究价值。

其实，关于宗教的本质，在人类思想史上曾有过长久的争论。无论是认为宗教产生于人们对各种自然现象的惊惑或敬畏的自然主义说，还是把宗教归结为万物有灵的泛神论，它们都认为宗教的本质源于人类对于自然的认识水平，但都难以与人类的现实生活及人自身的性质相联系。18 世纪，法国启蒙思想家把关于宗教本质的研究推进了一大步。爱尔维修认定宗教是现实存在于人们意识中的虚幻反映，伏尔泰和霍尔巴赫则以“永恒的理性”揭露了天主教教会的欺骗与黑暗。

这样又引申出一个新的问题，即宗教的起源与发展究竟是理性的还是非理性的，是现实的还是非现实的？德国唯物主义哲学家费尔巴哈虽没有正面回答这一问题，但他在世俗基础上考察了宗教，从人本主义出发，“把宗教的本质归结于人的本质”。这实际上就使宗教问题回到了人的本质与主观意识上。但是他犯了与以往的思想家同样的毛病：既没能指明阶级社会与非阶级社会中的宗教的区别，也往往只关注人与自然环境的关系，或仅从自然环境和个体心理角度去解释宗教，而不从人的实践角度去分析宗教，也就难以正确地解决以上问题。马克思、恩格斯总结了以往的理论教训，他们所建立的唯物主义历史观为科学地研究宗教奠定了基础。马克思主义主张把宗教现象“当作人的感性活动，当作实践去理解”（马克思 等，1974）[3]。马克思指出：“人的本质并不是单个人所固有的抽象物，实际上，它是一切社会关系的总和”（马克思 等，1974）[5]，“对于世俗基础本身首先应当从它的矛盾中去理解”（马克思 等，1974）[4]。宗教认识的形成，是“世俗的基础使自己和自己本身分离，并使自己转入云霄，成为一个独立王国，这一事实，只能用这个世俗基础的自我分裂和自我矛盾来说明”（马克思 等，1974）[4]。因此，“一切宗教都不过是支配着人们日常生活的外部力量在人们头脑中的幻想的反映，在这种反映中，人间的力量采取了超人间的力量的形式”（马克思 等，1995a）[668]。由此，马克思主义把宗教的本质从抽象的人的本质还原为世俗社会生活与人的实践，说明宗教只不过是现实生活本身矛盾的颠倒反映而已。既然宗教是现实世界的反映，那么无论宗教所宣扬的东西多么超越现实，试图摆脱理性的束缚，它仍是现实生活与人的理性矛盾发展的结果。离开这一观点，我们将无法科学地理解宗教的起源与本质以及它的生存与延续，更无法辨明宗教在社会生活发展过程中的实际功用与地位。

在现代西方学术界，对宗教与社会相互关系的探索，已构成整个宗教社会学理论的基础。德国的社会学家韦伯便是一位开创者和主要代表人物。

韦伯的宗教社会学研究旨在研究宗教的理性化程度与过程。尤为突出的是，他十分注意从宗教的价值观念出发研究特定宗教的组织、制度、规约、伦理与教徒的日常生活、行为和社会的关系，从而揭示宗教的社会功能。

韦伯认为，宗教的发展过程是一个从非理性的宗教向理性宗教转变的过程。那些由不可计算、不能由人控制的（如神秘的、巫术的、情绪的）因素起作用的宗教是非理性的宗教，这种宗教对世俗影响甚微。而一切由可计算、可为人控制的因素起作用的宗教则是理性的宗教，它与世俗生活结合后，便对人们的行为产生强大的影响。宗教理性化的程度，就在于它本身摆脱巫术以及与世俗结合的程度。而“凡是神学，皆是对神圣之事物（Heilsbesitz）在理知上的合理化”（韦伯，2004）[187]。这意味着“任何时候，只要我们想了解，我们就能够了解；我们知道或者说相信，在原则上，并没有任何神秘、不可测知的力量在发挥作用；我们知道或者说相信，在原则上，通过计算（Berechnen），我们可以支配（beherrschen）万物。但这一切所指惟一：世界的除魅（Entzauberung der Welt）。我们再也不必像相信有神灵存在的野人那样，以魔法支配神灵或向神灵祈求。取而代之的，是技术性的方法与计算。这就是理知化这回事的主要意义”（韦伯，2004）[168]。在这一意义上，韦伯认为宗教的理性进化制约着人的行为方式和社会组织的发展；反之，社会的发展也进一步促进了宗教理性进化的趋势。

且不论宗教理性化的标志是不是“祛除巫魅”，因为巫术的表现形式虽是非理性的，但其运用的手段与方法却很难说是脱离人的理性理解的，而且其产生的结果又恰是人的理性的想象与认可（这点下面再论述），但是韦伯把宗教研究与社会研究相结合，把宗教理性化发展过程与社会发展过程相联系，把这种理性化发展过程看作宗教发展与社会发展中的双向建构，这已足以说明宗教的生存与发展是建筑在现实性与理性的基础上的。显然，这种思想具有一定的合理性。

倘若我们可以确认宗教的发展是与社会的发展相联系的，那么可以说，宗教的本质是现实世界的颠倒，而且宗教的形成和发展也是一个理性化的过程。这主要体现为宗教的发展是以现世为方向的，并且与人的行为方式是相互影响的。

当我们把宗教研究和社会研究相结合之时，对于传递宗教文化的主要媒介——宗教教育的研究，就不仅仅属于宗教世界本身，并且这种研究已不单纯属于对宗教教育本身性质的研究（我们往往难以跳出这一狭窄的圈子），它已包含社会的普遍内容。这就使得宗教教育的研究具有了真实的价值。

因此，单纯谈论宗教教育的本质或判别宗教教育的真伪以及优劣是不够的，应该着重把宗教教育看作一种客观的社会现象，研究它与社会以及其他教育形态之间的相互关系，其中包括社会生活中以非制度化的习俗、礼仪、修行等形式表现出来的宗教教育现象（或称为准宗教教育现象）。即是说，宗教教育的研究对象是涵盖已经形成的宗教教育和实践上包含宗教教育因素（甚至也指儒家教育所含有的某些宗教教育因素）的其他教育形态的一种广泛的领域。

这可具体地划分为三个方面：第一，从宗教教育的制度、内容、方法等方面研究宗教教育的社会地位与功能；第二，宗教教育与其他教育形态的相互作用和相互关系；第三，宗教教育作为一个特定的教育系统所具有的功能和发展规律。

这三个方面是有所区别但又相互统一的，统一的基础就在于宗教教育的形成和发展来自社会现实生活本身。这种现实性为我们的研究提供了基础。我们有理由相信，这种研究如果能切实地进行，那么对于认识中国教育文化是大有裨益的。

二、社会风俗与宗教教育

马林诺夫斯基（B. Malinowski）曾经说过："教育亦常不是特设的社会制度。家庭，亲属，地方，年龄，职业团体，技术，巫术，宗教会社——这些制度在它们的次要功能上，是和我们的学校相当的，担任着教育的职务。传统的绵续，或是广义的教育，和法律及经济组织一同形成手段性质的文化的三个方面。凡制度，风俗，或其他文化设置，能满足这三方面手段性质的需要，与其能直接满足生物基本需要，是同样的重要，因为人类生存的维持有赖于文化的维持，所以文化手段迫力实无异于生理上的需要。"（马林诺夫斯基，1987）[45]

就广义的教育而言，凡是能够影响人的行为与品德的内容都可被纳入教育的范畴。因此，除了特定的学校教育系统之外，能发挥教育功用的事物是很广泛的。尽管宗教或者风俗的主要功能不在于教育，但是它们的存在与发展确实对人的行为和品德起着不容忽视的功用。

在人类的童年时代，社会风俗习惯的形成与人们最初形成的宗教意识是密不可分的。换言之，在某种意义上说，宗教意识是构成社会风俗习惯的重要依据之一。

就图腾崇拜而言，它是在自然崇拜基础上产生的。它认为每个氏族都起源于某种动物或植物，这种动物或植物是氏族的祖先或保护神，神圣不可侵犯。当某种图腾成为氏族的徽号、标志之时，它可以使人形象地明了氏族之间的不同血缘关系。解释图腾与图腾的禁忌，成为教育与培养氏族成员情感和行为的规范。因此，弗洛伊德以为，图腾所代表的意义及功效，不仅仅是一种宗教信仰，同时也是一种社会结构（弗洛伊德，2005）。就宗教信仰仪式而言，它们不单纯属于宗教，同时也是一种教育。或者说，这种宗教信仰与人的行动方式的结合，形成了一种特殊形式的教育。它已超出了宗教本身的范围，具备了真实的教育功能，并以此影响着人们的社会生活。正如马林诺夫斯基所言，"文化对于宗教的需求虽然是演生的和间接的，但宗教最后却是深深的生根于人类的基本需要，以及这些需要在文化中得到满足的方法之上”（马林诺夫斯基，1987）[79]。

这种对血缘关系的注重，后来便发展为祖先崇拜。在祖先崇拜中，氏族崇拜的对象——动物、植物已转化为人格化的神，并分化为氏族共同祖先与家庭祖先。人们通过对祖先血缘的了解与对祖先功德的强调来加强血缘观念，巩固内部统一，明确社会秩序，增强人伦道德观念。这实际上已构成对氏族成员的重要教育形式。其中，重要的教育方式是通过祭祀祖先的宗教活动体现的。如对神农、后土、尧、舜、鲧、禹、黄帝、契、冥等进行祭祀，使人牢记“祖功宗德”，培养高尚品德。祭祖不仅在汉族中流行，在少数民族中也十分流行。如彝族的祖先崇拜体现在其所有活动中，不仅有平日祭祀、节日祭祀，还有超度祭祀。这些祭祖活动的仪式相当繁复隆重，社会影响很大。在大部分少数民族中，祭祖既是一项十分重要的宗教活动，又是一种重要的民族成员教育活动，而且由此形成了各民族特有的风尚习俗。

汉族所流行的孝的习俗，就与祖先崇拜的宗教活动有着直接的关系。当这种活动发展到一定程度，便对人伦道德观念产生巨大影响，而形成“亲亲、长长、尊尊”之类的伦常观念。儒家教育以“明人伦”为主要内容，便是这种伦常观念发展的直接结果。“亲亲”就是指血缘宗法关系。孔子的仁学以孝为仁之本。他要求学生“入则孝，出则弟，谨而信，泛爱众，而亲仁”（《论语·学而》），以便由此“本立而道生”。孔子认为这是“祖述尧舜”。他认为在家尽孝爱亲，在社会上就会尽忠爱人，由此把“忠”看作“孝”的社会推广，主张“君君、臣臣、父父、子子”等系统的伦常。这种源于宗教的人伦教育，对中国古代社会及教育文化产生了深远的影响。

此外，最初人们用来娱神以及祭祀的种种仪式，同后世的礼乐教育也有渊源关系。我们知道，礼，原本是指原始的巫术礼仪，即冠、昏（婚）、丧、祭、飨之类的典礼。氏族运用这些礼仪活动组织社会，指导生活与生产，制约人的行为与情感。这些礼仪由于起源于氏族的共同需求，并且强调的是宗法血缘的关系，因而随着社会发展，其宗教意味逐渐淡薄。但它们对人们行为与情感的培养功能却不断得到强化，以至于发展到“非礼勿视，非礼勿听，非礼勿言，非礼勿动”（《论语·颜渊》）的程度。对礼仪的遵守成了人伦教育的重要内容。

“乐”也是如此。歌舞由于可以娱神且影响人的情感，在以后的教育发展过程中就逐渐得到规范。西周官学中的大舞如《大韶》《大武》之类，小舞如《羽舞》《干舞》之类，还有“六乐”等，既含有宗教意味，同时也有人伦教育的功能。随着社会的发展，“乐”成为道德教育的重要手段。

可以说，礼乐教育是从宗教礼仪演变而来的。因为“人生的各种圣礼将人们集合起来，不仅是为着举行非个人的仪式，并且是为着促进彼此的利益和保证彼此的责任，而唤起公共行动”（马林诺夫斯基，1987）[78]。所以，宗教活动能够对教育起作用，并为后世的教育所吸收。

对于巫术活动也可以这样来认识。韦伯曾认为，宗教的理智化旨在“祛除巫魅”，实际上，巫术活动也并不是非理智化的。在人类早期的大多数社会活动中，巫术活动都有着重要的地位。尽管巫术缺乏科学根据，但巫师的行为往往需借助于一定的科学知识或技术。以巫师为人消病来说，《山海经·海内西经》记载：“开明东，有巫彭、巫抵、巫阳、巫履、巫凡、巫相，……皆操不死之药以距之。”彝族毕摩（巫师）的经书中，就有《采药种药经》《献牲献药经》等。正因为其中包含着人类理智，才能对人产生影响。而且，巫术还用以往的事例来证明现存社会秩序的合理，并为现实社会提供过去的道德价值模式、社会关系的安排等。这种解释客观上起到了一种社会教育的作用。所以“在个人方面，巫术可以增加自信，发展道德习惯，并且使人对于难题抱着积极应付的乐观信心与态度，于是即处危难关头，亦能保持或重作个性及人格的调整”（马林诺夫斯基，1987）[73]。

不仅如此，民族风俗习惯的形成与宗教教育也是密切相关的。我国云南傣族聚居地区自古信奉印度小乘佛教（南传上座部佛教）。小乘佛教主张，男子在一生中要过一段出家生活，摆脱人生烦恼，实践佛教戒律，成为一个新人或受过教化的人。这种佛教信仰的全民性质反映在教育上，便是“佛寺即学校，佛爷即老师，和尚是学生，经书是课本”。傣族的佛教教育规定，每个家庭都须送男孩子入寺接受一段时期的宗教教育，一开始学习傣文，从学习字母、拼音、构句到朗读佛经，直至通过学习与钻研掌握佛教知识，然后可还俗劳动、娶妻，并以学识高低确定社会地位。没有当过和尚或受过佛教教育的人，就没有社会地位，甚至连结婚与工作都会受影响。这样，宗教教育不仅对个人一生产生影响，并且构成了社会的风俗习尚和制度。

在藏族地区也是如此。过去由于佛教对于教育文化的高度控制，它对社会风俗制度产生了直接影响。人们只有通过宗教教育才能获得一定的社会地位，而且根据资历深浅构建了森严的等级秩序。宗教不仅对人的行为与情感产生深刻影响，而且制约了社会的一切方面（丁钢，1988）。

如上所述，在宗教与风俗的关系上，有两个方面值得我们在中国宗教教育研究中注意。一方面是在风俗形成中起作用的宗教及宗教教育的因素，另一方面是宗教教育本身对风俗习惯制度形成的作用。这种研究使我们不仅可以了解风俗形成与宗教教育的关系，而且可以更为准确全面地把握中国教育文化的发展脉络。

三、佛道教育的形成与特点

文化发展史证明，适应社会生活需要的一切文化成果都是可以并行不悖、彼此相容的。在这一前提下，不同的文化可以有各自的独立性，但也可以相互吸收和融合。而且，每种文化都是由人类所创造的，文化又是通过人类一代一代相继延续的，而文化的延续绝对离不开教育的传递。因此，佛教与道教的传递与嬗变也必然是由一定的教育形态加以保证的。这样，我们就有必要通过对佛教和道教各自教育形态的考察以及对儒佛道教育之间关系的比较研究，来揭示佛道教育的历史地位与作用，从而努力把握中国教育文化本身的特点。

和儒家教育相比，佛教和道教的宗教教育形成较晚，基本都起始于东汉。这主要有两个原因：一是在此之前佛教还未正式从印度系统地传入，而道教也未摆脱迷信方术而形成自己的体系；二是西汉独尊儒家，排斥各种异说。东汉时，由于佛教大量传入，儒家经学陷入困境，道教思想抬头，在佛教与道教逐渐形成气候的同时，佛道教育得以兴起。

佛教教育先是借助于译经而起，并寄托于寺院，形成了边译经边讲学的“译经以讲学”的特点。学问僧们从经典中找根据，提出了初步的教育规制，并在官府的支持与富有信徒的帮助下，开展以寺院为中心的佛教教育。隋唐是一个诸宗林立的佛教教育中国化时期。那时建立了较为完备的宗教教育制度，并从各种学说的传授发展到自创其说。后在近代风气的影响下，专为僧侣或社会人士而设的佛教专门学校得到开创，形成了从小学、中学至大学的完整体系，对中国传统教育的发展变迁产生了重要的影响。

道教教育虽然不如佛教教育完备，但在中国古代教育的历史发展中也占有一定的地位。在东汉时，道教借助于民间的广泛信仰，曾形成一套独具特色的教育体系。在魏晋南北朝时期，伴随上层社会对于道教的接受与扶植，它逐渐向官学靠拢，继而为官方所承认。在唐代的特殊历史条件下，由于统治者对于道教的大力扶植，道教教育有了很大的发展，皇帝亲下诏令，推广道教教育，令天下人习道书，并开设专门学校，如崇玄学、玄学馆、通道观之类，还配备了道学博士、助教及弟子。统治者甚至一度把道教教育内容纳入科举。由于道教受到尊崇，道教教育制度逐渐完备，道教教育对社会产生了深远的影响，构成中国古代教育的一个重要方面。

佛道教育不仅在制度上逐渐相对独立，在内容上也具有与儒家教育不同的特色。儒家教育非常重视政治与道德教育，旨在维护封建社会的秩序。而佛教教育则侧重人的内心修养和思想的熏陶，注意对人的心理以及思维方面的训练。道教教育也有自己的侧重点，即注重养身修行的教化。这三者虽有所不同，但从不同的方面符合了封建社会的总体需要，因而都曾得到中央政府的支持，佛道与儒家并列，形成了三足鼎立的局面。

如果说儒家教育注重人伦，佛教教育注重人的思想锻炼，那么道教教育在重视养身修行的基础上，更增添了自然科学教育的色彩。我们知道，道教起源于中国古代的巫术与方术。这些巫术与方术之所以能产生很大影响，一个主要的原因是它们在人们最为关心的生死问题上，提供养身、长生之方，以满足人们的“生生不息”的愿望。在古代社会中，不知上演过多少帝王将相求仙药乞长生的滑稽剧。“巫术最发达的领域，文明人和野蛮人一般，是人们的康健。”（马林诺夫斯基，1987）[52]从道教的起源与发展以及道教似乎并没有摆脱巫术的事实来看，也是如此。不过，正如巫术并非全是非理智的产物，道教中也不是全为非理智的因素。比如，道教理论中有“外丹”与“内丹”之分。炼外丹，服之可以长寿或长生不死。从现在的科学角度来看，这当然是荒谬的，但从炼丹必须掌握一定的科学常识和技术来看，这种行为本身又是科学进步的一种动力。将这种知识与技术传授给人，不能不说包含了一定的科技教育因素。再说，从养生出发，不少道士都刻苦学习与钻研医学或医药知识，许多道教徒同时又是出色的医学家或医药学家，如葛洪、孙思邈等就是如此。当他们把这些知识技能传授给弟子时，实际上已在进行一种医学教育。从中国古代医学教育的历史看，这些道士的作用确实不容忽视。此外，“内丹”实是一种气功养生术，诸如吐纳、导引以及经络学说都从中生发而来。这种知识的传授，在中国教育史尤其是科技教育史上占有一定的地位。

除此之外，佛道教育在方法上也有不少独到之处。在佛教的讲堂上，师生关系更趋于平等。突出的一点是问难，即学生均可向教师发难。《入唐求法巡礼行记》记一禅院讲经之会，学生发难“声如大嗔人，尽音呼诤”，而“讲师蒙难，但答不返难”，温文尔雅，从容论义。又如，佛教很讲究游学，当某僧游学至某寺，可以与当地讲师在讲堂上互相诘难，如果确实才思过人，学问比讲师高出一筹，甚至可以替代其讲师地位。《高僧传》记释僧苞从鸠摩罗什学成后，“东下京师。正值祇洹寺发讲……。高座举题适竟，苞始欲厝言，法师便问：‘客僧何名？’答云：‘名苞。’又问：‘尽何所？’苞答云：‘高座之人亦可苞耳。’乃致问数番，皆是先达思力所不逮。高座无以抗其辞，遂逊退而止”。

这些情形，起初在儒家教学中是绝难想象的。儒家教学基本上限于学生提问、教师解答而已，并且实际上是已知者对未知者的说教。后来由于佛教的影响，儒家教育也开始吸收其中的合理因素。宋明书院讲学，便吸收了质疑问难的做法，活跃了讲堂气氛，增强了教学效果，构成了书院教学的一个重要特点。

值得一提的是讲义的编写。佛教教育是中国古代教育中最早关注这个问题的。《续高僧传》记梁武帝“后下诏，令时诸名德各撰《成实》义疏，云乃经论合撰，有四十科，为四十二卷。俄寻究了。又敕于寺三遍敷讲”。这是先撰疏后讲，如同现今的先编讲义后教学。《续高僧传》记僧侣慧远“自是，长在讲肆，伏听千余。意存宏奖，随讲出疏”。这是在讲后撰疏，如同后世根据讲稿编写教材。

纵观佛儒，汉儒虽早有注经，但旨在章句诂训，名为经学，实为注学，日趋烦琐，反倒致使经义茫然无所解，而佛教讲学注重义疏，由此形成讲义或教材。这里虽不能排除佛教起初受到儒家注经的启发，但应当说后来是儒家受了佛教的影响，吸取佛教的经验，于魏晋南北朝起逐渐完善了儒家的教学制度。

从上可见，佛道教育有自己的历史，并与儒家教育在内容、方法上有种种不同之处，而又与儒家教育相互影响。研究这种影响，必然成为我们审视中国传统教育的历史进程和结构特征的一个重要方面。否则，对于儒家教育的理解也难免片面。

四、儒家教育中的宗教因素

这里涉及一个问题，即能否将儒家教育也纳入宗教教育之列？提出这个问题的原因，在于我国学术界曾就儒学究竟是不是一种宗教即儒教的问题，展开过许多争论。就教育文化史的研究来说，这个问题直接关系儒家教育的性质问题，故需做些分析。

持肯定意见者认为，儒学产生之始虽非宗教，但从汉代统治者以强权“罢黜百家、独尊儒术”起，儒学，主要是孔子的学说，便开始被神学化、宗教化。以后儒学遂作为与佛、道并立的“三教”之一，以纲常为核心，吸收佛、道的宗教思想及修养方法，把四书、五经神圣化，并从汉代开始行祭孔仪式，由此在“存天理、去人欲”的口号下，变世俗人为宗教人。人一出生就必须接受儒学教育，儒学教育会影响人的一生，其对中国封建社会的影响更为佛道所不可及。因此，儒学在其发展过程中实际已演变为正统宗教了。

无独有偶，早在19世纪与20世纪之交，德国宗教社会学家韦伯就曾把儒学视为“正统”宗教。韦伯从“救赎论”出发，把儒学中那种讲究精神世界的内在超越的理论归结为一种“精神救赎论”，并认为儒学虽是入世的和理性主义的，但是不够彻底。对鬼神采取回避态度，且强调对世俗的适应，实际是对天命、天意的服从，因此畏天命、畏圣人的观念，并不能引导人们将世俗生活本身积极地理性化。儒家把一切尚不能理解和无法把握的因素都归结为天命与天道，告诫人们，君子失德，即遭天罚，“不知命，无以为君子”（《论语·尧曰》）。因此，儒学虽然没有上帝之类第一推动力的设定，但实际上是一种特殊形式的宗教。

客观而论，上述观点似也不无道理，但关键是要划分清楚“儒学中具有宗教因素”与“儒学即宗教”这两种截然不同观点的界限。正如我们看到老庄道家学说有关于“寡欲”和“真人”理想品格的要求，但不能说它就是宗教：“寡欲”与“禁欲”、“真人”与“仙人”之间毕竟有很大的区别。所以说，道家并不就是道教。儒学与宗教的区别也是如此。前面说过，儒学是从原始的宗教意识中脱胎而出的，不免带有宗教因素，这从它对于天命、鬼神的模糊态度中可略见一斑。而且在汉代谶纬神学流行之际，儒学曾一度被宗教化，这也确是事实。然而，儒学的宗教化并不等于它就是宗教。因为儒学注重的毕竟是对日常人伦的遵从，它的学说与宗教追求来世、超越现实的理论以及宗教原罪说是大相径庭的，并不能被归结为宗教。

同时，从历史事实看，儒家教育中确乎存在大量的宗教因素及其表现形式。我们前面已提到过这方面的事实。在宋代书院，甚至孔子弟子七十二贤也在被祭祀之列。此外，儒家信奉“天地君亲师”，天地被加以神义解释，于是儒家的师被赋予了神圣的权利，儒家教育似有着师权神授的神学依据。而宋明理学家所提倡的“存天理，灭人欲”思想，也包含宗教意味。把诸如此类的现象看作宗教教育的因素，确实是无可争辩的。但是，具有宗教因素的教育，不等于就是宗教教育。如果细加分析，便不难发现，汉代儒学虽有宗教化倾向，但其教化的内容却不属于宗教范畴。祭孔虽然搞得轰轰烈烈，但其本意在于标榜儒学，培养学风，感发学者信念，树立楷模，激励后学，以加强教学效果，这与宗教教育中崇拜偶像以沟通神人关系是不同的。提高教师地位，目的在于树立“师道尊严”。“存天理，灭人欲”中的天理并非神学义理，而恰恰是现实的社会道德规范，是以“明德、亲民、至善”为核心内涵的。因此儒家教育与宗教教育仍有一定的区别。

第五节　传统书院的文化建构

任何一种文明或者生活方式，都体现为一个整体。在这个整体之中，各部分都有机地组合搭配在一起，互相联系。从这个意义上讲，当我们关注思想精神等历史传统时，还有必要把视线投向那些物质化的文化形态。

一、书院营建的人文意蕴

把书院建置引入研究的视野，是要把它们看作传统文化的一个有机组成部分，而非要做建筑学意义上的剖析。如果追根寻源的话，实际上古人本就十分注重书院建置的文化象征意义，如谓“道德以为之地，忠信以为之基，仁以为宅，义以为路，礼以为门，廉耻以为垣墙，六经以为户牖，四子以为阶梯，求之于心而无假于雕饰也”（《定襄县补志·新建晋昌书院记》）。从大多数书院建置的实际情况来看，这种比喻，是很有典型意义的。①

广义上，书院作为一种教育机构，尽管有着与以往教育机构的种种区

① 后世将书院称为“义路”“礼门”等相当普遍，其装饰也很朴实，很少有刻意雕饰的，洋溢着一派淡雅的文人气息。

别，但从根本上说，是与传统文化一脉相传的。在建置上，其与传统的建筑有着千丝万缕的联系。狭义上，书院作为一种新型的教育机构，又有着改进和发展传统文化的独特作用。在建置上，由于书院自身的文教功能，故又表现出不同于一般教育建筑的众多特点，表现为教学、社交、藏书、祭祀、游息、自修、生活等诸多方面空间的扩大，从而凝练出自身的文化建构特征。

历史地看，书院受制于传统文化，又体现出一种新的聚合和发展，这在下面所论及的诸多方面都有着不同程度的体现。

书院的分布和规模大小等，一般来说，与其承担的历史任务、官办程度以及经济实力等因素有相当大的关联。书院的具体定址及环境营造亦与传统文化密切相关。其中，中国传统的风水理论与书院的具体设置就有一种剪不断理还乱的复杂关系。

在历史上，受风水说影响而废书院的事有之，如清儒陈大受在《重建文昌塔碑记》中曾提及，湖南祁阳文吕书院在明熹宗“天启时，有邑人荫面监生陈朝鼒误信形家邪说，倡众毁塔而书院亦废”。而置风水说于不顾者亦有之，如清儒李元春在《华原书院志》之中曾谓：“书院本在道北东岳庙东偏，讲堂向东。今移道南向北。……始北原书院地势，高敞轩豁，然基小而促，又临崖头，举目则县内外居民室户厕圊，且在指顾。谢明府以此地移于今地。既移后，堪舆家多言不如旧地之吉。予谓诸生曰，学在我，何有吉凶。”

然而，无论受不受风水家的影响，就从以上两例来看，风水对于书院的设置定址的确具有一定的影响。事实上，这种影响是客观存在的，甚至是颇为深刻的。为了了解这种影响，我们可以先了解一下传统风水理论的基本内容。

风水理论产生于中国以农业经济为基础的古代社会，是用来协调人与自然关系的一种手段，本非迷信。但由于古代社会缺乏科学知识，因而风水家们对利用气、阴阳、五行、八卦等来解释人类与自然关系的朴素原理加以衍变和神秘化，遂使风水变成了一种具迷信色彩的学说，使其内容变得十分驳杂烦琐。但其核心内容无非是通过对居住环境的选择与处理，以满足人们避凶就吉的心理需要。综其理论，不外乎两大类：形法和理法。形法理论注重山川形气与宅形格式的配属，以推导吉凶。理法理论则注重山川形气与宅居方位的布局及空间组织，以推导吉凶。

由于风水理论在宋明以后发展到登峰造极的地步，以至于官方与民间都给予了普遍重视，因此对书院也产生了影响。书院志中多有“形胜”之文，常用“卜定”“相度”等语，便与此有关。

首先是与书院选址的关系。

风水相地讲究“气”“势”“脉”。“气”有“天气”“地气”“阴气”“阳气”“风气”“水气”等。“气者，形之微；形者，气之著。气隐而难知，形显而易见。”（《解难二十四篇》）因此，清张九仪《穿透真传》云：“凡看地……总以气为主。”“势”则指群峰起伏形状，讲究势远形深。“脉”即“龙脉”，所谓“山地观脉，脉气重于水，平地现水，水神旺于脉”（《宅谱指额》）。故“脉”又可分为“山脉”与“水脉”。风水家正是利用这种实际是对山水自然形态的直观观察来判定宅基的吉凶，选出佳地。这对书院选址的影响是颇为深远的。

远的不论，清张之洞在选择广雅书院基址时就曾颇费周折，自称前后踏勘过八处。“一为西关外田园，鄙人寻往相度，水浅而浊，气势不畅，且地价垫基需三万四千金，其势难成。一为海山仙馆，亦曾亲往，有水无地，可园而不可书院，且潘氏衰败，其势可知，盖由水道不畅之故。一为漱珠角，港内平地一区，地势平下而微洼，无所取义。一为小蓬仙馆，地基有限，仍须户足买地，其港潮退舟胶，出入不便，且地处河南，去省、河南岸税关监理局、海珠缉捕太近，去河南河西银行亦不远，诸生往来，时常经过，嚣喧凌杂，殊为无谓。再河南一大州，地势不厚，又兼背水，故鄙意凡河南都不相宜。一为东门外某氏废园，既非广场，亦无幽趣，毫无可取。一为大北门外山麓旷地，气势枯荣，且正南对城内花塔之尖，必为众情所不愿。一为泮塘之南岸村，低洼过甚，常有水患，且其平旷处恰有一坟山碍立。以上八处，皆不合用。最后才得元头村一处。”（王兴瑞，1948）[2] 从上可见，虽然选址考虑到很多实用性问题，但受风水影响，并从风水角度去相度，也是显而易见的。又如清张兆凤建高州敷文书院曾谓：

“予莅任初，即相度遗址，且门峙三峰，形如笔架，层峦耸秀，望而知为地脉钟灵。”（《高州敷文书院记》）这也是从风水角度来择基。

选址时经常把风水与士风文气联系在一起，甚至认为这两者之间的关系是必然的。所谓“山水自然之奇秀，与文章自然之奇秀，一而已矣。山水之体骨形势不一，求其畅适人情而止，文章之体骨形势不一，求其恰肖题神而止，两者理相同而机亦相助”（《重修高州笔山书院记》）。书院禀地灵气，有利人才辈出。郭汝诚重修凤山书院，就考虑到“此院跨西山之麓，东有梯云诸山为之向，尤跨胜地，占奥区，宜乎科名显达，甲于郡属”（《顺德凤山书院记》）。

其次是与书院环境类型的关系。

书院对自然环境的利用方式是多种多样的，但不外乎是山与水两大要素的配属与组合。无论立意如何，其与风水的关系则是显而易见的。

大多数书院的环境类型为背山面水型，即书院背枕山丘、面向河流或湖泊，如义宁至城书院等就属于这种类型。这在风水上属基本“吉形”，所谓“阳宅须教择地形，背山面水称人心”（《阳宅集成·丹经口诀》）。

第二类为三面环山、一面向水型。这在书院的环境形势中是最为常见的，如湖南的岳麓书院、云山书院、渌江书院、洞溪书院、玉潭书院、城南书院，以及山东的尼山书院、广西的培元书院等均属于这种类型。它们三面由群山环抱，一面带水，正好体现为风水理论所推崇的“山屏水障”“藏精聚气”“钟灵汇秀”的最佳吉形。

第三类为依山傍水型，山水分列书院两侧，如象山缨溪书院等属于这种类型。这与风水说所谓阳宅之“枕山襟水，或左山右水”（《阳宅会心集·阳宅总论》）亦是相通的。

第四类为三面环水、一面背山型。书院外部环境以水为主，如义宁仁义书院等属于这种类型。从风水理论来看，此种形势便是以水为“龙脉”。因此，水抱之势亦为吉形，符合“水注而气聚”的说法。

然而，书院建址并非都在理想之境，有些地理条件不甚理想，或有山无水，或有水无山，等等。随着书院官学化的发展，省、府、州、县等相继开设书院，于是为了补自然环境之不足，人工环境的构造便成为书院建置中的一个重要方面。这也受到风水观的影响，比如“以地气之兴，且由天定，亦可人为”。常见的方法有：引水补基，或挖塘蓄水，以补水脉；筑坝造桥，以固一方元气；植树造林，以培补龙背砂山。这从不少书院培树于院后、挖塘于院前院内等做法中也可见一斑。

最后是与书院建筑朝向的关系。这多数是受风水理法理论的影响。理法以八卦、十二支、天星及五行为纲，特别重视建筑的坐向与方位。

书院建筑多为坐北朝南。坐北朝南本是人们由对于地理气候的适应而总结出来的经验，但经哲学家如老子加以概括（“万物负阴而抱阳”）后，遂从经验性的感性认识上升为观念形态。风水家对此更是大加渲染，将“山北为阴，水北为阳”等总结为“居阳背阴，谓之大吉”的风水纲要。于是，在风水观的推动下，中国传统建筑坐北朝南的建置便成为程式化的东西而被沿袭下来，书院自然也在影响范围之中。

风水理论又将坐北朝南配属八卦方位，结合生活中对自然环境的经验，把此种坐向宅基称为坎位，其余分别以离卦位（南）、巽卦位（东南）、震卦位（东）为三种吉向方位。① 其中，东南向为最吉方位。此说与传统民居建筑特点基本相合，在书院中亦有表现。如湖南著名的岳麓书院以及渌江书院，就是坐西朝东。虽然这也是由山形地势所致，但与风水也不无关系。

书院大门的朝向亦多居中朝南或东南、西南。如台湾的书院，据统计，“书院的门，大体而言，一半居中，一半重视东南方位（巽位）”（王镇华，1986）[44]。书院门朝西、西北、北、东北向者则极为少见。

人们似乎确实相信风水方位与书院的兴盛是紧密相关的。如人们认为，石山书院“其造就有如此者。至其作法之妙，首乾趾巽，两耳门，一子午，一酉卯。按之龙图、龟书、数符，秉时策长善。后，从此人才鹊起，科甲蝉联，年逢巳酉丑申子辰，皆有应。而膺高爵食厚秩以舒其致君泽民之略者，亦应踵相接也”（《石山书院汇纪 · 石山形胜纪略》）。南徽

① 此据文王卦位图说，后世若以卦位表方向，多依此，如理法派的代表作《八宅周书》即用此说。

书院则“西望龙山，东依风岭，北控晋康，南窥林峒，一溪环之，百雉临之。于粤会为坤，是朋类之所跻也，于州治为巽，是万物之所齐也，合之又升焉”（《罗定南徵书院记》）。

综上所述，书院地理位置受风水影响确乎存在。然而，指出这种影响的目的并不在于罗列现象，而在于揭示书院建置与文化的关系。风水作为一种世俗文化，不仅仅是一种迷信观念的体现，剥去其神秘的外壳，其中也包含着人们长期积累起来的社会生活经验。风水理论正是利用这种带有合理性的内容，满足了人们避凶求吉的心理需求，从而使风水与自然环境巧妙地融合在一起，书院环境的文化建构则典型地体现了这一特点。正如人类学家所指出的，“人类的生态和自然环境为文化的形成提供物质基础，文化正是这一过程的历史凝聚。这个历史过程导致选择性的产生，而选择性本身正来自于人类本性和自然环境的内蕴潜力，并受到生物学和自然性质的限制”（克鲁克洪 等，1986）[6-7]。风水文化的产生如此，书院之所以受风水文化的影响亦正由于此。

从文化入手分析书院的建置，也许涉及的范围还需广泛些。这里谈的虽是书院的建筑，但“建筑不仅是材料和结构方式的结果，而且是整个社会文化，艺术、宗教、哲学等一系列社会因素的特性的反映的结果”（拉普普，1979）[27]。

以下主要就书院外部环境选择在传统思维方式、哲学思想与审美观念等方面所体现出的人文意蕴，做进一步的分析。

从书院山水环境的选择上看，无论受风水还是其他什么因素的影响，其实中国传统的“天人合一”“天人感应”的思维方式才是操纵这一切的“看不见的手”。

早在古代的《易经》中，中国的先人就创造了一个颇为完整的符号系统，以阴（⚋）、阳（⚊）为基本符号的八卦把天地万物融为一体。如乾（☰）象征天，坤（☷）象征地，震（☳）象征雷，巽（☴）象征风，坎（☵）象征水，离（☲）象征火，艮（☶）象征山，兑（☱）象征泽。乾、坤又象征男、女，以为万物由天地合气、男女相合而成。这样把天、地、人统一为一个整体，萌发了早期“天人合一”的思想。后

《尚书》中又糅合了五行说。随之阴阳、八卦、五行组合成一个系统，代表了宇宙、自然、人类社会衍演不息的基本思维模式。

这种思维模式后来经过儒家的洗礼，染上了浓厚的伦理色彩。所谓“尽心”“知性”“知天”，把人自身的发展与天地万物结合在一起，形成了一个庞大的体系。如果说儒家给予了这种思维方式伦理学意义上的充实，那么道家则是从本体论自然观上对之进一步加以论证。老子所谓“人法地，地法天，天法道，道法自然”，而“道生一，一生二，二生三，三生万物”，庄子所谓“天地与我并生，万物与我为一”等构想，把人道与天道、自然融为一体，使天人合一的思维方式更为膨胀，后来的《易传·说卦传》把这一切加以概括——“立天之道曰阴与阳，立地之道曰柔与刚，立人之道曰仁与义”。由此，天地人三道相合，天道即人道、天人合一的思维方式从此深深扎根于中华民族的思维之中。

到了汉代，董仲舒更将天地人视为手足，认为三者“合以成体，不可一无也”，并进一步提出了“天人感应”之说。当汉代就已成熟的封建伦理规范“三纲五常”被纳入这种思维方式之后，凡事“究天人之际”的思维方式便成为人们的思想与行为的法则，渗透到了人们生活的各个方面，自然也包括人们对物质生活环境的认识。

有趣的是，风水说在这种思维方式的影响下，也附会“三纲五常”这种伦理标准，把天人关系和风水相糅合。所谓“三纲”，“一曰气脉为富贵贫贱之纲，二曰明堂为砂水美恶之纲，三曰水口为生旺死绝之纲”。所谓“五常”，“一曰龙，龙要真；二曰穴，穴要的；三曰砂，砂要秀；四曰水，水要抱；五曰向，向要吉”。（《地理五诀·地理总论》）由此看，书院建置受风水影响，根本原因就在于思维上的同构性。

诚然，书院的选址不仅仅考虑到天人关系，还涉及一个审美问题。然而，中国传统的审美理想也是与天人合一、天人感应的思维方式相联系的。远在先秦，伴随对天人关系的认识，就产生了一种以自然比附社会伦理的比德审美学说。孔子所谓“知者乐水，仁者乐山；知者动，仁者静；知者乐，仁者寿”（《论语·雍也》），即此之谓。为何如此？韩婴解释道：“夫水者，缘理而行，不遗小间，似有智者；动下而之，似有礼者；

蹈深不疑，似有勇者；障防而清，似知命者；历险致远，卒成不毁，似有德者。天地以成，群物以生，国家以宁，万事以平，品物以正。此智者所以乐于水也。”（《韩诗外传》）而“夫山者，恺然高，……草木生焉，鸟兽蕃焉，财用殖焉，生财用而无私为，四方皆伐焉，每无私予焉。出云风以通乎天地之间，阴阳和合，雨露之泽，万物以成，百姓以飨，此仁者之所以乐于山也”（《尚书大传》）。道家虽然不同意儒家的伦理学说，但是他们也认为人的品格与自然是相通的。老子在《道德经》中就曾大谈“上善若水”“上德若谷”之类的道理，认为人可以通过审理自然而法自然，使自己获得自然无为的真实情感与品质。可以说，比德审美学说在本质上认为自然山水具有某种与人的精神品质相类似的形式结构，可以使人获得精神上的感应与共鸣，因而有助于人自身的完善。

这种审美观念所强调的是真善美的统一，人与自然的统一，理性认识与感性直观的统一。而书院的建置往往强调教育与自然环境的感应关系，恰如其分地反映了这种审美传统的历史作用和影响。

从近源而言，书院的兴盛与宋明理学的崛起是相辅相成的。作为理学的重要传播基地和教育重镇，书院的建置受理学的影响则是十分自然的。

理学作为一种性命义理之学，扬弃了传统天人感应说的神学性，把宇宙生成论和图式论上升到本体论，从理论上回答自然与社会的统一性问题，进一步塑造“圣人”的形象。如果说《易传》所谓“夫大人者，与天地合其德，与日月合其明，与四时合其序，与鬼神合其吉凶，先天而天弗违，后天而奉天时”里面掺杂了神秘性，那么周敦颐所谓“圣人定之以中正仁义而主静，立人极焉。故圣人与天地合其德，日月合其明，四时合其序，鬼神合其吉凶”（《周子全书·太极图说》）虽然看似《易传》之言，却是从人道推至天道，强调了世俗性与神圣性的统一。事实上，在理学家那里，天理本身已非一个神秘的东西，它无非是对世俗伦理的上升与概括，天地之性即是人性本身，那么人自身的完善自然也可以通过体悟天地万物之灵秀而实现。由此可见，书院之所以每每选择佳山妙水、自然名胜之地，也正在于“今士子足不出户庭，而山高水清，举目与会，含纳万象，游心千仞，灵淑之气，必有所钟”（《巴陵金鹗书院记》），于教学、学习有利。此外，由于理学强调“主静”“居敬”等修养功夫，因此书院多建于僻静之处，与理论正相契合。

这正如有人所指出的那样，“理想的基地取决于一族的目标、理想、价值观和他们的时代，一个‘好’的基地——不论是湖、是河、是山、是岸——根据文化来定义和解释”（拉普普，1979）[38]。书院的建置正好可以作为一个典型的例证。

书院不仅在外部环境的构置上体现出传统文化的意蕴，而且在其内部建筑的布局上也反映出深刻的传统文化的象征意义，这集中体现为传统礼乐观念的文化建构。

礼，作为以等级观念为基础的一套伦理体系，对中国古代社会的制约不但表现在思想观念方面，而且经历代统治者推广于社会的各个方面，遂变成了一套森严的制度。所谓“礼也者，合于天时，设于地财，顺于鬼神，合于人心，理万物者也”（《礼记正义》），它制约着人们的思想行为等精神领域，对人们的物质生活形态也加以裁制，其中就包括建筑。

概括地说，礼的核心是序，“礼者，天地之序也”（《礼记·乐记》）。这种序的本质含义是贵贱有等、长幼有别的等级秩序，它贯穿于社会的身份品级、人们的衣食住行等各个方面。如中国传统建筑空间多以一条贯穿始终的中轴线来组织建筑内部的空间布局的做法，就典型地体现了对于君臣父子垂直统治这一礼的等级秩序的强调。

纵观古代书院的建筑布局，其中亦大多有一条贯穿全院的中轴线，便也隐含了这种礼文化的含义。虽然有些书院出于山形地势的原因，内部布局并非呈现出以中轴线贯穿始终的样式，但主要建筑如讲堂、祠堂、书楼等，总是处于中轴线的位置。

从尊卑分别的角度来看，书院的空间布局呈现出以下一些特点。如以中轴线贯穿的分进式，分进多少固然与建筑规模大小有关，但从书院中的重要建筑在各进中的位置来看，又体现了尊卑的次序。书院分进一般在二进和五进之间，基本规制包括：二进式，一般第一进为义门，第二进为讲堂或附祭祀堂，东西两厢为斋舍，前后左右四角之室多为服务设施；三进式则多将祠堂、文昌阁、魁星楼及藏书楼等置于第三进，与讲堂分开；四进式则将讲堂及祠堂等依次向后移动；五进式的前二进多为大门、二门，其余设施依次后移。无论何种进式或规模，一般来说，斋舍多保持在东西两侧。

由此可见，书院的主要建筑如讲堂、祠堂、藏书楼等都依轴线居中，而斋舍及辅助设施多居两侧和边室，这与礼所强调的“礼乎礼，夫礼所以制中也”（《礼记·仲尼燕居》）观念正相吻合。而“中”与“尊”同义，书院的空间布局恰如其分地体现了这种尊者居中、卑者辅侍左右的尊卑关系。

此外，由于礼制强调的是君臣父子的垂直等级划分，反映在建筑上就是空间层次上的尊卑区别。在层次上，建筑构室是越往后越尊贵；在进式上，便是在轴线上的建筑，一进尊于一进，表现出显见的主从性质。而书院的讲堂、祠堂一般都居中或靠后，尤其是先圣先师殿祠以及文昌、魁星等楼阁大多居于多进式的后进位置，正可成为这种尊卑序分的象征。书院是以讲学为中心的教育机构和建筑群落，如果说讲堂是使先圣先贤精神发扬光大之地的话，那么祠堂楼阁正是这种精神的来源地，所以它们常设在讲堂之后，而讲堂略位于其前，也是合乎礼制要求的。

然而，中国传统的礼并不一味强调序分，否则只会造成极端冲突的局面，儒家十分懂得这种道理，故有“礼之用，和为贵”（《论语·学而》）的说法。和之所以为贵，原因在于它在等级序分的基础上求得一定的协调，不使之过于冲突。究其本质，是为了使人们通过对礼之序分共性的认识而产生认同感，以利于群体的和谐。要取得这种和谐，古人以为可以借助于“乐”，“乐者，天地之和也”（《礼记·乐记》），因为“乐合同，礼别异，礼乐之统，管乎人心矣”（《荀子·乐论》）。

这种思想体现在传统建筑上，便是重视建筑布局的对称与平衡之和谐与美感。书院空间布局以中轴线为主，以两侧对称的斋舍设置为辅，形成一个有机的空间结构。这一方面体现了建筑空间格局上的平衡与和谐之美，同时在明确尊卑等级序分的基础上，集中、典型地体现了书院教育的教学相长、师生平等的特点。书院建筑布局是传统礼乐文化的体现，其在文化上的象征和在建筑上的表征是颇为明显且相互吻合的。

以上所述为书院建筑的整体布局，如以具体的空间组构来说，书院建筑与书院的特殊功能又是密切相关的。

书院作为一种新型的教育机构，既不同于官学，也不同于以往的私学。把不同的特点概括起来可以看到，书院实际具有多方面的综合性的教育文化功能。一般来讲，书院兼有讲学、藏书、祭祀、生活、游息以及面向社会的文化学术交流等功能。书院同官学和私学相比，不仅仅是一所学校，更兼有社区教育机构的特点。尽管不是每所书院都能完备地具有所有这些特点（这里的原因很多），但兼容讲学、藏书、祭祀这三大事业，却是大多数书院的共性特征。这种共性特征反映在建筑上，便形成了与之相对应的独特的空间组构。

其一，讲学与空间组构。

书院是反对官学以课士科举为业的风气的，书院标榜以学问为重，因此把讲学看作书院活动的主要内容和进行教育的主要手段。

这种讲学无论是学术传授性的、学术交流性（如会讲、讲会）的，还是单纯宣讲性的，都始终是书院教学活动的核心部分，这是毋庸置疑的。由于书院教育突出讲学的核心地位，故书院建筑在整体布局上置讲堂于中轴线的中心地位，便成为古代书院建筑的一大特点。①

具体来说，由于书院教学一般不分科目，故虽则有些讲堂分为多间，但都集中于一地，以整体的讲堂建筑概括之，这同现代分科教学楼的形式是不同的。

另外，书院的教学不同于官学，其讲学的一个显著特点是学术研究和教学相结合，重视教学相长、师生切磋，鼓励质疑问难的对话交流方式，这对讲堂的组构也有一定的影响。

讲堂在汉代太学就有设置。“光武初兴，愍其荒废，起太学博士舍、内外讲堂，诸生横巷，为海内所集。”（《后汉书・翟酺传》）陆机《洛阳记》称：“太学在洛阳故城开阳门外，去宫八里。讲堂长十丈，广三丈，

---

① 尽管在二进式书院中，讲堂位于第二进，似非中心地位，但据尊卑之分，后进基于前进，实际上仍然体现了讲堂的重要性。而在多进式书院中，讲堂一般处于第二进或第三进的中心位置。

堂前石经四部。”所谓“长十丈，广三丈”，从建筑上而言，它是一个进深大于面阔的纵向长方形空间。从教学上看，这与汉时只重传授而不重讨论的教学方式有关。

但书院的讲堂则不同，它们大多是面阔大于进深或面阔与进深相同的空间。这一方面与书院建筑整体上的纵横结合的组构特点有关，另一方面与书院教学的特点也不无关系。如《程董二先生学则》就有所谓“师长西南向立，诸生之长者，率以次东北向再拜”之说，虽说这是指朔望之仪，但在讲堂内进行，也可为讲堂教学形式的一个佐证。而王阳明在稽山书院讲学时，“每临席，诸生前后左右环席而坐，常不下数百人”（《王文成公全书·刻文录叙说》）。《东林会约》则记，“入讲堂，东西分坐”。《虞山书院志》记“会约”，亦谓听者“东西相向坐于地”等等。这种空间距离客观上有利于师生之间的交流，并能增强亲近感而活跃教学气氛。

此外，由于书院教育面向社会，凡有志于学者，均可前往听讲，讲堂再大，也难以容纳，故书院讲堂前大都有一个较大的庭院，常是书院中最为宽敞开阔之地。而且多数书院讲堂的前部对前庭完全敞开，使讲堂的空间得以延伸扩大。无论取庭院式、廊院式，还是天井式，总是以扩大空间范围为目的。

其二，祭祀与空间组构。

中国传统教育有一个鲜明的特点，即非常重视学统与师承。重师之道发轫于先秦，滥觞于汉代，所谓师法家法。宋明理学也不例外，辨明道统从来就是一个严肃的问题。这种传统尊崇发展至极点，便是祭祀先圣先师活动的推出。

自汉明帝永平二年（公元59年）在太学及郡国学校举行祭孔仪式开始，祭孔便成为封建学校的例行活动，亦为唐官学所采用，“自唐以来，州县莫不有学，则凡学莫不有先圣之庙”（《文献通考·学校考》）。元代以后，由于科举日盛，仁宗之后又始祭文昌帝君与魁星，以保文运举业。明代之时，又增加了贤牧、乡贤之祀。这对书院的祭祀活动都有一定的影响。

书院初时也祭孔子及其弟子。《小畜集·潭州岳麓山书院记》称宋潭州太守李允则扩建岳麓书院，“外敞门屋，中开讲堂，揭以书楼，序以客次。塑先师十哲之像，画七十二贤”。但书院毕竟与官学不同，书院既是由理学而兴，故特重学派学统，便成为一大特色。自朱熹“作竹林精舍，释祭先圣先师，以周、程、邵、司马、豫章、延平七先生从祀”（《白鹿洞志》）之后，“顾书院之建，必崇祀先贤，以正学统”（《绵阳书院记》）。书院祭祀蔚然成风，成为教育的重要内容之一，因而影响了书院建筑中的重要组成部分——礼堂和祀祠的建置。

由于祭祀活动的崇高性与重要性，所以祭祀建筑一般布局在书院建筑中轴线的最后一进、讲堂之后。这样既突出了讲学的中心地位，又显示了祭祀的尊贵地位，二者相辅相成，构成了书院教育的独特气氛。

为了体现祭祀活动庄重、肃穆的气氛，祭祀建筑在空间组构上多体现出独立性与封闭性，与讲堂的空间组构有着明显的差异。尽管出于各种原因，有些书院的祭祀建筑并不处在中轴线后端，如岳麓书院之庙建于书院左侧，祠区建于中轴线右侧，甚至有的书院的祠区还设在院外（如云山书院祠区在大门外左侧），但大多自成院落，倒也不妨碍其独立性。而文昌阁、魁星楼等建筑的位置更为灵活，位于院里或院外，可证唯其独立而显尊贵。这恰好说明，书院的空间组构与学宫以礼殿为中心的空间组构是很不相同的。①

其三，藏书与空间组构。

对于这点无须多言，本来书院之所以叫书院就是源于藏书之事，书院正是从“修书之地”发展为聚徒讲学机构的。

书院在其发展过程中始终保持与发扬了藏书这种传统。藏书成为书院的一大功能，由此藏书之所也构成了书院建筑的一个重要部分。由于藏书与读书分不开，又为便于管理和保护书籍，故藏书的建筑常设于中轴线偏后，或是讲堂或祠区的上层楼阁。正如书院是一地的教育文化集中地一样，书院的藏书也每每成为地方的图书资源，发挥了积极的文化推广作用。

---

① 当然，也有一些以祭祀为主的书院，如洙泗书院、尼山书院等，但为数很少。其虽称为书院，实已与孔庙无异。

二、书院与乡里民俗教化

中国古代书院对封建社会后期的学术发展的作用，多为论者所关注。毋庸置疑，书院的学术功能对于书院的历史地位与作用是至为重要的。然而，这并不意味着书院在文化的社会普及与传播方面的作用无足轻重。实际上，由于书院具有建置自由、教学灵活、面向民间等特点，它必然与民间在文化上存在联系。这反映在书院教育上，便是书院与乡里民俗（以下简称乡俗）的密切关系，及其对乡俗教化的关注。

从中国的传统文化来分析，乡俗文化一直是古代文化的一个重要方面。事实上，儒家修身、齐家、治国、平天下的理想，并不纯粹是思想家的产物，历史地看，它本身也是一种对于中国古代社会伦理文化状况的概括与升华，而礼乐教育也是对社会习俗文化加以高度总结而成的，反过来又对乡俗文化起着导向与制约作用。

然而，乡俗文化一开始便是自生自在、约定俗成的，超出一定的范围就难以维系。而其经过思想家的总结、概括、升华，便成了自觉理性的产物，一旦为统治者所接受，便转化为国家社会生活的共同准则，成为规约社会生活与人心的文化形式（诸如教育的主要内容）。为了对国家社会生活进行管理，民间与官方要保持思想行为上的一致性，对于民间社会文化生活加以符合国家利益的诱导。但是，中国古代的封建社会根本无法使人人有接受教育的机会，由此体现在传统教育中，往往并不仅仅强调正规的教育，而且提倡面向大众的教化。官学如此，书院自然也不例外。

在此意义上，唐宋以降的书院虽然重视学术研究，但其实质不过是封建伦理思想的探究而已。如果说书院教育的学术功能有利于封建学术的深化，那么其社会文教的功能则是它的浅出与推广。由此二者形成一种一而二、二而一的关系。

也正因为如此，书院的教育常与乡俗教化相融通，甚至于为乡俗教化所引用，书院成为实际的乡俗教化机构。在书院的历史上，这种结合以不同的方式体现出来，宗族性的书院便是其一。宗族性的书院在唐时便已出现，直至清代仍有继续。

唐大顺年间由陈氏义门建立的义门书院（又称东佳书堂），就是一所宗族性的书院。《宋史·列传》称："（陈）崇为江州长史，益置田园，为家法戒子孙，择群从掌其事，建书堂教诲之。僖宗时尝诏旌其门，南唐又为立义门，免其徭役。"南唐徐锴云陈氏"以为族既庶矣，居既睦矣，当礼乐以固之，诗书以文之。遂于居之左二十里曰东佳，因胜据奇，是卜是筑，为书楼堂庑数十间，聚书数千卷，田二十顷，以为游学之资。子弟之秀者，弱冠以上，皆就学焉"（《陈氏书堂记》）。《江州陈氏家法》规定"立书堂一所于东佳庄，弟侄子姓有赋性聪敏者令修学，稽有学成者应举"，"立书屋一所于住宅之西，训教童蒙，……童子年七岁令入学，至十五岁出学，有能者令入东佳"。这所书院在当时影响颇大，所谓"江南名士皆肄业于其家"，不仅为本族子弟所用，而且面向社会。

唐时江西高安桂岩幸氏家族也办有书院。幸氏后裔幸元龙曾记，"桂岩书院在高安郡北六十里，唐国子祭酒幸南容公之旧址也"，"昔尝卜此山开馆授业"（《湘山野录》），教授本族生徒。

江西在五代与宋时还有不少宗族性的书院，如建昌陈思悦所建社平书院、分宁黄氏的芝台书院、祝氏的流芳书院、南昌程氏的飞麟书院等。其中较为著名的有建昌洪氏的雷塘书院和奉新胡氏的华林书院。雷塘书院亦称雷湖书院，《宋史·列传》记洪文抚"就所居雷湖北创书舍，招来学者"。至道年间，宋太宗曾"遣内侍裴愈赍御书百轴赐其家"。华林书院，五代时由奉新胡珰始建。宋淳祐六年（1246 年）胡珰十二世孙胡逸驾曾谓胡氏："唯长子珰，独居华林，家风孝友，为大宗家。元秀峰下建立书院，筑室百区，广纳英豪，藏书万卷，稗咀其葩。"（《祭华林始祖侍御史城公祖妣耿氏夫人之墓文》）此言虽有推崇祖先之嫌，但华林书院由胡珰始建，可能是事实，后胡珰三世孙胡仲尧予以拓建，成为宋代著名的书院。

上述陈氏义门书院、洪氏雷塘书院、胡氏华林书院，虽为宗族性质的书院，但教训本族、延学四方，在当时及后世亦甚受推崇。后杨亿作《雷塘书院记》，称三者为"鼎峙于江东"的三大名书院。除江西之外，各地亦有宗族书院的建置，如浙江严州的钓台书院、湖南兴宁的辰冈书院等。

元明之际，宗族性的书院亦有不少，如山东济南的历山书院，安徽黟县的集成书院、绩溪的东庄书院，江苏常熟的虞山书院、苏州的文正书院，等等。

宗族性的书院在清代更有发展，除了不少前代的宗族书院得以兴复或重建，新创建的亦不少。仅以湖南新田来说，在清代就曾先后由一族或几族联办书院达十三所之多（湖南省书院研究会，1989）。

纵观宗族书院兴办的缘由，首先在于唐中后期及宋以后宗法组织性质的改变。中国的宗法组织始于三代，夏商周的宗族的政治关系与血缘关系高度统一，实际上是作为一级权力机构而存在。而东汉及六朝的宗族虽已因政治的变化有所削弱，但仍为讲究身份门第的门阀世家或割据一方的宗法豪强势力，与上层统治阶级仍有紧密的联系。到了隋唐，由于开科取士及废九品中正制堵绝了产生门阀世家的主渠道，另加上散田庄及中央财政的集权，豪强之类的门阀势力受到致命打击，终于退出历史舞台。然而，由于唐中后期租佃制普遍推行，出现了大批游离于社会的封建小农，从维护自身的安全利益以及国家对安全的考虑出发，在庶族地主的积极提倡与扶持下，在长江流域及华南各地新的宗族组织又得以迅速发展。不过，这种宗族组织已不同于前代，它是以联宗收族，在政治及文化等各方面满足族人需求，在宗族内稳定封建关系，进而维持封建社会秩序为目的的。因此，它既非政治或血缘权力机构，亦非豪强势力，实为庶族自发性的地方组织，呈现出深入乡里基层并扎根于乡里民间的形态。从这种特点出发，这种宗族组织的主要职能在于调节好内部关系及满足族内需要。南唐徐锴在《陈氏书堂记》中云陈氏“以为族既庶矣，居既睦矣，当礼乐以固之，诗书以文之”，正指出了这种宗族组织在教育上的需求所在。书院在宗族教育中出现，亦是出于这种需要。

其次，宗族办书院有诸多便利之处，如村族大多有自己的族田资金，建筑人工及材料又便于因地制宜就地解决，因而创建书院较为容易。

最后，书院教育本不以身份取胜，较具平民教育的色彩，而宗族办书院不分贫富，又利于解决本族子弟就近入学的问题，且可使本族多出人才，故宗族书院历唐至清而不衰，也就不难理解了。

这里还须提及的是，由于宗族书院主要为调节关系与满足族人需要而办，故其大多偏重于传授知识及举业，既有普及文教的一面，也有光宗耀祖的一面。不过，换个角度看，这正是书院社会文教功能的突出表现，说明书院这方面的作用是不容忽视的。如果说宗族书院只是一种特例的话，那么后世许多儒学大师在书院讲学时，除注重学术研究外，也并没有忽视发挥书院这方面的作用。明代大儒王阳明就是个代表人物。

与朱熹学统不同，王阳明的“心学”把理从“天理”（自然法则）拉回到人的内心，认为“至善”是心之“本体”，故“心即理，天下无心外之事，无心外之理”，从而变朱学客体意义上的“理”为主体意义上的“良知”。良知又是蕴藏于人灵魂深处的天赋，故而“愚夫愚妇”均可通过致“良知”而达圣人境界。然而“心”又非玄远虚无的，其“致”也须落实于具体行动之中。从这一思想出发，王阳明主张讲学不应远离人情，远离具体事物。此外，王阳明在效力于明王朝的过程中，根据其多年的政治经验，认为必须通过“破心中贼”来控制人们的思想与行动。故而，他在讲学生涯中非常重视运用社会教化的方式。

早在被贬谪贵州龙场时，王阳明就认识到应当通过教育来使风俗移易。他在龙冈书院讲学时，就十分注意下层社会的风俗教化，引导当地居民学习封建礼仪，深受当地人的尊崇。此后，他在讲学生涯中一直非常注重兴社学、办乡约等社会教育实践活动，主张书院面向广大庶民而传播社会化的教育文化。

其在居越时，曾大力倡办书院，并主讲于稽山书院、阳明书院、龙泉山中天阁、绍兴书院等处，并指导弟子创办中天阁会、安福惜阴会等社团组织。他不仅身体力行，极力推广风俗教化，而且鼓励弟子“用百姓日用指点良知”。

如其门人邹守益被贬广德州（今安徽省内）后，也热衷于世俗教化，建复古书院以集生徒，并刻《谕俗礼要》以化民俗。他将古礼删繁就简，使之通俗易懂、简明可循，受到王阳明的赞赏。王阳明在致邹守益书信中曾曰：

> 古之礼存于世者，老师宿儒当年不能穷其说，世之人苦其烦且难，遂皆废置而不行。故今之为上人而欲导民于礼者，非详且备之为难，惟简切明白而使人易行之为贵耳。中间如四代位次及社祔祭之类，固区区向时欲稍改以从俗者，今皆斟酌为之，于人情甚协。……故特为此简易之说，欲使之易知易从焉耳。冠婚丧祭之外，附以乡约，其于民俗亦甚有补。至于射礼，似宜别为一书以教学者，而非所以求谕于俗。今之附于其间，却恐民间以非所常行，视为不切，又见其说之难晓，遂并其冠婚丧祭之易晓者而弃之也。（《王文成公全书·年谱》）

这既是对邹守益之《谕俗礼要》的评价，也阐述了王阳明自己的想法。他不仅要求将古礼化简教之于民，而且主张附以乡约，以补民俗教化。至于射礼，因其为士大夫之教育，于百姓“非所常行”，故不必纳入民俗化导之中。这充分体现了王阳明对社会教化的人情化导、切乎民俗的主张。受其影响，其门下弟子在教学活动中大多能下启“市井愚蒙”，注意切近民间实际生活，从而使王门之教在明代产生了广泛的影响。

尽管王阳明等人的这种做法是出于其政治目的，实际上是为了推行他的政教合一的主张，但他把乡俗生活纳入了书院教育的视线范围，客观上扩大了书院的社会文教功能，使书院主动参与了乡俗教化事业，这又具有一定的历史进步意义。而王阳明一方面通过创立书院推广学术，另一方面通过书院实施乡俗教化，亦可谓将书院教育的学术功能与文教功能相结合的典范。他建立书院讲会的意义还在于，讲会是面向社会大众的，故而又蕴含社会教化于其中，这种做法对后世影响颇大。

王阳明的这种做法，其意义还不仅在于此，他实际上已改变了宋代书院读书穷理的模式，而使书院成为一种真正意义上的面向社会的兼存学术研究与社会教育的教育文化机构，开创了面向社会现实的新的学术风气与教学方向。并且，后人不管在学术上是否同意王学，也无论对后来的讲会式书院或宣教式书院如何评价，都不得不承认此类书院是受王学影响而产生的古代书院的衍变或分化。

如虞山书院就曾利用讲会制度推广社会教化。有所谓："虞山会讲来者不拒，人皆可以为尧舜，何论其类哉。凡我百姓，年龄齿者与年少而知义理者，无分乡约、公正、粮里、市井、农夫，无分僧道、游人，无分本境、他方，但愿听讲，许先一日或本日早报名会薄。俟堂上宾主齐，该吏书领入，照规矩行礼。果胸中有见者，许自己上堂讲说。"（《虞山书院志》卷四）东林书院顾宪成归纳讲会之益，亦称讲会"近则邑之衿绅集焉，远则四方之尊宿名硕时惠临焉。其有向慕而来者，即草野之齐民，总角之童子，皆得环而听，教所联属多矣"（《东林会约》）。显然，这里的书院讲会已不仅仅是一种学术研究与交流的方式，而是面向社会各阶层，成为推广文化的有力措施与手段。其受教对象之广，普及面之阔，是历史上任何教育机构都难以比拟的，其对乡俗教化影响之深，也就不难想见。

由上所述，除了学术研究功能外，书院教育的社会文教功能在历史上的发挥及其价值，同样不容忽视。

进而，书院作为唐宋以降兴起的新型教育文化机构，它的形成和发展与汉文化的振兴，尤其是与汉文化的主体——儒家思想文化的再发展有着密切的联系，这点已为人们所熟识。但是，对于历史上书院发展与少数民族文化的关系，人们却常有所忽略。事实上，在各族人民的共同努力下，书院在民族文化交流与融合上曾起过积极的作用，而这与书院的社会文教功能及其发展是分不开的。

从历史上看，书院既以学问研究为重而兴盛广立，也正因此而屡遭厄运。如明代四毁书院、清代前期禁办书院，其罪名或为"倡其邪说"，或为"群聚徒党"，等等。然而，从书院的总体发展来看，其数量、分布范围、规模，都是一代强于一代。

对此，如果放开视野而探究之，实际上并不难理解。除了学术研究功能外，书院的社会文教功能也十分突出。历史上的许多书院，都是两种功能兼而有之，二者相辅相成、互相促进及相得益彰。书院作为一种开放性的教育机构，始终将发展社会教育文化纳入自己的职责，而且与官学相比，它具有建置自由、教学灵活、内容多样等特点，与日益僵化的官学形成鲜明的对比，从而在教育文化的传播与普及上更胜官学一筹。史实证明，官方运用强权政治的手段打断书院的发展进程，往往成为历史的败笔。因此历代统治者总体上采取的是逐步加强控制、使书院官学化的做法。而这恰恰证明了书院作用的不可替代。也正由于书院的这种特点，无论官方、民间如何利用这个阵地，客观上都有利于社会文教的推广，而且一代更甚一代。这可以从以下几个方面得到佐证。

先从数量上看，根据有关资料统计，宋代书院共有 397 所，元代书院共有 227 所，明代书院共有 1239 所，清代书院共有 1900 余所。（曹松叶，1929）而根据后来有关书院的研究来看，历代书院之数量远远不止这些，清代就已经超过 2000 所。

再从书院的分布范围看，宋代书院分布地区主要集中在江南一带，以江西、湖南、浙江、福建为最多。元代书院分布地区，仍以江南一带为最多，主要分布在长江流域、珠江流域，黄河流域亦有分布。明代书院分布地区，仍以三大流域为多，但已涉及全国省区。清代书院分布地区，已经遍及全国，包括台湾。（曹松叶，1929）如按今天的行政区划来看，则全国各地都建有数量不同的书院。

从上述书院数量之多、分布之广，我们足以想见书院对于社会文化的影响。尽管后期书院逐渐官学化，但其客观上对社会文化的推广起到了积极的作用，这是不言而喻的。

尽管书院发轫于中原地带，但值得我们注意的是，书院对少数民族的文化发展也曾起过积极作用。

宋代曾在少数民族地区建过黎州玉渊书院等，但总体来说书院数量很少。自明代广办书院，书院在少数民族地区的建置便逐渐多了起来，下面以湖南为例做一介绍。

湘西是少数民族较为集中的地区，该地居民史有“五溪蛮”之称。辰州“上捍云贵，下蔽湖湘”，素有“湘西门户”“南天锁钥”之谓。其地方文化在明清之前比较封闭落后，由于封建统治者的残酷压迫，历史上揭竿反抗之事此起彼伏，统治者为了便于控制，转而从教育文化上寻找出路。随着明清教育的发展，在官方的支持下，辰州所辖“四县三厅”先后设立了府、县学宫，与此同时，书院也如雨后春笋般发展起来。至明清两代，辰州先后建立了虎溪、崇正、让溪、龙山、酉阳、鹤鸣等十五所书院（《辰州府志》）。其中以设在沅陵的虎溪书院最为著名，王阳明复官自贵归京路过此地，曾停留虎溪书院讲过学，并与武陵人蒋信往来论讲，其时进士邑人唐愈贤等从之，一时四方来学者众，这对湘西本地文化风气的形成起了良好的作用。

湘西北的永胜县是土家族居住之地，元时推行土司制度，实行愚民政策，不许土民读书识字，教育文化几乎无从谈起。直至明朝廷下令“土司及土官子弟，凡要承袭土司职者，必须入学，不入学者不得承袭”（《辰州府志》），才有土司子弟就学于辰州之事。至明万历年间，始有开明的上司彭元锦于土司衙署所在地福石城建立了当地第一所书院，名若云书院，专供土司及土官子弟入学（《永顺县志》）。书院取代县学之设，但教育程度只相当于义学私塾。直至清代改土归流，建立永顺府，才始有义学设立。从这也可见书院的设置比较灵活。而当时的义学实为“以乡人而训乡人”，故在官方的推动下，以“敬宣圣化”为目的的书院又得以建立，如府之崇文书院与灵溪书院，县之大乡书院，等等，为当地培养了不少人才，推动了当地教育文化事业的发展。

又如湖南的江华地区，其地处边陲，交通闭塞，文化甚不发达。宋时各姓瑶民迁入，散居深山峻岭之中，过着刀耕火种的生活，更无教育可言。直至清代，官府以“归化新民”“以瑶治瑶”为目的，设立了义学，才始开化。随后书院也开始进入该地区。据《江华县志》载：“乾隆九年（1744）邑令陈嘉谷建秀峰书院于锦岗原锦岗义学旧址。同年还筹建锦田书院于锦田义学旧址。”“乾隆三十八年（1773）邑令欧阳桂奉文建三宿书院于上五堡义学旧址。捐有学田八十三亩，年收稻谷一百二十担，设专人管理，供瑶族子弟学习。”据史载，书院大多替代义学而设于瑶民居住之地。虽然这与政治有关，但就不少瑶民子弟就读于书院而言，其促进了瑶族教育文化的发展。

清代书院对少数民族文化的发展有很大的推进。清代前期，政府对民族文化的统治方针是“修其教不易其俗，齐其政不易其宜”。但从文化上讲，文化落后的民族在征服文化先进的民族时，政治的征服并不能取代文化的征服，而要巩固其统治，必然要接受被征服民族的先进文化，这是文化发展上的一个基本规律。清政府正是如此，它要驯化天下，客观上不得不利用汉地先进的儒家文化来加强其统治，因而政策上的转变便势在必行。顺治元年（1644年），朝廷从汉官之议，令“满洲八旗，各觅空房一所，立为书院”（《清世祖实录》卷十一），以教八旗子弟。到了雍正十一年（1733年），朝廷正式下令各省于省城设立书院，从此书院与官学一样，成为当时的主要教育机构。并且，由于清代只设府县学，而不设省学，故书院实际上代替了省学，发挥了更大的作用。

从书院的分布来看，北方地区的书院逐渐增多，于满族文化影响颇大。据方志所载，为满族子弟而设的书院有若干：白山书院，嘉庆十九年（1814年）将军富俊、副都统松箖以及谪戍吉林的原吏部尚书铁保等人筹款捐建于吉林，供八旗及民籍子弟在内肄业，光绪七年（1881年）增设满、汉教习，教八旗子弟汉文；龙城书院，康熙十五年（1676年）宁古塔（今黑龙江宁安）将军哈达携“满州学房”方案十则晋京陛见，获钦准，赐“龙城书院”之名，收八旗子弟为生徒教之；长白书院，同治十一年（1872年）绥远城将军安定督劝八旗官兵捐建，生徒均为满洲旗籍，故人称“满学书院”，光绪五年（1879年）改名为“启秀书院”。

在南方的书院则有：满城书院，同治十年（1871年）总督吴棠建于成都，为八旗子弟设；辅文书院，光绪四年（1878年）将军希元建于湖北荆州，收八旗子弟，兼习骑射，以图文武并进。

此外，为了顾及驻防各地的八旗子弟，从清中叶起有不少书院为八旗子弟设有名额，如江苏南京钟山书院、镇江宝晋书院等，都有为驻防八旗子弟专设的名额。这些学生的待遇也有些变化，如在广州粤秀书院，原来旗籍生童应课向无奖赏，嘉庆十四年（1809年）后，旗籍生童则与汉籍生童同规定：“旗籍生童一等首名照给银一两，二等首名给银五钱，一等首名旗籍童生给银五钱”。（《粤秀书院志》卷二）又如广州越华书院原只课商籍子弟，后与粤秀书院一样，“凡民旗各籍贡监生员文童均得一体与甄别试，不复限以商人子弟”，并设民籍生监正课额八十九名、外课额二十四名，旗籍生监正课额五名、外课额四名、童生正课额四名、外课额三名等。(《越华记略》卷一)以上措施，虽然包含一定的民族主义倾向，但客观上也促进了满族文化的进步，而且有利于满汉之间民族文化的交流与融合。

顺便提及，清代的一些官员，虚心学习汉文化，崇尚儒学，也对清代书院的发展起到了推动作用。如郑庄亲王后裔、简仪亲王德沛，既是一名政治家，亦是一位杰出的教育家。他由湖广、闽浙而至江南任官期间，一直注重为人师表，爱惜民事，并曾在湖北江汉书院、浙江敷文书院以及福建鳌峰书院等处讲学，振教宣风，听者踊跃，广受好评，还著有《鳌峰书院讲学录》等，对这些地方的书院教育起到了推动作用。又如鄂尔泰在江苏任职时，曾对紫阳书院加以修葺，访师厚生，曰："书院所以为国储材也，慎旃勿忘。"至任滇黔，又觉当地书籍缺乏，毅然将家藏书二万余卷，"贮之五华书院"。这些官吏的推动，不仅使清代的书院得到发展，而且使汉文化向少数民族地区渗透。其他地区少数民族的书院亦不断增多。如雍正二年（1724 年）土默特都统丹津在归化立文庙、建启运书院，招蒙古族子弟入学，史称蒙古学书院。光绪初年维吾尔族王爷沙木胡索特在新疆哈密建伊州书院，容维、汉子弟同学肄业，用满、汉两种语言教以《百家姓》《千字文》《三字经》《论语》《孟子》等儒家启蒙教材与经典。学生肄业多任通事，亦有派往南疆任职者。同治年间任陕甘总督的左宗棠曾创办兴复书院，并为回民书院赐名"归儒"。雍正年间云贵总督鄂尔泰在云南大兴文教，"发征滇士人书院敕"，使清代云南的书院有了很大的发展。台湾也有教化高山族子弟的止心书院等。

毋庸置疑，书院面向少数民族地区固然有政治方面的原因，但也与人们对书院与文教推广的关系之认识不断加深有关。如湖南《崇文书院碑记》记其建院动机时称：

> 夫天之生才，原不择，而安共所习，人之通弊。以乡人而训其乡人，几何不相率而安于陋也。是非所以敬宣圣化，而于新设之疆，相时因势而利导之良法也。

这种说法可以说是于所谓“蛮夷之地”设书院的共同动机。湖南乾州的沅溪书院、凤凰县的三潭书院等，就是如此而设。而对于元江这多民族集处之地，书院有传播汉文化的作用。而鄂尔泰为昭通书院作碑记时更称，广立书院还可以改变当地百姓的生活与行为方式，有“去其椎髻易以衣冠，去其巢窟易以室庐，去其戈矛易以揖让，去其剽掠易以讴吟”之作用。

如果我们撇开政治的因素以及狭隘的民族主义眼光，那么对于书院促进民族文化交流和文教传播的积极作用，是应当予以承认的。

第六节　宗族经济与教育

明清以降，中国封建社会与经济发生了一系列的变迁。随着商品经济的发展，资本主义萌芽出现，尤其是明末至清代，由于农业经济的商品化和工商业的发展，中国封建经济出现向资本主义经济的过渡。

在这一经济过渡进程中，中国的社会结构也发生了变化。尽管农业经济仍占有重要的地位，但商品经济也在不断壮大，形成了一些对中国封建末期经济具有相当影响力的地方商人集团。这些商人集团大都由商业家族所构成，由此造成近世宗族组织不同以往的变化，并使它们在社会经济中扮演了重要的角色。

出于宗族经济生活的需要，商业性的宗族除了延续以往传统的教育文化以外，也对其做了一定的变革。这种变革既迎合了经济发展的需求，又在一定程度上突破了传统教育，推进了商品经济的发展。可以说，近世宗族经济和宗族教育的互相推动，是明清以来中国经济社会发展的脉络，同时也必然构成中国封建社会末期教育发展的一个重要方面。

在明清时期，社会经济的变化出现了一些新的趋向与特点，这些变化与整个社会的变动有关，也与当时宗族组织和宗族经济的变迁具有密切的关联。探讨此时经济社会发展与宗族组织及宗族经济之间的关系，对于了解宗族经济与宗族教育之间的联系，无疑是十分必要的。

一、社会与经济变革的趋向及特点

明清之际经济的复苏与发展，在很大程度上当归因于明初朱元璋的社会经济政策。如明初禁止奴婢及人身买卖，此于《明律》中有着明确的规定。这不仅对劳动力的解放具有重要意义，而且对发展生产起到了推动作用。又如明初废除自宋、元以来的苛捐杂税，并裁减税务机构。起初规定商税三十取一，超者以违令论处。洪武十三年（1380 年），朝廷将当时全国 400 余处税课司局裁去了 364 处，并且规定舟车丝布之类皆可免税，还为商货运贩水滨筑屋，以贮货物、便利商人。这些扶持工商业的政策，都为社会经济的发展提供了有利条件。

在这种背景下，明代的工商业有了很大起色。商品流通迅速发展，手工业生产者也逐渐发展为小资产者。值得注意的是，资本主义手工业作坊开始出现。明吏部尚书张瀚记其先人云：

> 成化末年值水灾，……因罢酤酒业，购机一张，织诸色纻币，备极精工。每一下机，人争鬻之，计获利当五之一。积两旬，复增一机，后增至二十余。商贾所货者，常满户外，尚不能应。自是家业大饶。后四祖继业，各富至数万金。（《松窗梦语·异闻纪》）

明代江南纺织业十分发达，与前代相比，手工业作坊规模已大得多。在当时鼓励工商业发展的有利条件下，类似的情况已较为普遍。从全国手工业者的分布来看，“百工技艺之人亦多出于东南，江右为夥，浙、直次之，闽、粤又次之”（《松窗梦语·百工纪》）。

重要的是，此时的作坊已出现由简单的商品生产发展为资本主义性质的商品再生产的现象。这样，社会性的商品生产得以扩大。

尽管商品经济的繁荣于清初遭受破坏，但清廷很快便调整了经济政策。事实上，在康熙末年，资本主义性质的手工业的发展在规模上甚于前代，到 18 世纪末、19 世纪初，更是有了很大发展。

商品生产的社会化，势必要求商品流通的扩大。于是，大量商人出现，构成了明清时期社会阶层的重要部分。

明清商人大体可以分成两类。一类是亦工亦商的，包括从事盐业、铜业、铁矿业、棉丝织业及其他一些手工业的商人，他们或得到官方的支持，垄断了某种行业，或依靠他们的手工业特产，集生产、销售于一身；另一类则为单纯从事商业贸易活动的商人，如典当商、票号与洋行商、米商、布商、批发商、长途贩运商等。在这两类商人中，都有着官商与民商以及大小商人等不同分别。工商业者大量增加，引起了工商业地位的上升及社会结构的变化，使得明清时期的经济开始从以往比较单纯的农业自然经济走向了具有资本主义性质的商品经济。

经济尤其是商品经济的发达，带来了明清城镇的迅速发展与兴旺，它们既是商品经济发展的产物，又是中国封建社会末期乡村经济向城镇经济转化过程的产物。城镇遍设工商行业，行商坐贾云集，成为天南地北的商品集散和运转的中心。晏斯盛所谓："大市大镇，商旅辏集，行业专家，祖传聚处，大者千计。小者百什数。"（《清经世文编》卷 40《清设商社疏》）城镇无论大小，多为商业和手工业的中心。这里想着重指出的是，明清的城镇经济发展与当时地区之间的工商业活动有着十分密切的关系。仅以江南为例。如苏州府一带盛产优质棉布，"商贾贩鬻，近自杭、歙、清、济，远至蓟、辽、山、陕"（《万历嘉定县志》卷 6《田赋 · 物产》）。不少城镇由此而兴，如罗店镇四乡"出棉花纱布，徽商丛集，贸易甚盛"，南翔镇也"多徽商侨寓，从事贩布营生"。（《乾隆宝山县志》卷 1《疆域 · 市镇》）松江府南浔镇在全国丝业市场中享有盛名，其"商贾骈毗，贸丝者群趋"，"毕集南粤金陵商"。（《南浔镇志》卷 21《农桑》、卷 24《物产》）

城镇经济的发展有赖于工业、商业的密切合作，以盛泽镇为例：

> 镇之丰歉固视乎田之荒熟，尤视乎商客之盛衰。盖机户仰食于绸行，绸行仰食于商客，而开张店肆者，即胥仰食于此焉。倘或商客稀

少，机户利薄，则怨咨者多矣。(《盛湖志》卷下《风俗》)

这是明清时期一个典型城镇的经济结构。这种结构既反映了工、商之间的关系，也反映了各地域之间商品和贸易流通的必要性。其实，工、商两方面都需要在经济活动中保护各自的利益，因此建立一定的组织便成为必然。

明清之际的工商业，本身就脱胎于封建宗法社会以家庭为纽带的自然经济，血缘与地缘的关系非常密切。不少工商行业的发展带有浓重的宗族集团色彩，加之商业活动经常是在异地进行，为了保护自身的利益，同一地域的各个家族便考虑在不同的行商地区组成共同的利益保护组织，以便与来自其他地区的商人进行竞争。明清时期会馆大兴，便是其表现形式之一。

作为会馆，其重要的属性是地域性。在一些著名的商镇，它们大都是外地工商行帮的机构，为手工业者或商人的同乡兼同行而组织，也有单纯为同行组织的。保护同乡的福利和行帮的利益是其主要的宗旨。明清时期的工商业重镇几乎都设有这种性质的会馆，如盛泽镇有宁绍会馆、济东会馆等。据有的学者考证认为，明清时期的会馆大都属于地域性的工商业会馆，而较少是行业性的，其主要职能在于维护同乡的利益，具有团结同乡商帮、共同应对其他地区同行商帮竞争的作用（吕作燮，1982）。其实，无论是地域性的还是行业性的会馆，其基本构成单位在相当程度上仍是本地或异地的家族性工商业组织。事实上，工商业者既参加行业性会馆，又参加地域性的同乡会馆，以便寻求双重保护，这也是屡见不鲜的现象。

总之，在中国封建社会末期从农村自然经济向具有资本主义性质的工商业经济变迁的过程中，血缘、地缘、业缘的关系始终错综地交织在一起。其中，宗族性的经济成分是一个不容忽视的重要方面。

二、宗族组织的变迁与发展

关于宗族，先人就有认识。如东汉班固在《白虎通》中曰：

> 宗者何谓也？宗者尊也。为先祖主者，宗人之所尊也。《礼》曰："宗人将有事，族人皆侍。"古代所以宗必有祠何也？所以长和睦也。大宗能率小宗，小宗能率群弟，通其有无，所以纪理族人者也。
>
> 族者何也？族者凑也，聚也，谓恩爱相流凑也。上凑高祖，下至玄孙，一家有吉，百家聚之，合而为亲，生相亲爱，死相哀痛，有会聚之道，故谓之族。

在中国古代社会中，每个社会成员通过宗亲关系聚合成族，通过同居共财的家庭被纳入宗族之中，宗族在血缘的基础上建立起广泛的社会联系。宗族在保证宗亲联系上与血缘家庭相似，并在适应多变的社会经济环境中具有更大的优势，故而能在中国长期的社会发展中历久不衰。

宗族组织深深扎根于基层社会，并不是一成不变的，随着社会经济的不断变动，它们在不同时期也有着不同的表现形式与特点。

在先秦时代，中国古代国家形成之初，由于在相当程度上保留了原始社会氏族统治的组织原则，因此就具有了鲜明的宗法社会特征，形成了家国一体、亲贵合一的贵族宗族社会。

秦汉以后虽然也延续了家天下的皇位世袭统治，但由于在政治上削弱了分封制度，宗统与君统、族权与君权实际分离，再加上徭赋政策的调整，地方宗族势力便得到迅速发展。此外，九品中正制的推行，对提高世族、士族在社会经济生活中的地位起到了促进作用。

隋唐统治者进行了政治与经济制度改革，推行均田制和科举制，有力地制约了地方宗族势力的扩张。然而，唐中后期由于租佃制的普遍推行，出现了大批游离于社会的封建小农，国家及庶族地主从维护自身的安全出发，又开始积极提倡和扶持宗族组织。

从北宋开始，各地新的宗族组织又得以迅速发展。不过，这种宗族组织已不同于前代，是以联宗收族，满足族人在政治、经济及文化等方面的需求，并在宗族内稳定封建关系，进而维持社会秩序为目的的。因此，它既非政治权力机构，也非豪强势力，而为民间自发性的地方组织，根植于乡里基层。

明清之际，宗族组织更为普遍，有更多一般平民和商人加入，他们成为宗族共同体的主要成员。宗族的首领往往便由绅衿与平民富人担任。此时宗族组织虽然仍以血缘关系为联结纽带，但财产因素在其中起到了日益重要的作用，族长往往从家境殷富的族人中选出，一些因经商而致富的商人也因此当上了宗族领袖。这给宗族生活带来一定的变化，并形成了以从事工商业为主的宗族势力。这类宗族组织一般在经济上都支持族人经商，如为鼓励族人子弟践商立业，从宗族公产中给予一定的经济补助。安徽祁门彭氏宗族《义庄规条》记："子孙始习业而无力者，由户报明，助钱四千文，备置铺陈。进店后至写立关书，由户查明，本店人作保，再助钱十千文，仍将关书送验发还。……习业已成，助钱四千文，以示鼓励。"又如在外经商的族人，其家属可以得到宗族公产的接济，有的宗族还代为输纳供赋，使之专心其业。同时，族人在外经商致富，也有义务割产捐助本族，以助其他族人从商。

在这样的宗族组织中，各个家庭的自我封闭程度大为削弱，同地宗族之间在经济上建立了开放性联系，宗族内部的凝聚力在经济互助中得到加强。

以往的宗族，由于是建立在自给自足的自然经济基础上，一般强调乡居而反对城居，甚至严禁其子孙迁居城镇。随着自然经济向商品经济的历史转变，迁居城镇的家庭愈益增多（谈敏，1986）。如果说以往的宗族扩散和迁移是由历史上的人口迁移或文化迁移所致，那么明清时期的宗族扩散与迁移，则主要是由于同宗结伙外出经商。一旦族人在外经商站稳了脚跟，扎下了营盘，便为本族人的外移提供了有利条件。会馆的建立，造成了宗族迁移的进一步发展，也为族中读书致仕者提供了寄寓之地。

我们有理由认为，了解明清时期由家庭至宗族共同体再至宗族联合共同体这一扩展过程，对于理解明清时期商品经济的发展和封建社会末期新的生产关系的孕育与萌芽是富有意义的。

三、宗族经济在社会经济中的地位

对于明清经济的研究，不能不涉及史学界颇为关注的明清商帮。明清商帮一般被划分为十大商帮，即山西帮、陕西帮、宁波帮、山东帮、广东帮、福建帮、洞庭帮、江西帮、龙游帮与徽州帮。如以大区来划分，又以山陕、皖南、江浙、闽粤等地的商帮影响为甚。

关于商帮，有人下过一个较为客观的定义：“商帮，是以地域为中心，以血缘、乡谊为纽带，以‘相亲相助’为宗旨，以会馆、公所为其在异乡的联络、计议之所的一种既‘亲密’而又松散的自发形成的商人群体。”（张海鹏 等，1993）[前言2]也就是说，它不仅具有地域性的特点，还有封建血缘上的特点；既在宗法关系中具有封闭性，也在地域联系中具有一定的开放性。

明清之际，徽州商人（又称新安商人）的势力居十大商帮之首，其主要的商业活动是盐运、典当及其他手工业品的贩运等。当时的两淮盐运占中国盐运的二分之一，贩运范围包括江苏、安徽、河南、江西、湖北、湖南、贵州等地。徽州商帮的兴起，原因不仅在于人多地少的自然环境，也在于其强大的宗族势力。赵吉士在《寄园寄所寄》中谓：“新安各族聚族而居，绝无杂姓搀人者，其风最为近古。……父老尝谓，新安有数种风俗胜于他邑，千年之冢不动一抔，千丁之族未尝散处，千载之谱系丝毫不紊。”其中，歙县出身的商人又较其他地方商人势力为大，而“歙之业鹾于淮南北者，多缙绅巨族”（许承尧，2001）[603]。至于徽商的经商特点，可以歙、休两县为代表，“夫两邑人以业贾故，挈其亲戚知交而与共事，以故一家得业，不独一家食焉而已。其大者能活千家百家，下亦至数十家数家”（张海鹏 等，1985）[46]。族人结伴经商，互相扶持，使徽商不断地扩大势力范围，对明清的工商业发展产生了举足轻重的影响。

晋商亦是如此。山西商人主要从事的是盐业、运输、典当、票号、贸易等。山西的解州也是当时中国的主要盐场之一。山西盐商与两淮及两浙的盐业有着密切的联系，而且对两地的盐运业有着独占权。当地的物产也甚为丰富，采煤业、铸造业、煮盐业、染织业等均比较发达，在铜钱铸造及资金流通等方面，予国家财政协力甚多。加之山西自古以来就为交通要冲，随明清以来国家的统一与政治的稳定、经济贸易的迅速发展，便成了内地、边塞与全国其他地方物资贸易的集散、流通之地，这些都极大地推动了当地工商业的繁荣和发展。那里以血缘联系为纽带形成的家族性商帮就有不少，如以从事盐业为主的范氏家族与王氏家族等。其中，范氏家族号称十三家，在山西商帮中势力最大。还有以经营票号为主的乔氏、孔氏等家族。除了这些众所周知的商人大家族之外，山西其他的商业活动也大都具有浓厚的家族性特点。

至于闽粤地区，在明清时期更有着无族不商的说法。历史上人口的迁入和外徙，都对此地区的宗族发展有着相当的影响。宗族商业活动成了社会和宗族经济结构中的有机组成部分，也为调节宗族内部的经济关系以及实现宗族对商品市场的控制起到了重要作用。所谓以族控商，正是建立在这种无族不商的基础之上的。像福建的海上贸易、广东的洋行贸易等，都是这些地区比较突出的商业活动，而其大都为一些家族性的商人集团所控制。

相比较而言，江浙一带的商人虽然不似晋、徽商帮那样堪执商界之牛耳，但亦有“钻天洞庭，遍地龙游”之说。江浙水陆交通条件十分优越，本是盐商聚集地带，又是重要的棉丝织业基地。在明清商业活动繁荣时期，一大批商品与贸易中心城镇最早出现于此。开埠通商后，上海迅速成为全国的商业贸易中心。江浙一带的商品经济大发展，江浙商人的地位也日益重要，他们充分利用优越的市场环境来发展工商业。与其他地方相似，明清时期江浙经济同样是以宗族关系为核心、以地域关系为纽带的。如洞庭严氏与叶氏的棉布业，江都徐氏的生丝、米粮业，上海王氏、葛氏的沙船业，洞庭席氏的典当业，镇海方氏的钱庄、化工业，无锡荣氏的棉纺、面粉业，宁波叶氏的五金业，上海聂氏的棉纺业，宁波刘氏的火柴业，上海严氏的机器、棉纺业，等等，都不同程度地依靠着家族的力量，各家族也成为工商界的巨头大户。

此外，宗族经济的变化也给社会观念的变化带来影响。明清从事工商业者已具相当比例。何良俊在《四友斋丛说》中称，江苏的苏州、松江地区在明嘉靖时“去农而改业为工商者，三倍于前矣”（何良俊，2012）[82]。明万历时福建“福清僻在海隅，户口最繁，食土之毛，十才给二三，故其民半逐工商为生”（《古今图书集成·食货典》卷101）。安徽徽州在清道光时“农十之三，贾七焉”（《徽州府志·风俗》卷25）。广东在清初则有“民之贾十三，而官之贾十七”之说（屈大均，1985）[304]。清康熙时有人推算，“十人之中，农民仅居其五，而士工商与异端游惰之民，以及异端之工贾，亦居其五”（《清经世文编》卷30《户政五·赋役二》）。可见宗族内部对于工商业的认识是大大提高了。连宗谱家训也针对传统士农工商的排列顺序所体现的以士为首、重农抑商的观念，提出了士农工商皆为本业的看法。如新安《璜上程氏宗谱》卷首中称：“士农工商，各有其业”，“士农工商皆为本业”。浙江宁波《越州阮氏宗谱》之《冀青公家训》云：“培养子弟，务令执有一业，或读书，或力穑，或贸易，或操作，此之谓四民。”广东五华《兰陵家训》曰：“民家常业，不出农商。”

四、宗族教育的沿革

在中国教育史的研究中，官学制度以及由一些杰出人物所提出的教育思想向来受到关注，至于乡里民间的宗族教育则往往被忽略。其实，单凭封建国家所推行的教育制度来传递传统文化，其作用是非常有限的，何况社会教育思想亦非仅仅局限于制度化的学校教育之中。作为中国传统社会组织的基本单位，宗族组织的教化功能是学校教育所无法替代的。从这个意义上说，宗族教育理应成为我们所考察的中国传统教育的一个重要方面。

明清以来的宗族教育对传统宗族教育所采取的一些教化方式，如祠堂祭祀、修谱读谱、设置学田、定规制训等都有继承，但随着社会经济的变化，它也有一些新的发展。

首先说祠堂祭祀。宗族的祠堂祭祀古已有之，但宋代以前，庶人不得立家庙，祠堂祭祀仅为贵族与品官之事。由于宋儒朱熹《家礼》的倡议，庶民祭祀便开始成为普遍现象。明清以降，宗族制度的平民化带来了祠堂祭祀的进一步发展，遂有了所谓“聚族而居，族必有祠”的说法。据同治年间《番禺县志·风俗》记载，广东番禺“俗最重祭，缙绅之家多建祠堂，以壮丽相高。每千人之族，祠数十所；小姓单宗，族人不满百户者，亦有祠数所”。《休宁县志·氏族志》记载，在道光年间，安徽休宁祠堂就多达297所。

祭祀祖先不仅仅为了念祖追远，也是与联宗收族等宗族活动相关的。更值得指出的是，它也是宗族教化活动的扩展。明人陈宏谋《寄杨朴园景素书》中谓：

立教不外乎明伦，临以祖宗，教其子孙，其势甚近，其情教切。以视法堂之威刑，官衙之劝戒，更有大事化小，小事化无之实效。

这里明确指出了祠堂祭祖活动的教化意义，即处理宗族内部的人伦关系以及劝善戒恶。

明清时期的宗族一般在每月初一和十五以及节令、忌日等举行集会，除了进行正常的祭祀活动外，还对族人进行伦理训教，宣讲宗规、家训以及皇帝圣谕等。在清代，这种活动得到了朝廷的鼓励，如雍正皇帝的《圣谕广训》中便明确表示，为了笃宗族以昭雍睦，号召“立家庙以荐蒸尝”，推行孝治的宗族制政策，使清朝的建祠祭祖活动得以普遍化。

而且，商品经济的发展造成宗族不断分散于各地活动，为加强宗族凝聚力，许多家族不仅建立宗祠和族祠，还建立族内各支各房的支祠，从而使祠堂祭祀及宗族教化活动达到了高峰。

其次说修谱和读谱。编制和修缮谱牒一直是宗族活动的一项重要内容，但不同的时代有不同的目的。如唐以前官修谱牒，更多的是为了选举与婚姻；宋代以后，私家修谱已是以敬宗收族为目的了。尤其在朱学取得思想统治地位后，宣扬“三纲五常”便成为修谱的重要宗旨，从而宗谱又变敬宗收族之手段为伦理教化的工具。

明儒方孝孺曾明确指出：

孝弟忠信以持其身，诚恪祠祭以奉其祖。明谱牒，叙长幼亲疏之分，以睦其族，累世积德，以求无获罪于天。修此则存，废此则亡，此人之所识也。（方孝孺，2000）[417]

综观明清的宗谱、族谱，至少有两点超越了以往的谱牒。其一，体制得到完善，收谱范围有了很大的扩展。明清时期的谱牒已突破了宋以来欧、苏谱体的分类，而且将收谱范围扩大至五服之外。不仅谱牒的分类与内容更为细致，而且出现了统贯分布于各地各宗于一体的会通谱和统宗谱，如《新安黄氏统谱》《岭南张氏会通谱》《张氏统宗世谱》《新安程氏统宗世谱》等。其中，程敏政的《新安程氏统宗世谱》合 44 支，通 53 代，收入者逾万人。还有族谱涉及了更多支派。收谱范围的扩大，反映了由商业活动所带来的宗族人口的迁移，也加强了联宗活动。其二，族谱的教化功能得到了前所未有的加强。首先，对族谱的“谱例”或“凡例”有了不同以往的说法。明万历福建建阳的《考亭朱氏文献全谱·谱例》称：“尊祖莫先重谱，重谱莫先表贤，然必居官有实迹，处世有实行，没乃传其事，以为世劝。”清乾隆浙江绍兴《中南王氏宗谱·凡例》则谓：“宗谱为劝善惩恶之书，淑慝皆宜标出，或有显蹈法纪、渎乱家规、干名犯义、不孝不节、作奸犯盗，大则潜上除名，小者直书示警。”明以后，族谱的记事范围和内容有了扩大，尤其注重对于祖先荣业及忠臣孝子、义夫节妇等不凡行实的宣扬。其次，明清宗谱中纳入了大量的宗规家训，加强了伦理法制和族权强制。这些宗族法规参照国家的律法制定，对族人日常生活中的思想行为做了非常细致的规定。宗规家训的主要原则是以惩罚、禁止来规范族人的行为。罚教并用、以罚辅教，同正面记事、弘扬伦理的教化相配合，共同构成了宗族教化的基本内容与手段。

在宗族集会活动中宣读族谱的有关内容，也成了宗族教化的一项重要内容。明儒宋濂在《文宪集·俞氏宗谱序》中记云：“凡月之吉，少长咸会于先祠。拜谒毕，齿坐，命一人庭诵古训及拜法。诵已，长且贤者，释其意而讽导之。”在这类活动中，还根据族谱所记，对族人行为予以奖善惩恶，对族人的行为规范起到了很强的制约作用。

以上所说的宗族教化活动虽谈不上是正规的教育，但正是它们形成了明清宗族教育的特点。

最后说族学和义田。宋以后，为了达到联宗收族的目的，宗族注重以经济利益为纽带设立族田，是一个令人注意的倾向。如北宋范仲淹创立义田，其目的不仅在于赡族，也在于为族人子弟提供教育经费（《范氏义庄规矩》）。后世多有依此推行而变通者。

义田的主要来源是个人捐置，包括直接捐田或购田设置。以往多由官宦人家所为。自明清以来，随着工商业经济的发展，庶民商人在积累了一定的财富后回报族人购置义田者日益增多。其中除了用于赡族的部分，更有用于族人教育的部分。明清族田，以当时商业发达地区如苏南、皖南、闽粤等地方为多。像徽州出外经商者众多，除一些小姓不设族田外，几乎各个宗族都有数量不等的族田。(叶显恩，1983)[45–50]。

由族田而兴的族学，既为光祖耀宗，也有普及族人教育的作用。承宋以来的传统，明清的族田大都专门设有用于助学的学田、书田、书灯田等。靠族田兴办的宗族学校，一般多设在祠堂内，称为义学、义塾、家塾等。此种族学大致分为两类，一是属于童蒙教育，一是应付科举。如清乾隆范氏宗族《广义庄劝学规矩》规定："凡族姓子弟年八岁以上资禀聪明、现读四子书、父兄愿其读书而无力者，听本家送就近师塾肄业。凡族姓子弟年十三岁以上，诵完经书故有志上进者，许本生亲属呈明主奉，率领到书院候验试，果堪造就者，候主奉批准。"（《范氏家乘》卷15）又如福州云程林氏家族规定，"子孙四岁以上，令观祭祀学礼。七岁以上令入小学，讲孝经四书。十五岁以上令入大学，习书史经传……。女子十岁以上，不得随母归宁，始就姆教学书算，诵说孝经、列女传、小学"以及学习女红等。（《云程林氏家乘・家范》）而对应科举者，宗族还以银两助之。不少宗族为族学制定了严格的奖惩制度。在社会教育尚欠发达的情况下，这种族学对于传统文化在最基层的乡里民间的传递和普及，是有着历史作用的。

五、与经济生活相契合的教育内部变革

明清工商业经济的发展，导致了实学思潮的兴起。宗族教育也产生了相应的变革。

第一，逐步确立了士农工商"四业皆本"的教育思想。在商品经济的强烈冲击下，传统的四民之业观念开始受到动摇。明万历年间已流传"士

农工商，各执一业”“九流百工，皆治生之事业”（《月令广义·岁令二》）的说法。反映到宗族内部，便有了《何氏家规》所谓“男子要以治生为急，农工商贾之间，务执一业”，“族内子孙，或士、或农、或工、或商，皆有定业”。（《匡氏续修族谱·家规》）武进《姚氏宗谱·家训》云：“氏君子当以农为先，商贾虽为逐末，果处之不失义礼，或以姑济一时，无不可。”这里虽然仍以传统为序，但已不排斥工商业。此外，更有对工商业加以肯定者，如《熊氏续修族谱·家训》谓：“子孙或读书，或务农，或商贾技艺，诚能奋发有为，则无有读不成的书，粪不肥的田，作不得的生意，学不就的技艺。所谓功崇惟志，业广惟勤。”应该说，这种反映宗族经济变化的教育思想，无疑是宗族教育变革的思想基础。

第二，工商业教育得以实施。在外经商致富的族商对其家乡的投资助学，意义不仅在于回报故里，也在于推动族内教育，为族商提供从业人员。这就不可能不影响到宗族内部的教育。与以往相比，明清时期的宗族教育最明显的变化，就是能根据宗族经济生活的实际需要，进行与商贾有关的实用知识及技能教育。

比如书记、算学教育，有一些族商本来就精通这方面的知识。如山西盐商张四教“尤精九章算术，凡方田粟布勾股商分等法”，均能“按籍妙解，不由师授”。（《条麓堂集》卷28）代州冯氏家族更是“世传九章算术与西洋算法”。在徽州，“休歙右贾左儒，直以九章当六籍”（《太函集》卷77）。常州屠氏《恤孤家塾规条》称：“生徒如质地平常，粗能识字记帐，即须学习生理，借以养母成家，拟于长夏饭店，请熟于算法者一人，赴塾教孤子算法。”山西常氏则要求族人“以诸生徒谋生为计，书、算均宜究心”（《常氏家乘·十四世际春君墓表》）。书算为经商所必需，因而在当时的宗族教育中已为常见。

职业性的教育更为普遍。族商本人在带领本家子弟经商的过程中，常以言传身教来传授经商知识与技能，这点自不待言。值得注意的是，明清带有宗族性的伙计制迅速发展，给宗族教育注入了新的内容。族商在扩大经商范围时，需要用更多的伙计。考虑到用本族人比较可靠，伙计大都为族人乡党子弟。如徽商吴荣让“召门内贫子弟，悉授之事而食之”（《太函集》卷47)。当然，由于会馆、义庄之类地域性的宗族组织已相当普遍，宗族教育也突破了本族的局限。如山西介休盐商范毓馪，亲族内外从其者数十百人，范氏能“知其人才具短长敏钝，程才而授之事，事无不举。燕楚交广诸大都会，多所置办”(《碑传集》卷42)。看来，当时送族人子弟从族人或族外之人习业已成常规，而且可以得到宗族组织在经费上的资助。这方面的记载更是不胜枚举。

此时期还形成了一些商业用书，如洞庭商人的《生意世事初阶》，徽商的《江湖绘图路程》《徽商便览》《商贾要览》《士商要览》等，大都介绍经商的基本知识，包括行商经验、行为规范，甚至于商路指南等。它们既成为族人经商的指南，也为族人学习经商的知识和技能提供了极有价值的参考。更有意思的是，为了扩大对外工商业贸易，一些宗族还鼓励族人子弟学习外语。如晋商在俄国者，均习其地语言。闽粤族商则要求族人通晓外国语，以利贸易。

很显然，此时期的宗族教育随宗族经济的发展而变通，清晰地反映出时代的特征。

第三，传统伦理道德教育出现变革。儒家的传统伦理始终为宗族教育的主要内容，这是毋庸置疑的。但儒家历来重义轻利，而经商必以营利为目的。要想使利益的追求成为正当，就不得不对义利关系做新的解说。明代晋商王现对子弟的训教便是一个典型例子。他“尝训诸子曰：夫商与士，异术而同心。故善商者处财货之场而修高明之行，是故虽利而不污。善士者引先王之经而绝货利之径，是故必名而有成。故利以义制，名以清修，各守其业，天之鉴也。如此则子孙必昌，身安而家肥矣”（《空同集》)。儒家之义和商贾之利被巧妙地结合起来了。

不仅如此，儒家伦理经过转化，还成为商贾之义，即重要的商业道德。如“诚”“信”“勤”“俭”等，本是儒家伦理的基本要求，它们在商人家族教育中则被引申为商业道德。晋商乔致庸告诫子弟：“经商之道着重信，即以信誉赢得顾客。次讲义，不以权术欺人。”（武殿琦 等，1993)[51]徽商也多教育子弟要“忠诚立质”，以信义取人，而不能只顾营利不讲道德。至于提倡勤俭，本是历代家训所必有的内容。明清时期，一些宗族由于商业活动而致富，他们的子弟在生活上日益追求奢华。尤其是在一些商业城镇中，崇尚奢侈享乐生活之风日益增长，对宗族生活产生了很大影响。为此，一些族商在商业活动以及宗族经济生活中，力戒奢侈，倡导勤俭。旌阳罗湾《姚氏世谱·家规》强调“士农工商，各勤其业”，告诫族人“屋宇、服饰、器用等项，务从俭朴”。上海《葛氏家谱·葛氏家训纂》则谓，“勤与俭，治生之道也。不勤则寡入，不俭则妄费。寡入而妄费则财匮”。这种由儒家道德向商贾道德的扩展，推动了近世社会商业道德和宗族经济生活规范的建立。

此外，对于很多生活或道德问题，如吸食鸦片、赌博嫖娼、游手好闲、不务正业等，宗规家训也制定了禁戒条文。山西榆次常氏家族在《常氏家乘》中记有“鸦片烟四戒”，以告诫族人子弟。安徽新安《璜上程氏宗谱·家禁第十》认为“近有一等刁恶，游手好闲，酗酒撒泼，夜宿烟花，挥金如土”，这些人可谓之“族蠹”，要“谱削其名”，即给予取消族籍的严厉惩罚。诸如此类的禁戒，在当时的宗谱、族谱中到处可见，这显然与宗族经济的变化有关。

六、宗族教育的扩展

族商致富后，往往借“睦姻任恤”之名，不惜输资于宗族与地方的公益事业（包括教育在内），以提高自身的社会地位和社会形象，而这种做法也在实际上扩大了宗族教育的范围，使此时的宗族教育具有了一些新的特点。

其一，出现了专为商人子弟所办的教育机构。例如，山西有河东运学，雍正《河东盐法志》称：“山西河东专建运学，……系行盐子弟，方准考试，其民籍童生不得混入冒考，即商籍子弟亦不得滥考。”在运学中，商人子弟可以享受“童试十取一”的特权，因而许多族商子弟进入此学。虽说此学原系朝廷官员所发起，但能专为盐商子弟办学，也足以说明当时族商势力之大。

其二，宗族教育已经不限于在本地进行。不仅诸多会馆为族商子弟提供了受教育的场所，而且有些商人家族还在其行商坐贾之地建立起同姓宗祠性质的试馆，以利子弟业儒举业，如福建廖氏家族在清末重修“八邑家祠”，“非但足妥先灵，亦可多容试士”。（《闽粤赣武威廖氏族谱·族训》）可见，宗族教育已呈现出跨宗族、跨地区发展的特点。

其三，族商们对家乡及行商坐贾之地的官学和书院等教育机构大加捐助。如徽州盐商世家鲍氏宗族曾为当地府学重修捐银达一万三千两之多。而鲍氏和程氏两大家族对著名的紫阳书院的捐资，更是居两淮商人之首。山西榆次常氏家族对榆次书院、凤鸣书院都有捐资。日本学者大久保英子在其《明清时代书院的研究》中，曾专立第四章“清代书院与商人”，对山陕、安徽、江浙、闽粤等地商人与书院教育的关系做了较为详细的论述，描绘了一幅颇有价值的历史图景。

这里的问题是，为什么明清的族商如此热衷于向族外的教育机构捐资？其实，个中缘由并不难理解。一方面，他们是为了提高他们的社会地位和影响力，以便既能获得美誉，又能保证他们的实际利益；另一方面，这样可以使他们的子弟受到正统的教育，以保证其后代在仕途上的畅通。他们通过经商获得了经济利益，但在强大的传统文化影响下，仍然希望他们的子弟能够走上仕途，以光耀门庭。

此外，明清商人在外行商，大都举家迁徙。为使子弟能够参加当地的科举考试，必须附籍于流寓之地，此谓“商籍”。其时以商附籍者，一般可在地方官学中获得单立的学额，并享有相当的优惠，诸如应童试者十取一，应乡试者五十取一。（张仲礼，1991）[202]由此，附籍的族商都千方百计争取商籍，以期为其子弟走向仕途铺平道路。如许承尧《歙事闲谭·歙风俗礼教考》记载，浙地有商籍，“岁科两试，每试徽商额取生员五十名，杭州府学二十名，仁钱两学各十五名。淮商近亦请立商籍，斯其人文之盛”。另有所谓“应试人多本地之人，借商籍登进者，十居七八”（《清高宗实录》卷1081）。而在淮扬经营盐业的太原阎氏、大同李氏等家族，其子弟不少就是以商籍入学或以商籍起家的。商籍如此重要，自然调动了外籍族商对附籍之地的教育尤其是官学的捐资热情，以便争取官方和当地社会的好感。

这些举动反映了在社会的大环境下，宗族经济与政治之间存在无法分割的联系。这里除了有以仕途为重的传统理念在起作用外，还因为以官行商、以官庇商在商业竞争中有着不容忽视的优势。山西介休范氏家族的范毓馪本就为皇商，故范氏家族在山西商人家族中自然独占鳌头。广东则“民之贾十三，而官之贾十七”。清人王熙称当时福建、广东、江西等省，“省会要区，遍置官商，占据盘剥，致小民以贸易为生者，颠连失业”（《清史列传·王熙传》）。官商能够获得如此利益，商人家族自然趋之若鹜，不仅大多数族商鼓励其子弟努力通过官学跻身于仕途，而且有些族商不惜重金捐纳官爵，以取得官商的地位。由此，宗族教育虽然在客观上有所扩展，但其浓厚的封建性质也是十分明显的。

第三章

现代化进程中的教育文化发展

当中国教育迈入现代化的进程，伴随着向西方学习的过程，中国教育思想文化也经历了艰难蜕变和现代化抉择。教育文化传统与现实变革交织中的自我经验，经常成为教育变革的源泉。正是这种现代化进程中逐步确立的自觉意识与立场，使得书院精神与现代大学精神相融合的建构、现代学制的变革和国语教育运动的开展等极富教育文化意味的变革努力，对中国教育产生了深远的影响。

第一节 早期教育现代化进程中的选择

中国现代化的发展历程，总有一种让人难以回首的感觉，这不仅在于中国早期现代化过程中的苦楚，而且在于历史机遇上的得失。在仔细梳理这一过程中的种种因素时，我们总是比较关注当时对中西文化和制度的解释所存在的外在冲突，但对这种冲突背后的思想历程却少有解析。如果我们从宏观历史转向微观历史，从社会史转向文化史，对那段历史就可能产生一种新的解释。这里，以中日现代化过程中的重要时期——19 世纪 60 年代至 20 世纪初，也即中国的洋务运动及维新变法时期和日本明治维新时期为分析时段，主要通过比较分析当时大学教育的内在变化、对于西学的态度取向以及留学教育的实际效果等，着重探讨我国在早期教育现代化进程中做出某种选择和存在某种缺失的缘由。

一、京师大学堂和东京大学

鸦片战争使中国国门被迫打开，既开启了中国现代化的艰难历程，也宣告了教育现代化的开始。魏源等先进知识分子所提出的“师夷长技以制夷”，成为向西方学习、通过向外开放寻求变革之路的思想先导。19 世纪 60 年代兴起的洋务运动，便是把学习西方新近的科学技术，尤其是西方先进的军事技术乃至民用实业技术，作为运动的基本内容。随着西学东渐的深入，特别是 1895 年中日甲午战争中中国的失败，西学的取向从西艺转向西政，早期资产阶级启蒙思潮替代了洋务运动，改良主义的思潮又发展为一场寻求变法维新的政治运动。关于这段历史，史学界已有相当多的论述。这里主要关注的是一个往往少有人注意的现象，即在这期间，在中日两国最早建立的大学——京师大学堂和东京大学发展过程中一个耐人寻味的细节。

自 1853 年美国东印度舰队司令官佩理打开日本国门，至明治维新时期，日本兴起了向西方学习的高潮，并从以往的兰学转向欧美洋学。日本在向西方学习的过程中，起初偏重军事技术，这点与中国最初的洋务运动具有相似性。而后在整个明治维新时期，尽管军事技术依然受到重视，但同时西方近代科学得到前所未有的关注，无论是招聘外籍教师、专家，还是向国外派遣留学生、专注于科学技术的引进，都对日本社会及教育的发展和转型产生了深刻影响。

由推进洋学教育的重镇——东京开成学校和东京医学学校于 1877 年改组而成的东京大学，有法、理、文、医四个学部，成为日本在早期现代化进程中培养技术官僚的基地。这里值得关注的是，其中的理学部自 1877 年创立到 1886 年，其师资从一开始的由外籍教师为主转变为以回国留学生和本校毕业生为主。

例如，明治十年（1877 年），东京大学理学部创立时期教师有 16 名，其中仅有 4 名是日本人（见表 3–1）。

表 3–1　1877 年东京大学理学部教师名单（汤浅光朝，1984）[196]

学科	教师	学科	教师
普通物理学和实验	维塔尔（法）	动物学和生理学	莫尔斯（美）
分析及应用化学	阿特金森（英）	数学	曼乔（法）
机械工程学	史密斯（英）	纯数学和应用数学	菊池大麓
数学	帕森（英）	植物学	矢田部良吉
矿物学和地质学	瑙曼（德）	采矿学和冶金学	内特（德）
物理学和力学	贝尔逊（法）	冶金学和德语	今井严
普通化学和分析化学	琼特（美）	物理学、力学和数学	泰博斯基（法）
土木工程学	查普林（美）	植物学	伊藤圭介

明治十九年（1886 年），东京大学理学部改称为理科大学，改组时教师的名单如表 3–2 所示。

表 3-2　1886 年东京大学理学部改组时的教师名单（汤浅光朝，1984）[196]

学科	教师	学科	教师
化学	戴弗斯（英）	天文学	寺尾寿
植物学	矢田部良吉	地质学	小藤文次郎
数学	菊池大麓	矿物学	和田维四郎
物理学	山川健次郎	动物学	饭岛魁
化学	樱井锭二	古生物学	原田丰吉
动物学	箕作佳吉	地震学	关谷清景
物理学	诺特（英）		

从汤浅光朝研究的结果来看，他认为："外籍教师与日本人教师的比例已颠倒了过来。……明治 26 年（1893 年）理科大学在数学之下设置了 17 个讲座，讲座主讲人没有增加一名外籍教师，可以说在这个时期日本的学术渡过了需要辅导的少年期。也恰是在这个时期，开始渐渐出现了可以向国际学术界提出的成果。"（汤浅光朝，1984）[196]

中国清末洋务运动几乎与日本明治维新同期进行，但是中国早期国立大学的开设却晚于日本。如 1898 年创立的京师大学堂是在洋务运动失败以后痛定思痛的产物。起初其课程仅立《诗》《书》《易》《礼》四堂，《春秋》二堂。学生午前学习经史，午后学习科学，如格致、算术、化学、洋文等。1898 年秋，学生增至两百人，成绩优秀者，另立史学、地理、政治三个学堂。原有各学堂改名为立本、求志、敦行、守约。大学堂虽然设立，学生虽也学习科学，但终究还是以科举为目的，所以时人笑称"公办学堂，太偏于理学"。（汤志钧 等，1993）[146]

按当年制定的《京师大学堂章程》，其中"设溥通学分教习十人，皆华人。英文分教习十二人，英人华人各六；日本分教习二人，日本人华人各一；俄德法文分教习各一人，或用彼国人，或用华人，随所有而定。专门学十种分教习各一人，皆用欧美洲人"（汤志钧 等，1993）[132]。尽管京师大学堂的设立，对实现从传统教育向现代教育的过渡具有一定的进步意义，但是从后来开办的情形来看，不仅在教学内容方面相比洋务时期办的学堂无甚突破，而且与同期的日本东京大学相比也有较大差距。东京大学已经实现了教师由外籍教师为主向日本人教师为主的逆转，而京师大学堂理工方面（“专门学十种”）的教师几乎全部为外籍教师。

二、历史进程与思想缘由

如果要深究上述现象的缘由，我们可以从两个层面来分析。

一是从历史的发展进程来看。首先，中日早期教育现代化存在着一个时间差。尽管清末中国的开放和向西方学习甚至早于日本，其中如翻译西书以及介绍西学（如《海国图志》《瀛环志略》等）曾经影响过日本，在日本吸收西方文化、开国维新和文明启蒙的过程中起到了相当大的作用，然而，洋务教育是处在以封建传统为主体的教育文化环境中，所以尽管它也为传统教育注入了近代教育的因素，但成效十分有限。中国具有近代意义的教育体制的建立是在中日甲午战争以后，随着民族危机加深而兴起的变法维新运动中。即使以京师大学堂的建立来说，也比东京大学晚了 20 余年。在这 20 余年中，日本在政治、教育、经济和文化等方面进行了一系列重大改革，促进了日本封建制度向资本主义制度的过渡。在明治初期，日本的教育制度吸收了法国的学堂区制度，在教育行政管理上也采用法国制度，而在教学内容和教学法方面则主要参考和学习美国。东京大学就是这个时期的产物。至于中国，在洋务运动时期对教育制度几无触及，到了维新时期才在很大程度上吸收了日本的教育制度。京师大学堂便是“略取日本学规，参以本国情形”（丁文江 等，1983）[126]的结果。

其次，从当时的留学情形来看，中国在 1872 年就派出了首批留美幼童，至 1875 年共派出四批。1881 年由于种种原因，清政府撤回了全部留美学生。其中，获得学士学位者仅有詹天佑和欧阳赓两人，60 人进入专业学习阶段，其余均为中小学生。郑观应认为，“全数遣回，甚为可惜，既已肄业八九年，算学文理俱佳，当时应择其品学兼优者，分别入大学堂，各习一艺，不过加四年工夫，必有可观，何至浅尝辄止，贻讥中外，日本肄业英、德、美、俄之学生，至今尚络绎不绝”（璩鑫圭 等，1997）[229]。至于自 1875 年起派出的三届留欧学生，虽非幼童，但学习的也多为军事技术而已。

日本从明治元年（1868 年）开始向欧美国家派遣留学生，暴露出来的问题是，因留学前的准备教育不充分等，虽然有一部分人可以从事特殊技术领域的研修，但相当多的人还只是接受普通教育。这促使日本政府在 1873 年调整了留学政策，在 1875—1882 年推行贷款留学制度，主要从当时的东京开成学校和后来的东京大学选拔派遣留学生。由于这些学生在国内已经受完普通教育，出国后在高等院校和专门学校学习专门学问，因而在对西方文化的吸收上表现出较强的选择性和主体意识。1882 年文部省又强化了国家对留学生的支配，确定了留学的国别、学校、学科和年限，给予留学生官费，回国服务期为留学年限的两倍。由此，学生留学的目的已不再是接受外国教育，而主要是进行各种领域的专门研究工作，以达到更高的学术目标。这些学生学成回国后，逐步取代了外国专家、教师的地位。1889 年，日本政府解聘了 275 名外国专家，归国留学生成为教育、科学研究及技术方面工作的主体（武安隆，1993）[196-303]。

二是如果说以上所述还只是历史的事实，那么在这些事实的背后其实有着更为深刻的思想原因。首先是对于科学的倡导。福泽谕吉是日本幕府末期及明治时期的重要思想家，他的《穷理图解》和《劝学篇》等一系列著述对日本早期现代化具有极为重要的影响。日本人正是从他的著述中了解了西方科学的进步，知道了何为学问，并为此而感到震惊。可以说，他的思想对当时日本科学的成长起到了重要的培育作用。福泽谕吉认为，学问有无形和有形之分，即所谓有形的自然科学和无形的独立精神。他从天赋人权的西方思想出发，极力宣传自由主义，倡导民权，由此强调独立精神。引申到科学上，他认为，学者决不可满足于普通的学校教育，学者的志趣要远大，要通晓科学的本质，要有独立不羁的精神（福泽谕吉，1984）[20-58]。他还以为，世界文明不外乎学术、贸易和法律三者，如果这三者不完备，国家就不能独立（福泽谕吉，1984）[20]。所谓学校、工业、陆海军等都只是文明的外表，而独立精神即文明精神的作用很强，没有它，国家的学校、工业、陆海军等等也就会失去效用（福泽谕吉，1984）[27-28]。这些思想在他的好友、后来成为日本近代第一任文部大臣（1886 年上任）

的森有礼那里也有呼应。森有礼 1873 年从英美留学归来。为学习西方科学，促进思想和学术的自由研究，他与福泽谕吉等人成立了“明六社”，成员都为当时处于领导地位的知识分子。福泽谕吉还是森有礼新式婚礼上的证婚人（永井道雄，1984）[84]。森有礼主张，学术的自由和国家的发展是一致的。他们的思想也得到当时日本社会的回应。如有位学生田中馆爱桔曾写道：“有人告诉我，倘若不被世间所重用，还可写些东西留给后世，为此应该学习文学。听了他人的忠告，我从前想学习治理国家之道，但如今我把志愿转到理科方面来了。我写信给父亲，说明了我的看法，‘要想扬名和显耀父母，不能局限于从事政治，任何的学问均可达到此目的’”。而他的父亲给他回信说：“今天看了你的来信，你在信中所谈的扬名声显父母之言，我是不相信的。不管怎么说，名是表面的东西，实际的东西在于真才实学。因此，你应学好物理，要深入钻研。如你能对人类社会有所贡献，愚父幸甚。”（永井道雄，1984）[96]

对科学的提倡，不仅体现在本国的教育中，还体现在留学生的派遣及其效果上。如前所述，由于留学目的的调整，归国的留学生也对科学的发展做出了重要贡献。归国留学生回国后组织了各种专门的科学学会，如地震学会、生物学会、电气学会和矿业会等。明治三十年（1897 年）以后，日本在数学、物理学、化学、地质学、医学、博物学（包括动物学、植物学、矿物学等）等自然科学方面已经羽翼丰满，走上了独立发展的道路。归国留学生也逐渐取代外国学者，成为科学教育的主力军。

在清末，魏源的《海国图志》曾对日本知识界产生了很大的影响。他所提出的“师夷之长技以制夷”，也曾在中国学习西方的过程中起到了思想先导的作用。他自称，《海国图志》就是为了师夷之长技以制夷而作，他认为“夷之长技三：一战舰，二火器，三养兵练兵之法”（魏源，1976）[36-37]。可以说，“师夷之长技以制夷”的思想不仅是当时中国学习西方的主导思想，而且是当时中国对待西方科学技术的一个基本态度。这形成了向西方学习的一个定向错位。技术是建立在科学基础研究之上的，我们在关注技术发展的同时却忽略了作为技术发展的基础——科学。由此，我们就会使技术的发展失去持续进步的根基，也会导致无法给予科学基础理论进步以支撑。

中日对待科学和技术的态度也与当时双方对于本国学问和西方思想的认识取向相关。在中国，“中体西用”是开放早期以及洋务运动的思想主流。京师大学堂的宗旨便是“中学为主、为体，西学为辅、为用”。张之洞《劝学篇》的要旨就是“旧学为体，新学为用”。这里的“旧学”即指中国传统的经史政书和纲常名教，“新学”则指西政、西艺、西史。所谓“中学治身心，西学应世事”。张之洞的《劝学篇》可谓洋务运动的理论总结，也是中国早期现代化变革理论模式的集中论述。福泽谕吉的《劝学篇》则为日本早期现代化提供了思想支撑，但其张扬的是西方资产阶级的自由、平等、博爱、民主和民权等思想，从天赋人权的思想出发，强调了政治中的独立精神，同时也强调了科学的独立精神，进而倡导了对科学的自由追求，引起了日本自然科学的勃兴。这不仅导致中日在政治变革中的不同趋向，也形成了中日在科学技术上的不同发展趋向。

再者，中日在吸收外来文化的态度上还有所不同。我们可以通过一个事例加以了解。森有礼曾在1875年至1879年任日本驻华特命全权公使。1876年1月24日他前往保定直隶总督官邸拜会李鸿章，两人谈话中也涉及文化和变革问题。如李鸿章问森有礼对于东西文化的看法时说：“中西学问何如?”森有礼说：“西国所学十分有用，中国学问只有三分可取，其余七分仍系旧样，已无用了。”李鸿章又问：“日本西学有七分否?”森有礼也直言：“五分尚没有。”李鸿章有点奇怪：“日本衣冠都变了，怎说没有五分?”一旁，当时日本公使馆书记官郑永宁解释道：“这是外貌，其实在本领尚未尽学会。”森有礼进而说明：“敝国上下俱好，只学得现成器艺，没有像西国从自己心中想出法儿的一个人。”（中国史学会，2000）[299]谈话中还涉及日本改变服饰问题，李鸿章认为日本舍旧服仿欧俗，抛弃独立精神而受欧洲支配。他问森有礼：“难道一点不感到羞耻吗?”森有礼以为：“毫无可耻之处，我们还以这些变革感到骄傲。这些变革决不是受外力强迫的，完全是我国自己决定的。正如我国自古以来，对亚洲、美国和其他任何国家，只要发现其长处就要取之用于我国。”（王晓秋，1992）[165]

可以看出，日本在对待本国与外来文化的态度上，尽管也存在表面模仿的现象，但总体而言讲究实效，而且敢于“舍旧就新”。而在当时的中国不仅像李鸿章这样的高层官僚坚守封建立场，而且先进的知识分子也未能为这场变革提供足够的思想支撑，如此在早期现代化的选择和发展过程中中国滞后于邻国日本，也就不足为奇了。

总的来说，中日两国在早期现代化道路的选择和发展上存在着相似性和差异性。在早期现代化的进程中，中日两国都主张向西方学习，在兴办教育和学习西方的科学与技术、推进自身的社会和教育变革上都做出了不懈的努力。然而，两国在推进本国早期现代化的历程中出现了差异，这种差异集中表现为两国对待西方科学和技术、吸收和改造西方文化等一系列问题的不同的思想与态度，进而导致两国推进现代化的不同结果。

以上比较也许只反映了几个侧面，但是对这些侧面做进一步分析，依然可以为我们思考中国在早期现代化包括教育现代化过程中为何错失了发展机遇提供参考。

还需指出的是，日本尽管在早期现代化中比中国占了先机，但是日本的发展依然是在已经开辟的道路上模仿性前进，而不是开拓处女地，或者说不是一种原创性的活动。正如汤浅光朝在评论日本的发展时说：“创造和模仿在外表上看只差一步，但在本质上却差之千里。”（汤浅光朝，1984）[196]甚至在“二战”以后，日本不断引进外国技术，逐步占据了世界诸多高技术和尖端技术领域的优势地位，但在独创能力方面依然有所欠缺。这或许也可以看作日本现代化中的一个缺失。尽管这与中国早期现代化中的失落有所不同，但同样值得中日两国有志于现代化建设和发展者的深入思索。

第二节　书院精神与现代大学

在这里，我们还可以通过对新文化运动时期书院研究的再考察，探索在中西文化交流发展的背景下，书院精神与中国现代大学民族化发展的关系问题。

新文化运动时期的书院研究，是在中国的书院制度消亡后短短的一二十年内出现的，而且伴随着反传统、向西方学习的热潮。这本身就极富历史意义，它事实上是对20世纪初中国大学发展状况的反省，说明文化的更新与改造不能脱离民族文化本身。从模仿、抄袭外国大学体制到强调教育、教学的独立与学术自由，从湖南自修大学的建立到大学内研究机构的开设，都不仅反映了西方文化的影响，也体现出一种民族化的趋向。新文化运动前后书院精神的重提以及由此引出的中国大学改革的民族化方向，从当时及以后来看，不仅影响着大学的正规化建制，而且引发了大学非正规化的发展倾向。正是通过这些研究与实践，书院精神对中国大学的发展方向产生了深远的影响。

一、书院复兴的背景

第一次鸦片战争以后，随着外国势力的侵入，西方文化席卷而来。在中西文化的冲突与交流中，一批先进的中国知识分子怀着强烈的危机感、忧患意识和爱国热情，主动向先进的西方文明学习。这不仅动摇了中国的封建政治、经济，而且给文化、教育的变革带来了新的时代气象。从清末“新教育”运动到辛亥革命后资产阶级教育制度的确立，在中西文化的冲突、碰撞中，中国的传统教育有了很大改变，如科举制度的废除、新式学堂的建立。对西方学校制度的模仿与抄袭成为中国近现代教育制度变革的基础。各级教育在课程内容上已分门别类、初具规模，在教学上已普遍采用班级授课制，等等。大学中重视各科讲义、限年毕业以及文理综合或分科设立的改革，使中国的大学迈入了现代大学的行列。

然而，教育文化的变革绝非朝夕之功。由于对西方文化的了解较为肤浅以及对传统文化缺乏深层的反思，加之新文化运动时期学校教育体制的改革只是对德、日学制形式上的模仿，它的不足与破绽日渐显露。这促使新文化运动的倡导者们进行深刻的反思，以探索中国教育文化发展的新的出路与方向。

当时的教育改革家们认为，抄袭、模仿外国教育而全盘否定传统教育，不是中国教育的出路。教育的创新既要吸收各国教育的长处，也要重新估定传统教育的价值。一方面，他们反对一切以西洋输入为准，指出取法西洋并非事事皆要模仿或抄袭西洋，而是要学习西洋教育的真精神。陈独秀将这种真精神描述为：

> 乃自动的而非他动的，乃启发的而非灌输的，乃实用的而非虚文的，乃社会的而非私人的，乃直观的而非幻想的，乃世俗的而非神圣的，乃全身的而非单独脑部的，乃推理的而非记忆的，乃科学的而非历史的。（陈独秀，1984）[214]

另一方面，他们认为应当正确处理古今中西新旧教育的关系，不能一味以破坏和完全抛弃旧教育为准。他们主张以科学的方法与精神对中国传统教育文化进行整理与再评价。由此，人们开始回顾中国几千年来的教育史，检讨现代学校教育的成败得失，重新确定中国教育发展的方向、重点以及学科、教材、教法等方面的改革方案。在这个过程中，书院研究成了当时教育界的一个热点。

清末书院制度的废除并不是在科学理论的指导下进行的，至于学校制度与书院制度各自的优劣也未经仔细的分析研究。但在新的学校教育的发展过程中，人们开始对新旧教育制度的得失进行认真的比较分析。他们发现，虽然书院为学校所取代是历史发展的必然，但书院与学校既各有不足，又各有所长。而从现实状况来看，当时的学校教育确有不及旧时书院的地方。书院的教育精神与方法，如提倡私人办学、讲学自由，学习以学生自修研究为主、教师讲学指导为辅，以学术研究、深究学理为目的，教育教学与学术研究相结合，等等，都对现代高等教育的改革有着积极的启示。胡适甚至把宋至明清的书院与我国四大发明之一的印刷术相提并论，他痛心地认为，将一千年来的书院制度完全推翻，“实在是吾中国一大不幸事”（胡适，1924）。书院的精神不仅与他们所推崇的西方文教的真精神有着契合之处，而且与他们所主张的重视个性发展、自由研究的改革理想相吻合，故而书院研究便成了新文化运动时期在中西教育文化冲突的背景下探索中国现代大学改革方向的一个重要的切入点。

二、书院精神的现代诠释

1920 年，蒋百里在与张东荪讨论中国公学的信中，曾建议："中国公学如其要扩充，早稻田、庆应都不足法，白鹿洞、诂经精舍倒大大的有可取的价值也。"（丁文江 等，1983）[925]众所周知，中国现代学制是抄袭日本的产物，那么蒋百里为什么要反对以标榜思想自由的日本著名私立大学为榜样来办理私立中国公学呢？其实原因很简单，中日甲午战争结束后，由于资本主义的迅速发展，日本的私立大学都不约而同地经历了顺应潮流的"变质"过程，在与企业界的紧密联系中向官立大学靠拢，逐渐成为与资本主义制度密切相关的就业准备机关（永井道雄，1984）[102–122]。蒋百里正是鉴于此，针对当时教育行政官吏化的倾向，提出要向中国古代著名书院学习的，以期强调学问脱离国家政治制度的约束，实现教学独立、讲学自由的目的。梁启超也在 1921 年的《改造》第 7 期上发表《自由讲座制之教育》一文，尖锐地批评了学校教育趋于国家制度的弊病，主张"参采前代讲学之遗意变通之"，在大学中设"自由讲座"，提倡学术独立。

如果说以上诸人主要是从政治上批判当时的教育状况，重提古代书院精神的话，那么在中国现代大学发展史上具有重要影响的蔡元培则从理论与实践上对书院精神做了阐发。

蔡元培早年中过进士，做过翰林，因不满清廷腐败，决意离京投身教育后，便创办过一些新学堂或在新学堂中就职，对新式学校颇为了解。同时，他还担任过他的故乡绍兴附近嵊县的剡山、二戴两书院之长，熟悉书院教育的情况。① 此后他又多次游历日本及德、法等欧洲国家。这使他对

① 蔡元培曾创办过绍兴中西学堂、爱国学社，就职于上海澄衷学堂、南洋公学，其任职书院时曾制定过学约等。有关内容参见：唐振常．蔡元培传［M］．上海：上海人民出版社，1985；蔡元培．剡山二戴书院学约［M］//高平叔．蔡元培教育论集．长沙：湖南教育出版社，1987；蔡元培．告嵊县剡山书院诸生书［M］//高平叔．蔡元培教育论集．长沙：湖南教育出版社，1987.

中西教育文化有十分深刻的理解，形成了中西融合的教育改革思想。蔡元培在大学办学上非常注重两个方面的变革：一是培养学生从事学术研究，进而创造思想自由与学术自由的学风；二是主张思想自由、兼容并包，努力提高大学的学术水平。对于学生，他在 1917 年 1 月 9 日就任北京大学校长的演说中就说“大学者，研究高深学问者也”，在《北京大学 1918 年开学式演说词》中又谓“学者当有研究学问之兴趣，尤当养成学问家之人格”，此后也一再提及。对于教师，则要求以学诣为主，他说：“我的观察，一地方若是没有一个大学，把有学问的人团聚在一处，一面研究高等学术，一面推行教育事业，永没有发展教育的希望。”（高平叔，1991）[421]

尽管蔡元培的大学办学思想受到了欧美大学观念的影响，但不可否认，这也是他从对中国传统书院的研究及传统书院与现有学校制度的比较中得出的。他通过分析比较，努力地寻找中国大学的改革之路。他认为，当时的学校只注重分年级制度，学生读满年限方能毕业，这是很不适当的。而且，大学本是以专门研究为本位的，所有分班讲授不过是起到指导研究的作用。人们只看到日本大学重各科讲义，限年毕业，又看见美国大学把研究科别设一级，学生得学士学位后才可进去，就当大学是以分班讲授为主体，专门研究是可有可无的，这是一种对西方学制的肤浅模仿。他指出，英国牛津大学与剑桥大学的教学是很随便的，若干学生有一专科导师，教学在师生谈话间随时进行，学生全凭自己用功。而德、法等国大学，虽于分班讲授较重视，但每科学问也必有一种研究所。“所以一个大学，若是分班讲授与专门研究能同时并进，固然最好；若不能兼行，与其专做分班讲授的机关，还不如单做专门研究的设备，所费较少，成效更大。”（高平叔，1991）[422]而这种做法，恰恰是中国古代书院教育的优长之处。他说：“以前书院院长，或擅长文学，从其学者，能文者辈出；或长经学与小学，从其学者，莫不感化。因为院长以此为毕生事业，院内尚自由研究，故能自由发展。现在学校内科目繁多，无研究余地。”（高平叔，1991）[265]从重视学问研究的个别教学制来说，它不仅存在于古希腊学院及西方大学研究所中，而且“在源于早期学院而来的王阳明书院（大学）中，在源于古代教育发展而来的清朝的颜元（习斋）书院中，可以发现其显著的影响。尽管这些制度已经过时，但是我认为它们的历史对当前许多尚未解决的问题仍有所启示”（高平叔，1991）[498]。因此，当蔡元培读到《湖南自修大学组织大纲》时，便认为这种注重研究的做法与他的理想相合，“欢喜得了不得”，并认定这种“合吾国书院与西洋研究所之长而活用之”的做法，可以为各省新设大学的模范。

在教育实践方面，蔡元培在任教育总长时曾提出大学应设大学院（即研究院），作为教授、留校的毕业生与高级学生开展研究的机关。在他接任北京大学校长同年年底，在他的主持推动下，北京大学相继成立了文、理、法三科研究所，并于1921年12月成立了国学门，这比以往的研究所更趋正规化，1932年研究所则改为研究院。蔡元培视成立研究所为大学教育进步的标志。他在《论大学应设各科研究所之理由》一文中曾举出大学应设研究所的三点理由：一是“大学无研究院，则教员易陷于抄发讲义不求进步之陋习”；二是设立研究所，可使大学毕业生有深造的机会；三是成立研究所，可使大学高年级学生得以在导师指导下，有从事科学研究的机会。（高平叔，1991）[657-658]除此之外，他还采取了一些改革措施：强调教授及讲师不仅仅是授课，还要不放过一切有利于自己研究的机会，更新知识，保持活力；在每一个系开展由师生合作进行的科学及其他方面的研究；鼓励学生组织各种学术研究团体，创办学术刊物；延聘中外著名学者到校演讲；重视图书馆、实验室建设，为师生开展科学研究创造有利条件；等等。由此，他把大学的学术研究宗旨推广到大学的各个方面。蔡元培在北京大学的改革实践，充分体现了他的使书院精神与西方大学精神相融合的教育理想，不仅给北京大学带来了新的生机与活力，而且有力地推动了当时各大学的教育改革，甚至影响了当时的教育政策。1922年的学制肯定了大学院（研究院），自1929年起根据《大学组织法》及《大学规程》，全国各大学均普遍设立了研究院（所）。

在当时大学教育改革的潮流中，胡适是另一位不容忽视的重要人物。与蔡元培相同，胡适也认为，要办好高等教育就应注重自由研究与自修，他在《我们对于学生的希望》一文中指出，“灌进去的知识学问，没有多大用处的。真正可靠的学问，都是从自修得来的。自修的能力，是求学问的唯一条件”（蒋梦麟 等，1920）。为此，他还提倡纯粹自由学校，即无一定校所，无上课形式，欲学某科，找得精于某科者为导师，由导师指定数种书籍，自由研究，质疑问难。[①] 胡适的这种思想，既与 20 世纪 20 年代美国人柏克赫斯特建立的道尔顿制在中国的介绍与流行有关，也与他所欣赏的中国书院教育相契合。这集中反映在他 1924 年在东南大学所做的题为“书院制史略”的演讲中（胡适，1924）。胡适正是认为当时教育界提倡的注重培养独立工作能力、自由自学的道尔顿制其实与书院的精神基本相同，而这一精神在学校中多被轻视，故他特意要讲一下书院的历史，以期重振教育中的书院的精神。在这个演讲中，他列举书院教育的精神，认为书院之真精神唯自修与研究。“书院里的学生，无一不存自由研究的态度，虽旧有山长，不过为学问上之顾问；至研究发明，仍视平日自修的程度如何”，“惟在刻苦与自由思索”，“其意以学问有成，生乎自行，不在乎外界压迫”。从中我们不难看出胡适重提书院精神以融通西方教育的良苦用心。

不仅如此，胡适还将他对书院的研究与理解运用到实践之中。早在蔡元培倡办北京大学研究所之时，他便是其中的一个积极参与者，并担任了国学门的教授。五四运动后，胡适提倡“输入学理，整理国故”，此外，他还想利用清华大学的庚子赔款，另设据点，在清华大学设立国学研究院，当时的清华大学校长曹云祥便请他代为设计。据兰孟博《清华国学研究院始末》记，当时“胡氏略仿昔日书院及英国大学制，为研究院绘一蓝图，其特点为置导师数人（不称教授），常日住院，主讲国学重要科目，指定研究生专题研究，并共同治院，置特别讲师，讲授专门学科。后来研究院的规章，大致即本此蓝图”。曹云祥曾请胡适为导师，胡适自谦非第一流学者，故力荐梁启超、王国维与章太炎，因章太炎未就，他又荐在美留学时的老同学赵元任担任导师。这几位再加上后来的陈寅恪，便是当时清华大学赫赫有名的四大导师。该研究院以治学与做人为重，据兰文称，

---

① 所引胡适观点，参见：蔡元培．在北京高等师范学校《教育与社会》社演说词（一九二〇年四月十五日）［M］//高平叔．蔡元培教育论著选．北京：人民教育出版社，1991：265.

"各位先生传业态度的庄严诚挚，诸同学问道心志的诚敬殷切，穆然有鹅湖、鹿洞遗风"，从而对学子们产生了巨大的吸引力，并对国内大学注重研究风气的形成产生了很大影响。

可以说，新文化运动时期是中国现代大学发展史上的一个重要转折时期。蔡元培、胡适等人利用他们个人的声望，重提传统书院教育精神，并使之与西方教育思想相融通，不仅开创了重视自修与研究的风气，而且对中国现代大学的正规化建设做出了重要贡献。此后中国大学研究院（所）的普遍设立与发展，研究生培养制度的形成，与他们的努力都是分不开的。

三、自修大学的理想

与蔡元培和胡适不同，毛泽东既没上过大学，也未曾出洋留学，但他在 1921 年创办的湖南自修大学却在当时的教育界引起了很大的震动。

其时，湖南连一所省立大学也没有。与毛泽东同在湖南省立第一师范学校任职并曾为毛泽东老师的杨昌济，1917 年在《论湖南创设省立大学之必要》一文中认为，"如校经书院之类，研求经史，撰著辞章，其事实与泰西之文科大学相类。即岳麓书院名贤讲学之时，所集者为高才，所讲者为正学，亦与今日欧洲大学之文科不甚相远"，故建议省立大学可按书院方法办理。这给毛泽东以很大启发，加之他对古今学说制度纲要的研究结果，于是在给新民学会同人周世钊的信中，他提出了一个想法："我想我们在长沙要创造一种新的生活，可以邀合同志，租一所房子，办一个自修大学（这个名字是胡适之先生造的）。我们在这个大学里实行共产的生活。这种组织，也可以叫做'工读互助团'。"（中国革命博物馆 等，1980）[63]这段话既反映了他对共产主义的追求，也体现了他的教育理想。

1921 年 8 月，湖南自修大学正式宣告成立。在《湖南自修大学创立宣言》中，毛泽东比较了书院与学校各自的利弊得失，系统地阐述了他的教育理想。他指出，"书院和学校各有其可毁，也各有其可誉"。书院的缺点在于它崇尚八股，不重科学，这算不上正当的学问。但学校的坏处也不少，在学校中，师生间没有感情，彼此之间只是一种商业行为；教授法和管理法是划一机械的，无视学生人性及人格；课程过繁，学时过多，不利于学生自动自发的学习与研究。总之，“他坏的总根，在使学生立于被动，销磨个性，毁掉性灵，庸懦的随俗浮沉，高才的相与裹足”。而书院相反，“一来是师生的感情甚笃；二来，没有教授管理，但为精神往来，自由研究；三来，课程简而研讨周，可以优游暇豫，玩索有得”。不过，书院与学校也有共同的弊端，即非平民主义，都将学术看得太神秘，学术为少数人所专，多数平民难以参与，而且学费之贵，非平民所能承担，并太重程式考试，使许多有志青年得不到求学机会。因此，他认为，自修大学要采取新制，取书院形式，纳学校内容，扬平民主义，以适合人性，便利研究。这种新制，具体来说，在形式上，使凡有志者均可入学，打破学术秘密、各取所需，学生可于学校或家中等任何场所开展研究。在内容上，新制有五方面特点：一重自己看书，自己思索；二重共同讨论，共同研究；三不搞灌输而随时指导；四以学科为单位，研究时间与范围任凭学生依自己志愿与程度而定；五是在修学中养成健全人格，去不良习惯，为革新社会做准备。其目的概括起来，即是“自完成自发展自创造他们各个及全体特殊的个性和特殊的人格”。（张允侯 等，1979）[72-74]以上构想在《湖南自修大学组织大纲》（以下简称《大纲》）中有一个简括的概述，即“本大学鉴于现在教育制度之缺失，采取古代书院与现代学校二者之长，取自动的方法，研究各种学术，以期发明真理，造就人才，使文化普及于平民，学术周流于社会”。为此，《大纲》把研究之法定为单独研究、团体研究、通函指导、特别授课和特别讲座五种，而且特列“劳动”一章，强调脑力劳动与体力劳动的结合。（张允侯 等，1979）[75-79]这个《大纲》的思想在两年中基本上得到了贯彻。

湖南自修大学的这些文件在上海、北京等地的进步报刊上得以介绍后，产生了很大影响。除蔡元培大加赞赏外，梁启超也曾致函舒新城询问自修大学之事，并有意聘毛泽东为中国公学教员。（丁文江 等，1983）[940]李石在《视湖南自修大学之成功》一文中，则道出了几分真情。他认为普及学术，使大学成为群众组织 ，而成为地方平等之事业，是自修大学的独有希望，故可谓高等教育普及之先导。这颇合毛泽东创办自修大学之本意。因为毛泽东虽与蔡元培、胡适等人一样，都主张大学应当重视学术研究与自由，但他更重视学术普及。与蔡、胡两人主张的以造诣深厚的人来掌管学术、将分班讲授与专门研究相结合等不同，他主张打破学术的神秘性，使之为多数人所掌握，并且从提倡书院教育制度的优点出发，主张打破大学的正规建制，代之以非正规化的教学与研究的组织形式与内容，提倡大学教育的平民主义。这在当时的大学教育改革中的确是独树一帜的，反映了他独特的教育观与实践风格。

从毛泽东一生的教育改革思想与实践来看，这时期所形成的教育观影响到了他后来对教育改革的几乎所有想法。从延安时期各类非正规化大学的创办到新中国成立后的几次教育革命，我们都可以从中看到湖南自修大学的影响和影子。尤其是新中国成立初期搬用苏联教育体制，过于强调大学的正规化建制，并以班级组织教学，重视知识与考试，忽视了学生的主动性、创造性和个性发展，引起了毛泽东的不满。中苏关系破裂后，毛泽东便发动了一场轰轰烈烈的教育革命，其中心是“破除迷信，解放思想”，提倡工厂办学校、学校办工厂，以及半工（农）半读、“三结合”编写教材、搞“现场教学”等非制度化、非规范化、非专门化做法。当具体做法走过了头时，1961 年以后又进入了调整、恢复与稳定时期。到 1964 年，毛泽东感到此时的教育似又重新回到了 1958 年以前的思路，故从巩固 1958 年以后教育革命的成果出发，在 1964 年党和国家领导人几乎全部出席的春节座谈会上再次专门论述了教育问题，对当时的教育现状表示了不满。他认为，旧教学制度摧残人才、摧残青年，并着重指出课程太多、考试八股化以及突然袭击的做法非常有害，主张开出题目，让学生自己去研究、看书，还举了历史上许多著名人物自修成才的例子。这种思想推至极致，便是毛泽东在“文化大革命”中发表的“五·七指示”“七三〇指示”“七二一指示”。在这三个指示中，他反复强调学制要缩短，教育要革命，要由工农来领导管理学校，大学也要如此；主张从实践中来到实践中去，甚至把要不要这种非正规化的建设提到阶级斗争与革命的高度。这就使得本来很有创见的教育思想走向了极端，对中国大学的发展产生了很大的影响。

四、两种不同的倾向

由上可见，新文化运动时期中国大学的改革，是中西教育文化由交流、冲突走向相互融合的产物。它反映了人们对清末以来抄袭与模仿外国大学制度做法的不满，但从更深层次的意义来看，它体现了中国大学民族化的倾向。

严格地讲，中国古代的书院教育制度并不具备西方文化意义上的学校自治与学术自由观念。尽管它具有私人办学、讲学自由等精神，却时时受到官方政治与文化的干预和影响。但就是在这种局限之下，比起中国古代的官办教育来说，它仍顽强地表现出试图摆脱政治干预，追求相对的教育独立与自由研究，以学问为重并将之推广于社会的倾向。新文化运动时期的教育改革家们正是看到了书院的这种特点，才对之发生了兴趣，并力图将书院精神与现代西方大学教育的精神相融合，以探索中国大学民族化的改革之路。这种努力无疑是尤为珍贵的。

在这种努力中，由于人们对书院精神理解的侧重点以及对中国大学发展方向选择的不同，大学改革出现了趋于正规化建制和向非正规化发展这两种不同的倾向，它们又共同影响了中国大学的现代化进程。但无论哪种倾向，其间的历史经验和教训至今仍给人以深刻的启迪，仍然在不时地提醒我们在今日的教育变革中应该如何正确地对待传统，从而更好地实现大学的理想。

第三节　教育现代化的文化内涵

19 世纪末，中国被动地向外部世界开放了门户，开始了自身的变革。中国教育面临西方来风，在世界教育变化发展的广阔背景中，努力拓展自己的视野，在教育传统的延续和发展中，孕育与开辟了现代中国教育发展的道路。

从历史与比较的角度，通过对中国教育在20世纪20年代至30年代的教育转折时期中若干个案的解析，着重探讨教育民族化发展与国际化发展的内在联系，透过复杂而多彩的历史进程和现象，我们可以发现，作为社会进步和变革的动力，中国教育在努力把握自身命运的过程中，不断推进自身的民族化与国际化，不断与时俱进。

20世纪20年代至30年代，是中国教育由被动接受外来影响转向主动面向世界寻求自身变革之路的第一个转折时期。此次转折是基于中外教育文化经过一段激烈冲突的历史背景。因此，如何处理中外教育经验之间的关系，以推进现代中国教育的发展，构成了这一时期教育变革的难题。

在这个时期，作为社会变革的一个重要组成部分，教育变革不仅因对于过去传统的检讨而起，更开始在比较中外教育思想、制度与实践的过程中反省现实的教育，并从国外教育经验中汲取有益成分，开展教育民族化发展道路的探索。下面首先通过三方面的具体事例来加以说明，然后做一些讨论。

一、中国现代大学的建构

客观而言，自清末“新教育”运动直至辛亥革命后资产阶级教育制度确立，在中外教育文化的碰撞过程中，随着中国政治制度的变革，传统的科举制度得以废除，仿效国外学校制度而建立的新式学堂纷纷出现。在大学中重文理综合或分门设科、班级授课、限年毕业等制度的推行，已构成了当时高等教育制度变革的基础，并使中国的大学在体制上迈入现代大学的行列。

然而，这种变革并非深思熟虑的结果，实际上不过是一场抄袭与模仿外国学校制度的改良运动。陶行知曾在《中国建设新学制的历史》一文中认为，中国新学制的确立受德国和日本影响最深，所仿效的德国学制终因与国体不合而消亡，而日本学制因国情及文字关系，最易仿效而得以采纳。如清末《奏定学堂章程》虽称参考各国学制，实际并无根据，对于日本学制却抄得相当完备，虽然修改过七次，终究缺少独立精神。民国颁布学制之前，曾开临时教育会议一次，对于日本的学制，仍是随意搬用。

也许对于日本学制的抄袭，并不仅仅出于当时的国情与文字关系，人们更愿意把其看作对于西方教育文化进行成功借鉴的范本，并把学习它视为改革的捷径。但是，实践过程中所暴露出来的问题，如过于机械化、以社会化吞没个性、忽视学理探究等，促使人们从以往功利主义的选择走向追寻中国自身的教育发展道路与方向。

尽管新文化运动的倡导者依然面临来自传统的困扰，在努力推动社会进步的过程中，其言论行为也不无激烈之处①，但他们并没有就此全盘否定传统或全盘西化，而是更为认真地审视古今中外教育文化的成败得失，力求从中探索出从理论到实践的教育民族化发展道路。可以说，从对传统的批判到批判地吸收传统，从盲从地模仿到理性地选择，都体现了教育改革者在中国教育现代化初始时期对教育民族化和国际化关系问题的思考。其中，在中国现代大学建设过程中对传统书院精神的重提，便是一个突出的例证。

作为中国现代大学变革的倡导者，蔡元培认为，自中国设立具现代意义的大学机构以来，形式上的模仿并不能说明其性质上的变化，不重视学理的研究，可以说是中国自办新式高等教育以来成效甚少的重要原因。蔡元培强调大学应以高深学问研究为宗旨。他认为，重视学问研究的个别教学制度不仅存在于西方的大学及大学研究所中，而且可溯源至中国古代书院的教育传统。书院在自由研究、自由发展等方面的传统对中国大学的问题解决和改革发展具有积极的启示意义。在他的大学改革实践中，他倡导了大学以高深学术研究为宗旨的发展方向，并对大学研究所等机构的创立与普及起到了巨大的推进作用。

胡适也认为，要办好高等教育应注重学术的自由研究和自修，而“书院之真正的精神惟自修与研究”，即注重“自动的研究”。（胡适，1924）在他倡导下而成立的清华国学研究院，便是“略仿旧日书院及英国大学制，研究之法，注重个人自修，教授专任指导”（《清华周刊》第 360

① 如陈独秀在 1917 年第 1 期《新青年》上发表的《答佩剑青年》一文中明确提出了“中国教育必须取法西洋”的口号。

期)，对国内大学注重研究风气的形成也产生了很大的影响。蔡元培、胡适等人重提书院教育精神，并使之与西方教育思想相融通，不仅开创了重视自修与研究的风气，而且对中国现代大学的正规化建设做出了重要贡献。其后中国大学研究院（所）的普遍设立与发展和研究生培养制度的形成，都与他们的努力是分不开的。

当时，作为中国大学改革的先行者之一，青年毛泽东亦主张大学应当重视学术研究和自由，但他更重视学术普及。在比较传统书院与现代学校之间利弊的基础上，他所创办的湖南自修大学，便以“鉴于现在教育制度之缺失，采取古代书院与现代学校二者之长，取自动的方法，研究各种学术，以期发明真理，造就人才，使文化普及于平民，学术周流于社会”为宗旨①，对那时的大学教育产生了很大的影响。毛泽东的改革与蔡、胡二人主张以造诣深厚的人来掌管学术等做法不同，他主张打破学术的神秘性，使之为多数人所掌握，并且提倡书院教育制度的优点，进而主张要打破大学的正规建制，代之以非正规化的教学与研究的组织形式和内容，提倡大学教育的平民主义。这在当时的大学教育改革中是独树一帜的，反映了他独特的教育观和实践风格。从毛泽东创办湖南自修大学到延安时期各种非正规化大学的建立，乃至新中国成立后的教育思想与实践来看，这在大学非正规化发展方面具有的重要影响，与毛泽东早期对书院教育精神的理解有着密切的关系。

可以说，新文化运动时期中国大学的改革与书院精神的重提，是中西教育文化交流、冲突下的产物。其直接反映了人们对清末以来抄袭与模仿外国大学制度做法的不满。但从更深层的意义上看，它体现了当时的教育改革者力图将书院精神与现代西方大学精神相融合，探索中国大学民族化发展道路的努力。而且，由于对书院精神理解的不同，此时期的中国大学改革出现了趋于正规化建制和向非正规化发展这两种倾向，并共同影响了中国现代大学的现代化进程。

---

① 详细分析，参见：DING G. The shuyuan and the development of Chinese universities in the early twentieth century［C］// HAYHOE R. East-west dialogue in knowledge and higher education. New York：M. E. Sharp，1996.

二、现代学制的形成

在中国现代教育变革中，学校制度的变革也是一个重要议题。学校制度的变化不仅仅体现为教育内部规范的建立，而且与社会文化的发展进步密切相关。

随着晚清时期西方学校制度的不断引入，中国以往学校教育不分年龄等级和课程次序的传统受到挑战。尤其是中日甲午战争以后，日本学习西方教育制度而制定新学制，使其国民素质提高而跃为强国的事实，更使人们感到了变革学制的迫切需要。从清末《奏定学堂章程》颁布到民国初年学制变革，直至1922年《学校系统改革令》公布，中国学校教育制度发生了很大的变化。其中，初等、中等学校制度的变革尤其引人注意。

众所周知，《奏定学堂章程》更多的是对日本学制的仿效。尽管它是中国第一个近代化的教育体制，但它仍然具有封建社会教育的特征，比如初等与中等学校教育特别注重读经讲经课程。这个学制在各级各类学校教育的划分上虽然已具备了现代学校制度的外在特征，可它内在的基本精神还是“中学为体，西学为用”的思想。(璩鑫圭 等，1991)[291-328]

辛亥革命胜利之际，蔡元培倡导进行资产阶级教育制度改革，1912年民国的新学制颁布。这个学制将总的修业年限缩短了三年，把原先的高等学堂改为预科，大学教育年限基本不变。变化在于初等、中等教育：将九年小学教育改为七年，将五年中学教育改为四年；确定了女子教育的地位，废除了封建的读经讲经与毕业生出身的奖励，形成了一个形式上的平等单轨制。民国初年的学制尝试，虽说在比较了欧美各国的学制后仍归于对日本学制的模仿，但也依据了当时本国教育界的办学经验和特色，体现了反封建教育、寻求民族教育发展的努力。①

---

① 蒋维乔曾指出，当他开始策划学制草案时，也曾由教育部中的留学生翻译有关国家的学制文献，结果发现与国情多不相容，故而仍参照日本学制。考虑到民国初年教育状况，尤其是当时小学教育的办学经验与特色，增损日本学制，易以本国课程。参见：蒋维乔．民国教育部初设时状况［M］//舒新城．近代中国教育史料：第4册．上海：上海教育出版社，1990：195-198.

到了新文化运动时期，一方面随着反帝反封建运动的高涨，中国人开始认识到只有依靠自己的力量才能改变中国的命运，新旧文化和东西文化之争推动着人们寻求中国教育发展和民族振兴的新的文化根基；另一方面，出于扫清封建教育的残余、实现资产阶级民主教育的目的，在主导新教育改革的教育家——主要是从美国留学归来的学者如胡适、蒋梦麟、陶行知等的推动与引导下，杜威的教育思想对当时的民主教育运动起到了积极作用。

杜威自 1919 年 5 月来华，在中国两年两个月之久的逗留期间，他到处演讲，在强调把发展个性及儿童的成长作为民主教育的基本要素以及学校与社会进步的关系等方面，对此时期的中国教育产生了重要影响。一般论者都认为，体现杜威影响的最重要成果是民国政府于 1922 年制定的学制。它肯定了个性发展，强调了适应社会需要，直接采用了美国的“六三三”学制。然而，在此想着重指出，杜威的教育思想客观上推动了当时教育界的民主教育运动，1922 年的新学制也的确采用了“六三三”学制，但并不能就此认为这个学制只是一种模仿的结果。

在 1915 年由各省区教育会组成的全国教育会联合会的第一次会议上，湖南省教育会最早提出了改革学校系统案，主张全面推翻现有学制，代之以国民教育体系。1920 年全国教育会联合会第六次会议根据安徽、奉天、云南、福建等地教育会的提案，发出《改革学制系统案（函各省区教育会）》，要求各省区教育会组织研究，并决定第七次会议上将首先议决学制系统案，再议其他各案。

1921 年 10 月，全国教育会联合会在广州召开了第七次会议。这次会议的主要议案就是学制系统案。在会议上，广东等十一省的教育会上交了关于学制改革的提案。各地提案考虑不尽统一，以广东的提案最为严密。广东省教育会在提交提案前，组织了以下研究：外国学校系统方面的研究，包括对英、美、法、德、日等国学制优缺点的分析，概括了各国教育发展的大势趋向；各省区原有学校系统方面的研究，包括历史上的缘由、习惯上的缘由和效仿外国学制的缘由；社会组织方面的研究，包括社会组织、财政组织和政治组织；科学方面的研究，包括心理学、生理学、哲学与其他。由此，比较各国学制，研究总结本国实际，同时展开科学研究，综合各会员的提议，提出了草案。（金曾澄，1922）全国教育会联合会正是以广东提案为根据，参照各省区提案，确定了审查标准。最后确定的《学制系统草案》（1922年）议定标准为六条：（1）根据共和国体，发挥平民教育精神；（2）适应社会进化之需要；（3）发展青年个性，使得选择自由；（4）注意国民经济力；（5）多留各地方伸缩余地；（6）使教育易于普及。确定学制系统为三段，即初等教育、中等教育、高等教育。其中，高等教育变革争议不大，对初等、中等教育的讨论较为激烈，最后确定：小学六年，“四二”分段；中学六年采用“三三制”，分为初、高两段，但同时允许“四二制”或“二四制”的酌量变通。

不可否认，这个学制受到杜威教育思想及美国教育制度的影响，但更是当时中国教育家从实际出发进行主动选择的结果。首先，正如陶行知在评议此草案时所言，对学制变革应抱四种态度：“虚心讨论，研究实验，以构成面面顾到之学制”；“对于国外学制的经验，应该明辩择善，决不可舍己从人，轻于吸收”；“欢迎新学制出现的时候，也得回过头来看看掉了东西没有”；“学制以后之事业问题，是无穷的。所以学制虽是个重要问题，但只是前程万里的第一步”。（陶行知，1922）以此来观照这个学制的形成过程，可以说这四种态度是贯彻始终的。其次，关于中等教育定为六年，并非完全的“三三制”，建议“四二制”“二四制”的也不少，故而学制采用变通的办法，从实际出发，依“多留各地方伸缩余地”的原则。在后来的《大总统颁布施行之学校系统改革案》（1922年）中，也谓“依设科性质，得定为初级四年，高级二年，或初级二年，高级四年”。以后各省区施行，也是因地制宜。再次，当时有人认为，新学制中最精彩的一个部分为中学教育（廖世承，1922）。而胡适认为，在新学制中，中学修业年限有“四二制”“三三制”“二四制”，真可谓五花八门，“但这个‘五花八门性’，正是补救现在这种形式上统一制的相当药剂。中国这样广大的区域，这样种种不同的地方情形，这样种种不同的生活状况，只有五花八门的弹性制是最适用的”（胡适，1922）。最后，值得一提的是，1922年的学制变革与以往学制变革很大的不同在于，这是一个自下而上的学制变革运动，其经过了各地较为细致的讨论，因而具有更强的适用性，能够依据实际而变通。它不像清末以来的学制因不适国情、盲目抄袭而短命，它能够长期延续，正说明它不是一种形式上的模仿，而是有着较深刻的内涵。

此外，我们还有必要注意一个常为人所忽视的问题，即在小学七年改为六年的问题上，当时主张维持七年的人也不少。比较有代表性的如余家菊，他在《时事新报》上发表的《评教育联合会之学制改造案》中对小学六年制提出批评，他认为，“吾国文字难学，六年恐不足以达此目的”（璩鑫圭 等，1991）[878]。这在当时具有一定的代表性，主要是怕年限减少会导致人们受教育程度降低。但胡适著文指出，“小学改用语体文以后，时间应该可以大大缩短，而程度可以不必降低”，“小学里用白话教授，教学的困难可以减去不少，教学的效率应该可以增加”，所以关键在于教学法的变革。（胡适，1922）变古文为白话文，是新文化运动中的一个重大的变革，它广泛影响了当时的学校教育教学。因此，胡适以此来作为小学学制变革的证据，非常鲜明地点出了新学制的民族化变革的基础。

三、平民教育与白话文运动

1922 年的学制标准曾首列“根据共和国体，发挥平民教育精神”。其实，平民教育可谓五四运动时期至 20 世纪三四十年代一个最根本的教育运动，其受惠于五四运动中民主精神的推动，而成为最具影响力的教育思潮。共和国家以平民教育为基础，是当时教育民主化的口号。民国时期出现的各种教育潮流，如平民教育讲演团、留学勤工俭学、工读教育、职业教育，以及从城市到乡村的教育变革，都与五四运动以来的平民教育运动密切相关。

五四运动把民主与科学作为旗帜，以教育民主化为思想基础的平民教育运动无疑受到了西方民主主义教育思潮的影响。当中国的教育思想者与实践者面对本国社会发展的实际，推行平民教育运动之时，也对教育民族化变革做出了贡献。陶行知的“生活教育”便是一个典型例子。

作为平民教育的倡导者之一，陶行知的生活教育理论贯穿于他从事平民教育运动的整个过程。生活教育的三大要素，即“生活即教育”“社会即学校”“教学做合一”。不可否认，这种思想的提出受到了杜威“教育即生活”“学校即社会”“从做中学”思想的启发。但从实际出发，陶行知认为，杜威的“教育即生活”“学校即社会”只局限于把社会、生活中的一部分搬到学校，好比在鸟笼里放上几根树枝，因此，这种社会、生活是一种“假社会”“假生活”而已。他主张“生活即教育”“社会即学校”，反对脱离社会生活实践、生产实践的传统教育，主张“我们想受什么教育，便须过什么生活”。(陶行知，1981)[423-447]他认为，“教育要通过生活才能发出力量而成为真正的教育”(陶行知，1991)[84]，着重强调的是生活实践的教育意义。他还结合实际，创造性地提出“教学做合一”的教学思想。不同于杜威只是把课堂看作社会的缩影，陶行知认为“教学做合一”虽是生活教育的一种方法，但更是生活的说明。(中国陶行知研究会，1991)[52-58]实际上，当他把整个生活作为教育的活动天地，“教学做合一”便成为一种生活与教育一体化的人生方法，并且成为正规与非正规教育的结合点。总之，生活教育是给生活以教育，用生活来教育，是生活决定教育，通过生活成为真正的教育。“生活教育理论是半殖民地半封建的中国争取自由平等的教育理论”(中国陶行知研究会，1991)[84]。陶行知创办晓庄学校和推行“小先生制”等实践，都集中反映了当时一代教育家在汲取国际教育思想与方法、进行民族化教育变革方面的努力。

平民教育运动的民族化与国际化，还突出反映在学校语文教育改革中。

鲁迅先生曾谓：“中国现在的所谓中国字和中国文，已经不是中国大家的东西了。”由于教育文化不普及，当时绝大多数人是文盲。“这样一个连文字也没有的国度，是在一天天的坏下去了。……清末的办白话报，五四时候的叫‘文学革命’，就为此”。① 教育文化为何难以普及，就是因为文言文难学，所以白话文便成为时势所趋。

① 鲁迅的文章最初发表于1934年10月13日《新生》周刊第1卷第36期，署名公汗。

晚清洋务运动和维新运动期间，西方新学的大量输入以及传播，使得民族资产阶级的新文化、新文字应运而生。然而，旧的传统文体与词汇已难以满足新的需求，改革文言成为“开智新民”的共识。晚清“革新文言”，其实质是学文学与学科学，主张言文一致，在当时表现为以通俗白话翻译西书与古文，并且开始编写白话教科书。白话读本得到迅速发展，如当时白话教科书达 50 种，各地办的白话报多达 10 余种，白话小说有 1500 多种。（谭彼岸，1955）但从小学和中学的国文教学来看，总的倾向是保守的，即“保存国粹”“尊孔读经”。不过，那些介绍外国文化思想的著作，对晚清的语文教育思想有相当大的冲击。这些著作的个别篇章逐渐入选语文教材，极大地丰富了语文教育的内容。

国语教育运动作为白话文运动在新文化运动时期的延续，推动了全国语言的统一。所谓国语，即当时流行的共同语，今天称之为“普通话”。新文化运动时期提倡的白话文，实质就是国语。作为向全民族普及语言的教育运动，国语教育运动在与新文化运动所提倡的“国语的文学”“文学的国语”思想的配合下，对学校教育产生了巨大影响。从 1916 年北京各界人士发起国语研究会，1918 年正式公布国语注音字母，到自 1922 年起小学各科教材一律改为语体文，中学与小学的文言教材也开始减少，这场国语教育运动得到了空前的发展。

国语教育变革也带来了教学法的变革，西方教学法开始被大量引入并在学校教学中得以实验。当时先后借鉴的外国教学法有德国赫尔巴特的五段教学法，以儿童中心论为指导思想的美国克伯屈所创的设计教学法、柏克赫斯特创行的道尔顿制等。语文教育研究也大量吸取了欧美的教育测验与实验。（张隆华，1991）[185-192]同时，当时的教育改革者也结合中国传统语文教学的特点和现实的需要，创设了普及识字教育的即知即传的“小先生制”。1923 年全国教育会联合会新学制课程标准起草委员会拟定的《修正小学国语课程纲要》《初级中学国语课程纲要》《高级中学公共必修的国语课程纲要》注重学生的自修、讨论、比较与做笔记等方法，都体现了民族化教学变革的努力，对中国语文教育教学的发展起到了积极的作用。

新文化运动时期由白话文运动引发的国语教育运动，在 20 世纪 30 年代又发展为关于大众语的论战。正如当时陈子展所言，“目前的白话文学只是知识分子一个阶层的东西，还不是普遍的大众所需要的”。因而，还需提倡大众语文，语文教育应主要针对“占全民百分之八十以上的农民，以及手工业者、新式产业工人、小商人、店员、小贩，等等”。他指出，“从前为了要补救文言的许多缺陷，不能不提倡白话；现在为了纠正白话文的许多缺点，不能不提倡大众语”。（陈子展，1934）陶行知这样解释大众语：“大众语是代表大众前进意识的话语，大众文是代表前进意识的文字。……大众语文是大众高兴说、高兴听、高兴写、高兴看的语言文字。”这强调的是，要改革白话文与大众生活意识、话语的分离状况，通过大众语的变革，促进话和文的合一，以及语文与意识、语文与生活的合一。（陶行知，1934）可见，这次大众语运动是白话文与国语教育运动的延续，其目的就在于使语文学习更为普及，面向更广大的基层群众。

可以说，新文化运动及后来的国语教育运动，使中国语文接近了民众与生活，也更有利于教育的普及。尽管国语教育运动受了当时西方民主主义教育理论及其方法的很大影响，但从语言、文学作为教育载体的变革来看，其实实在在地体现为一种教育的民族化变革运动。它所产生的影响深刻地改变着中国学校教育乃至社会变革。因而有人认为，这种改革，使中国教育的革新至少提早了 20 年。①

四、学以为己的思索

前面力图通过一些具有代表性的事例，来揭示 20 世纪中国教育在民族化与国际化的关系上的考虑及其实践特征。尽管它们是从整个历史过程中所抽取出来的事例，但依然能够引导我们对这一问题的思索。

20 世纪二三十年代中国的教育状况同鸦片战争与中日甲午战争以后

① 黎锦熙在《改学校国文科为国语科》一文中引用胡适的话说：“这个命令是几十年来第一件大事。他的影响和结果，我们现在很难预先计算。但我们可以说：这一道命令，把中国教育的革新，至少提早了二十年。”见：黎锦熙．改学校国文科为国语科［M］//张鸿苓，李桐华．黎锦熙论语文教育．郑州：河南教育出版社，1990：20.

中国教育中西学盛行的情形不同。虽然当时中国教育界认为中国落后而西方强大，对西方文化的借取与学理引入是中国教育变革的必要途径，但这种借取与引入必须是多元而非一元的。尽管此时期国人在选择多元参照系时，重心是外国的教育理论和发展模式，甚至偏爱杜威的教育思想，但正如胡适所谓，介绍杜威学说的目的在于批判传统教育，其实也是对晚清以来盲目模仿外国学校制度的批判，是为了“引起国人的觉悟，大家来做根本的教育改革”（胡适，1920）。这体现在实践改革上，也不似有人把实际借鉴时的选择标准看作多为教育界内部的个人之见，而不是与某一既定目标有关的统一看法（Bastid，1987）。且不论选择本身就是一种智慧或与实践相结合的创造，事实上，基于多元的选择而加以实际的变革，总体上是自晚清以来在中西文化激烈冲突下寻找民族自强之路的延续和升华。这种主动选择既没有全盘否定传统文化，也没有全盘西化。因为，这种多元选择在重新估定一切价值的口号下，经常使传统文化中的优秀成分以及现实变革中的自我经验成为教育变革的源泉。这说明，一个民族如果缺乏变革的自觉意识与立场，是不可能切实发起变革的，无论现代大学的建构、学制的变革，还是国语教育运动的开展，都不可能对中国教育产生如此深远的影响。

当然，在学习借鉴或引进外国的教育理论与发展模式时，如何选择是一个值得注意的问题。这其中，重要的是民族化变革意识和立场的采取。从更深一层来讲，在改革开放中实现民族化的教育变革，核心还在于民族自身变革意识的成熟。一个国家要跻身于世界先进教育国家的行列，教育的国际化是必要的，但国际化必须建筑在民族化的基础上。丧失民族的个性，就会迷失自身的发展方向。同时，民族化的变革也不等于回归传统，民族传统只有在现实变革中、在与国际经验的结合中，才能保持它的生命力。因此，民族化和国际化相结合的变革之路，是建立在一个民族独立的思考基础之上的。必须指出，这种变革并不能以冲突-反应或挑战-应战的模式来加以概括。事实证明，这种“强者为王”的文化逻辑并不适用于对20世纪中国教育改革历程的评价。我们不能忽视在中国教育国际化进程中外来教育文化的历史作用。

中国教育文化的变革也证明，真正变革性的发展只能是对传统的自我扬弃和对外来文化的滤收。任何变革如果不能激发民族自身发展的动机，不为一场内心的革命所鼓舞和维系，就难以在世界格局中获得自我驾驭能力和更深刻的民族精神创造。正如中国古代哲人所言“学以为己”，它提醒我们针对过去、现在和未来，更为适宜地塑造新的自我。

第四章
当代教育文化的变革与取向

任何教育的发展和创新都必须考虑本土的文化处境，因为教学与学习、课程与教材以及教育专业发展等方面的变革都不可能是“价值中立”或“文化无涉”的客观活动。在全球文化与地方知识的互动过程中，全球化进程可以被理解为多重文化共存并相互作用的处境，文化语境及其思维方式的影响体现在多重文化在地方社会达成有机融合，同时地方社会在融合多重文化的过程中实现其在全球化时代的新生。由此，中国教育文化可能寻找到一条具有自身文化特征、适合于自我发展实践的创新途径。

第一节　传统文化在人文课程设置中的若干理论问题

在现代学校教育中，由于课程设置集中而具体地体现了教育的目的与愿望，并成为各种教育价值、观念和理论与教学实际相互沟通联系的主要途径，因而课程的设置及其变革被普遍认为是教育实施与变革的重要环节或核心部分。具体到课程的内容，则要既能反映现代科学文化的发展，又能体现文化传统的遗产，这在人文课程的设置中尤其得到了强调。然而，面临现在与未来生活的挑战，在课程设置中处理好两者之间的关系并非一件容易的事情，仍然面临着一些尚需进一步探讨的理论问题。

一、传统文化与现代文化的衔接

从对基础教育的要求以及人文课程的设置而言，传统文化遗产的保存与传递，在课程设置中是一直受到重视的。人们对于这种保存与传递能够激发学生的爱国主义思想以及提高民族的自尊心与自信心，抱确信无疑的态度。几乎所有的讨论围绕的都是选材的不同和量上的增减。然而，从实际情况来看，随着社会的不断发展与外来文化影响的日益增大，对于传统文化与现代文化的衔接问题，人们相对关注较少，以至于学生在课程学习中对于传统文化仅处于一种初步了解的状态，只把其看成历史知识，难以将其与现代文化的发展相联系，更无法将其作为处理现实生活问题的一种重要的参照或思想方法的源泉。因此，对于课程设置者来说，不得不认真考虑传统文化与现代文化的衔接问题，而考虑这个问题，则有必要对传统文化做进一步认识。

我们并不能单纯地把传统文化理解成过去的东西。每个人都既是他所处的时代的成员，同时又是历史的遗传物。历史与现实共有，这就是人的复杂性。文化也是如此，现代文化虽是当代的现实文化，但它总是在一定的传统背景下起步和发展的，并且是在具有一定文化传统的社会环境中发展的，所以现代文化的发展总是与一定的文化传统相联系的。可以说，现代文化既是现时的，同时又是一种积累的遗传、传递与发展。简而言之，现代文化是一种历史与时代的共存体，因而，其发展是一种传统的延续。从这个意义上看待传统文化，它就不仅仅属于过去，而且包含现在与未来，与我们的当代生活保持有密切的联系。所以说，我们今天关注传统文化的目的，就不仅在于保存与传递它，而更在于反思与发展它，使它对现代社会文化的发展产生更多的正面价值，有助于现实问题的处理。由此，在教育中，对传统文化的学习才不会成为一种可有可无的事情或者不关现实痛痒的点缀。

另外，由于现代社会文化的发展总是与一定的文化传统相联系的，因此，各个国家与地区的社会文化发展总会具有其民族的特色，而这种民族特色就来源于不同民族的文化传统。从这一角度出发，我们应认识到，在教育中我们应该关注人类所共同创造的文化价值，同时在课程设置中对于本民族文化遗产的重视，也不仅表现为保存与传递，而更在于对本民族文化特性的基本把握，使有关本民族文化遗产的学习能较有效地适应本民族的文化价值观及其发展。这种教育也不限于一种民族感情的培养，而应被理解为是关于本民族过去经验的教育以及从中引出为现实服务的各种结论的教育。

如果我们能够这样来考虑问题的话，那么就有可能妥善处理传统文化与现代文化的衔接问题。也许这会给具体的课程设置带来一定的困难，但是，唯有突破这一困难，才有可能使传统文化在人文课程的设置与要求中的价值得到真实体现。

二、传统价值与教育目标的转变

在具体的课程编制中，上述问题显然与不同的教育目的相关联。然而，教育目的通常只是一般性的观念性表达，难以提供具体的指针，而将课程计划与教学实践加以联系的教育目标便成为教育目的的具体化。这在课程编制中便形成了教学目标，即达成目标。从这一角度来观察，我们不难发现，在以往以及当前的人文课程编制中，由于强调传统文化的保存与传递，因而在各学科的教学目标方面，仍然比较侧重于学习者对基础知识与基本技能的掌握。

平心而论，重视基础知识与基本技能的教学目标本身并没错，关键是这仅是一个方面的问题，而不是全部。如果仅强调“双基”教育，就会导致对学习者的主体态度的忽视，更重要的是会丢失价值观一类的作为教育内容之基础的因素。

举例来说，在中学语文教育中，文言文是作为传统文化遗产的载体而进入课程之中的。就文言文的主要教学目标与要求而言，通常是强调学生具有阅读浅易文言文的能力，具体来说，就是要求学生能够掌握常见的文言词汇、词义和句式，能够借助工具书和注释读懂浅易文言文，另外从思想教育角度，也要求文道统一，进行爱国主义教育。

如果说文道统一的教学可以落实爱国主义教育，那么按照有些观点，培养学生阅读文言文的能力则有助于其接受文化遗产，并学好现代汉语。这又引出了不同的意见，即认为通过学文言文来接受文化遗产是有障碍、有困难，因而是不普遍的，而现代文非得从文言文作品里学是不可思议的，所以阅读现代文作品才是主要的。这种关于教学目标的讨论便引申出了对文言文应该多读还是少读以及文言文的标准和教学等问题的争论。

实际上，这种讨论存在着一个误区。人们的争辩只是围绕基础知识与基本技能的问题，因而虽历经争论，却无法推动教学目标的实际变革，反而使问题呈现出淡化的趋势。人们在注意“双基”的问题之时，却忽略了文言文作品本身所能体现的传统价值。

事实上，汉语的文学语言传统起码有三个方面的特点。其一，非常强调所谓“文气”，即以具有意念内聚力的意向来统率句子结构，往往形成两两相对、相反相成、偶散交错、句式简短、整齐和谐、灵活多变而气韵生动的表现力。其二，达意为主，即汉语语词的弹性变化大，并不受形式的束缚，可以互相转换。其三，注重“神摄”，即强调言意统一，以神统形。这些具有民族特色的语言逻辑、语言组织与修辞方式，都表现出一种独特的语言精神和美学价值。

然而，汉语的这种传统在我们的课程编制中并没有受到应有的重视，这不能不说是一种遗憾。假若我们能够对此加以重视，那么上述讨论的问题并不难解决。因为在教学中体现这种传统的价值，不仅有利于确立文言文教学的真正目的，而且有助于学习者在接受文化遗产的同时，把握汉语的语言精神与审美价值观，从而真正有助于现代文的教学与发展，有助于学生获得一定的文化归属感。

类似的问题也存在于人文课程中的思想品德类课程之中。这类课程的目标在于使学习者知道基本的道德和心理品质修养及人生理想等方面的知识，以养成良好的道德情感与行为习惯。其中虽也涉及了一些传统的价值观念，但它们几乎处于一种可以忽略不计的地位。课程注重的是现实社会生活所追求的与当代世界需求相适应的一些普遍性准则。

与之相关的问题主要包括以下方面。首先，道德生活总是与一定的文化传统相联系的，植根于一定的文化土壤之中，因而道德的认同离不开本国的民族与共同体的传统准则。其次，传统的道德精神价值中那些本民族的智慧，诸如仁智统一、理性自觉以及道德修养与人格完善关系的处理等，并不会因为其存在于过去的时代而丧失本身的价值。最后，青少年并不是生来就敌视传统的价值观念，他们在道德方面的成熟与自制总比智力方面的发展晚些。我们必须认识到今日的青少年生活于现实之中，而这种生活又是与一定的文化传统相联系的。因此，从他们对社会生活的适应这一角度来说，我们有责任考虑在教育中如何有效地结合民族性准则与普遍性准则，注意其中的文化连续性。

概括而言，课程编制中教学目标的设定，不仅要考虑到基础知识与基本技能的掌握，也应当重视价值观的传授，对于传统价值的基本把握则是一个不可或缺和亟待关注的问题。

三、教材和教法的革新

需要进一步加以说明的是，我们在强调人文课程中应注重传统价值之时，并不否定在以往与目前的课程编制中对于价值的尊重。事实上，课程编制者们在选择课程内容的时候，总是努力把那些最有价值的东西纳入课程之中。

然而，我们需要注意的是，在课程内容的选择与设计中，应该怎样考虑价值或价值标准问题，因为不同的价值标准会导致课程内容的不同选择以及教学目标的不同取向。

还以文言文教学为例，由于其是以了解掌握古汉语的表现形式为主的基础知识与基本技能的教育，因而在教材内容的选择标准上存在不少争论。其焦点无非两个方面。一是什么样的作品能够符合浅易文言文的学习标准，即基本词汇与常用句式的掌握。但是，既然学习文言文，有些著名作品又不可不学。于是，在选材上如何把握文言文的难易、深浅便成了老大难问题。二是学习文言文也涉及文言文作品的体裁问题，但又不能过于艰深难懂。所以如何把这两个方面兼顾好，又构成了一个讨论的焦点。(瞿葆奎，1992)[314-320]

从这种讨论中可以看出，人们关心的重点是知识的掌握与阅读能力的培养，很少注意到汉语传统的内在文化价值。且不说“浅易”本身是个相当模糊的概念，在现有的教材中，作品的难易程度也依然是参差不齐、互列并存的。事实上，适当的难易相济不仅是正常的，而且是必要的。因为，对于课程内容的选择，我们不但需要注意其外在形式的工具性的价值标准，也必须注意其内在价值体现的价值标准，两者的结合是十分重要的。否则，即使我们在选材中进行了思想性上的好坏判断，加强了文道统一，但由于忽视其本身的传统价值，也只能使学习者得到一种思想情操上的感染，而难以使其感受到学科本身的魅力与价值。

思想品德类教材则呈现出另一种现象，即由于过多考虑传统的外在时代根据，而较少注意其内在的理论价值，因而很少提及传统的东西，即使提及也是在个别处一带而过。如此，学习者难以了解到自己民族的传统，知道的也只是些片砖碎瓦。在这种传统价值支离的状态下，如果我们感觉到年青一代身上存在对民族传统的淡漠和民族感的缺失，大概也就不足为怪了。

工具性的价值标准不仅限制了教学内容，而且相应地导致了教学方法的单调与枯燥，难以激发学习者对传统文化的兴趣与关心，更难以与现代文化发展进行沟通，以及保证在行为变革中的文化归属感。

因此，在课程编制中，我们不仅要对现代文化进行“加工制作”，还应对传统文化进行必要的“加工制作”，由此来改进教学效果。这在教学中可呈现为四个相互联结的环节：通过了解传统文化的基础知识与基本技能，进而把握其内在的传统价值，并在此基础上加以对传统文化与现代文化之间的衔接问题的探求，从而形成具有民族归属性的行为变革。

从这个意义来看，传统文化在人文课程中的设置，不仅涉及教育目标、课程内容及教材教法的改革，而且对提高教师的传统文化素养提出了新的要求。

第二节　课程变革的文化处境

讨论课程变革的文化处境，当然要涉及历史，那么该怎样讨论呢？在目前的改革中，首先要考虑的是任何课程或知识体系都不具有普遍性，它们首先是以自身的历史文化为基础的。当前我们热衷于采用所谓国际先进的知识体系，包括一些大学搬用的各种西方课程体系。一方面，我们想去接受国际前沿的知识体系；另一方面，我们也要考虑知识体系有没有本身的文化价值取向，如果没有，或者说它完全是价值中立的，我们当然可以说它是无国界的，但实际情况并非如此。我们常常说科学是无国界的，然而科学背后的价值，恐怕就不能说是中立的；事实上，科学总是受特定历史条件、政治及文化倾向的影响，人文知识及其课程更是无法摆脱其所处的文化语境及其思维方式的影响。

由此就会引出一个问题，如果说课程知识体系背后的价值取向并非中立的，那么我们在搬用国际前沿的课程知识体系时，会不会自觉地放弃了知识创新的权力，会不会随手抛弃了自身知识所特有的文化特征及教育价值？这样一种“拿来主义”对于民族本身的知识创新或本土文化处境下的课程变革究竟是有利还是有弊，是利多弊少还是弊多利少呢？也许考虑这种利弊问题只是在做工具理性的判断，如果从价值理性的角度来看，那么这种知识体系在本土的文化处境当中到底是一个真实的知识体系还是一个伪知识体系？对于价值，必须考虑其真伪的问题。

这里涉及的问题很复杂，比如对于工商管理硕士课程，我们似乎认为“管理模式”在全世界都可能适用，然而事情并非如此。在一种文化处境中，它可能是一个真命题，但是换一个文化处境，它就可能是个伪命题。这一点非常值得关注。如果从后殖民主义的角度来看，今天那些所谓先进的知识或课程不需要借助“坚船利炮”就可以进来，我们并不是站在狭隘的民族主义立场上考虑问题，但从文化的角度来看，今天面对外来知识体系的涌入，我们是否已“自觉地被殖民”？由此产生的问题，也许现在还很难做出准确的回答，但至少是值得我们深思的。

任何课程或知识的发展和创新实际上都必须考虑本土的文化处境，因为课程的内涵绝不是什么“价值中立”或“文化无涉”的纯粹客观的知识活动。我们只有在全球文化与地方知识的互动过程中，才可能寻找到一条具有自身文化特征、适合自我发展实践的知识创新途径，而且只有这样，才可能获得持续创新的可能性。

新文化运动时期曾流行过“拿来主义”，其目的是用西方文化来冲击中国的陈旧传统。“拿来主义”本身并不是新文化运动时期那些先进人士所采用的根本方式。在今天，“拿来主义”同样也行不通，我们不可能用西方或国际的知识体系来完全替代自身的知识体系。课程变革的内在核心是知识变革，而从文化的角度来看，知识变革的首要问题是价值取向问题，后者又必须落实到民族文化自身的思维特点和生活方式上。如果说文化是生活方式的总和，那么需要考虑的范围就更大了。但即使说文化是生活方式的总和，它也不可能包罗世界各地各种各样的生活方式，相反，文化总是有自己的针对性，这个针对性就是指文化总是落实在特定的环境中。

就这一点而言，我们并不是要排斥外来的知识体系，而恰恰要思考如何融合外来的知识，并且在外来知识与本土知识的互动过程中建立自己的课程体系。对此，我们必须有清醒的认识和文化的甄别，必须考虑自身文化处境中实践的可能性。在这方面，我们可以看一些具体的事例。

一、语言与学习方式

首先来看1922年的学制变革。总是有人认为，当时的新学制建设是在抄袭美国的“六三三制”，但是，只要我们仔细梳理当时的文献记录，就可以看出，事情并非如此简单。在晚清，小学学制最早是九年，然后改为八年、七年，到1922年讨论学制变革时，开始酝酿是否改为六年。我们不可否认，像胡适这样的前辈学者的确深受西方尤其是美国文化的影响，但恰恰就是这样一个人物，他提出小学可以改为六年时，却不是从美国的学校制度出发，而是立足于对中国自身的文化变革经验的分析。

对中国当时的文化处境做出分析之后，胡适提出了一个强有力的理由。在他看来，必须考虑的文化处境就是新文化运动，而新文化运动当中有一个非常重要的趋势，如果从语文方面来说，那就是新语体的产生，也就是从文言文走向白话文，后来又被称为“大众语文”。对于小学教育来说，母语学习总是被放在第一位的，任何国家都是如此。在学习母语时，文言文的难度显然是很高的（今天人们似乎也有这种感觉），但是变成了白话文之后，语文学习的难度降低了。语文学习发生了“根本的革命”。之所以说白话文的运用是“革命”，是因为语言是文化的载体，文化变革中重要的一点莫过于文化载体的变革，语言上的变化对文化产生的影响是决定性的，其意义不仅仅在于引发了新文学代替旧文学，更在于变革了文体或语体，也正因为这样，它影响到教育尤其是母语教育后，会引发学制的缩短。

胡适提出的恰恰是这一论点。在他看来，在这种语体变革的基础上，我们完全有理由把小学学制缩短为六年。也就是说，胡适是在考虑中国自身文化处境的基础上，并根据中国本土的文化状况来判断是否接受美国的经验，然后才提出小学六年的学制计划的。当时还不仅仅是在吸收美国的经验，实际上在这之前，广东省教育会就很仔细地梳理了欧洲的学制，从中寻找合理的因素，认为应加强中等教育。中等教育对于初等和高等教育而言，是一座非常重要的桥梁，所以加强中等教育，对于提高国民素质以及将来发展高等教育都具有重大意义。

当时我国的确是在学习欧美教育体制的前沿经验，但在小学学制改为六年这一点上，实际上胡适说的很有道理。我们可以想到，如果没有新文化运动和文体变动，小学的学制变革大概就不会有充足的文化理由。学制变革是整个教育变革的枢纽，在胡适这里，学制变革不是在制度形式上追随西方，而是有对本土文化处境的分析作为基础，毕竟形式是由内容决定的。

下面让我们转向一个科学教育领域的事件。密歇根大学社会研究院（ISR）的心理学家尼斯贝特（R. Nisbett）及其他西方知名学者就此展开的讨论值得我们注意，因为其基本视角恰恰是民族思维方式对于科学学习的影响。在《思维地理学：亚洲人和西方人思维方式的不同……为什么》中，尼斯贝特和来自中国、韩国和日本的同事们运用实验、历史和社会方面的证据进行研究，力图发现来自东方文化圈的东亚学生与美国学生的认知风格差异。其中有一个实验，他们让这两类学生观察池塘，结果美国学生多把注意力放在池塘里的鱼上，如有一条大鱼游在前面，他们会说："看起来有一条鲑鱼正游向右边。"而东亚学生则倾向于关注池塘周围的情况，他们会说："有一个湖或池塘。"（Nisbett，2003）[90-91]在另一个实验中，他们发现，美国学生对矛盾的反应是使他们彼此的信念两极分化，而中国学生对矛盾的反应是使他们彼此的信念得到中和。同样在这个实验中，让学生在一个给出的情景中做出关于该如何行动的预言时，韩国学生更可能引用情景因素，而美国学生更关注行为的人格特征。据此，尼斯贝特认为：

> 西方人持有分解的观点，注意焦点集中在显见物体及其属性上；而东方人则持有整体的观点，注意焦点集中在物质的连续性和环境中的各种关系上。（Nisbett，2003）[82]

而且，西方人解决问题时鼓励在领域中进行关系探索，并强调原子论的和以规则为本的方式，这可能是导致差异的原因。

这一跨文化研究显然意在提醒人们应该考虑科学学习过程中的文化及

思维方式的差异。

众所周知，在中国的科技史上，发展得最充分的是观察科学，其典型代表是天文和历法，从这一点来看，可以说，我们民族的思维方式是比较直观的、整体的。即使是思辨性较强的《易经》，也是以直观的思维文化作为基础的。从表面上看，《易经》似乎确实有些“符号逻辑”的味道，所谓“阴爻”“阳爻”，用“阴爻”“阳爻”组成“八卦”，然后用八个“单卦”组成六十四个“复卦”，但这些符号所包含的意义却是“阴阳消息”，从阴到阳，从阳到阴，用来解释自然的季节变化和消长。而阴阳又代表天、地、人“三才”的构成，内含阴阳和合、男女交媾，由此产生自然、社会。这些都是从非常直观的角度来考虑问题，所以通过“八卦”，可以仰观天象，俯瞰人文。尽管这里没有区分所谓自然的法则和人文的法则，但中国的思维就是如此。

中西方的思维差异在绘画中表现得更为明显，中国绘画乃是散点透视。例如，画一个立轴，山上能看见，水中能看见，房子里也能看见，是全方位的散点透视。以文艺复兴时期达·芬奇为代表的西方绘画是焦点透视，并且建筑在解剖学的基础之上。两者相对比，中国的艺术思维更注重整体，而西方的艺术思维更重局部细节。如此例证，在宗教、医学等方面还有很多。

这是因为不同的民族文化孕育了不同的数学方法，而文化是不可替代的。有人指出，民族数学就是研究在各种特定的文化系统中数学是如何产生、传播、扩散和专门化的（Gerdes，1996）[909-930]。民族数学研究的倡导者巴西数学史学家达·布罗西欧（ U. D' Ambrosio）认为：

> 民族数学来源于这样的认识，即每个文化部落都会产生它自己的解释、理解和处理现实的方式方法，并把这些方式方法传递、组织成技艺，把它们发展为真正的杰作，在部落中传播，一代代地改进和传递，于是，每个文化部落揭示的是独特的民族数学。（D'Ambrosio，1998）[520-521]

而且，民族数学方法的特征之一，是把深入社会的文化历史之中作为思考和实践的源泉，它常常能开辟对数学或科学所持的普遍观念和实践做批判性思考的道路。因此，他呼吁建立民族数学计划。

> 从本质上说，民族数学计划就是研究产生、组织、传递和传播乃至使用这些专用术语、代码、说理风格、实践活动、结果和方法的。(D'Ambrosio，1998)[526]

这似乎也在提醒我们应考虑今天的课程变革的文化依据以及知识的文化特征及其背后的思维方式特征，并由此展开对自身民族文化处境历史的考察。

二、教学传统的比较

任何知识教学的发展和创新实际上都必须考虑本土的文化处境，因为教学绝不是什么“价值中立”或“文化无涉”的纯粹客观的活动。我们只有在全球文化与地方知识的互动过程中，才可能寻找到一条具有自身文化特征、适合于自我发展实践的教学创新途径。

道德教育是中国传统教育的重心所在，孔子就是一位伟大的道德教育家。孔子从他的“仁”学出发，提出了一系列道德教育的原则与方法，深刻地影响了中国的道德教育。孔子十分重视启发教学，所谓“循循然善诱人”（《论语·子罕》）。孔子在道德教育上所提倡的诸如自省外察、以身作则、改过迁善等原则，对传统道德教育的发展有过重大影响。在使学者接受道德知识上，《论语》中的大量例子说明孔子是运用问答法来帮助学者由浅入深地逐步掌握道德知识的。比如：

> 子贡曰：“贫而无谄，富而无骄，何如?”子曰：“可也。未若贫而乐，富而好礼者也。”子贡曰：“《诗》云：‘如切如磋，如琢如磨’，其斯之谓与?”子曰：“赐也，始可与言《诗》已矣！告诸往而知来者。”（《论语·学而》）

孔子主张在教学中“不愤不启，不悱不发”（《论语·述而》），强调在学者未思考通晓时才予以指导，在学者无法表达时才予以明确概念。

苏格拉底同样是一位伟大的教育家。他也十分注重道德教育，并采用了对话法。克塞诺封在他的回忆录中举例说：

> 如果有人反对他的意见，却说不出什么确定的道理来，例如毫无证据地肯定某人更聪明，或者办理政务更熟练，或者有更大的勇气，或者在某个方面更好，他就会以下面这种方式把整个议论引回到根本问题上来：“你说你推荐的那个人是一个更好的公民，比我推荐的人好？”“我是这样说。”“我们为什么不首先考虑一下一个好公民的义务是什么呢？”“我们来考虑一下吧。”“是不是善于理财而能裕国呢？”“毫无疑问。”“是不是效命疆场而能克敌制胜呢？”“当然。”“是不是奉命出使而能化敌为友呢？”“没有疑问。”“是不是向人民演说而能排除异议、使人民齐心协力呢？”“我是这样想的。”这样把讨论引回到基本原则上之后，就使反对者明白真理了。（北京大学哲学系外国哲学史教研室，1981）[60]

由此可见，在这种问答中，苏格拉底所追求的方法是，让人们从确认一些公认为真理的命题出发，做出自己的推理、判断。

如将孔子与苏格拉底加以比较，我们可以看到，在教学中运用对话法进行启发教学，这是二者的相似之处。从理论上讲，教学本身不仅仅是一种平等的交流和知识共建，更是基于共享性思维方式的建立而促成的价值共建。孔子与苏格拉底都遵循了这样的教学原则。

孔子与苏格拉底都强调逻辑上的开放性，而且对这种结局并不予以积极强化，以避免任何强制性。其意义就在于使学者在明白全部事件后，“自然地”重构整个事件，而当这发生，就能避免灌输。这是一种教的艺术，它不遵循教的直接的逻辑连贯性，而是像一个懂讲故事技巧的人，会用倒叙、伏笔等手法来重新安排故事顺序。

而细究之，二人的方法还存在一些差异。首先，孔子的方法虽然重视启发，但有个角色期待的问题。学者是作为提问者与未知者的角色而期待着已知者的答复，在教学关系中处从属地位。他的主动性体现在不断地提问上，在道德教育过程中，他仍然是一个被动的接受者。由此，这种表面上的平等有可能掩盖了事实上的不平等。这种教学方法取向来源于中国社会文化经验的传统，如尼斯贝特所言：

> 中国的主要道德制度——儒家思想，实质上是对皇帝与臣民、父母与子女、丈夫与妻子、哥哥与弟弟以及朋友之间所承担的义务的详细阐述。中国社会使个人感到自己是一个庞大、复杂且普遍良性的社会有机体的一部分，在这种社会有机体中，明确的相互义务可作为道德行为的指南。在一个有组织的、分级的系统中执行指定的角色是中国日常生活的精髓。(Nisbett，2003)[6]

而在苏格拉底的方法中，对学者不存在角色期待。在对话过程中，学者作为答复者，既是未知者又是已知者。他是讨论的参与者，因而他的主动性能得以充分发挥，也就能使自己摆脱被动或从属的角色地位而获得平等的待遇。这种教学方法同样可以用社会特性来解释。

> 是希腊人还是希伯来人发明了个人主义，这是一个有争议的问题，但是毫无疑问，希腊人将自己视为具有独特属性和目标的独特个人……。希腊人的代理意识激发了辩论的传统。荷马清楚地表明，一个人的辩论能力几乎与他作为战士的能力一样。(Nisbett，2003)[3]

其次，孔子的方法仅仅局限于问与答，即已知者对未知者的答复。如果说学者能够明了某些道德真理的话，那么这种认识是从教师的答复中获得的，这些道德真理是教师告诉他的和向他证明的，学者由此展开自我认识的过程。因此，我们很难断言这种方法排除了一切说教或灌输的可能性。

而苏格拉底把这种问答引向辩证法，他注意到“辩证”这个词导源于人们的一种活动，就是聚在一起讨论问题，按对象的种属加以辨析。因此他认为每个人都应当下决心掌握这种艺术，下苦功去学习它，因为一个人凭着它的帮助，就能成为最有才干的人、最能指导别人的人和讨论时见解最深刻的人。

所以，苏格拉底的方法是讨论而不仅仅是问答。他努力营造一种平等讨论的气氛，通过双方对于某种道德真理的解释、演示、证明等，使这种道德真理的确立成为学者自我证明的逻辑推理过程，从而构成自我的道德认识，在本质上使道德的培育变成一种智力活动，使避免说教或灌输成为可能。

最后，我们怎样保证学生能够学到保证社会延续所必需的知识呢？这是每个教育者所面临的基本问题。关键是采用说教、灌输或者其他什么方法的问题。美国当代教育哲学家麦克莱伦（J. E. McClellan）的回答是，通过智力活动的途径来实现。所谓“智力活动”，即通过教与学双方对知识的解释、演示、证明等互动过程，双向建立或确认某些知识。这与说教或灌输具有质的区别，其内在依据则是对教学特性以及教学本质的认识。（McClellan，1976）

但是，正如霍尔（D. Hall）与阿姆斯（R. Ames）所说：

> 使我们获得自我认同的最好方法不是普遍的自然规律或逻辑范畴，我们的属性源于现实的社会与政治生活经验。（Hall et al.，1999）[151]

其中当然也包括教育生活的经验。

而在史华慈（B. Schwartz）看来，在西方传统中，知识的获得是超越经验世界的，强调通过推理能力和抽象的概念形式，依靠严谨的逻辑演绎过程。而儒家的知识起源于“零乱具体的生活经验，是经验知识的累积；其次，儒家知识还包括一种能力——个体将这些具体的知识与自己的经验紧密结合起来的能力”（Schwartz，1985）[89]。

因此，孔子与苏格拉底的教学传统，归根结底还是受其文化语境及其思维方式的影响。

道德的培育（或教育）就在于召唤个人运用理性和依靠自律，它要求个人在成熟和正常的情况下，做出自己的决定——虽然也可以有人指导，甚至激发他去思考，寻找他做出自己的决定所依据的原则或所要达到的目标。一言以蔽之，道德教育旨在促进社会各成员理性的自我指导或自我决定。在教学中也是如此，我们不仅要将规范知识与个人的认知结合起来考虑，而且在其现实性上，要谋求知识认知的他律与自律的统一，促使他律向自律转化，进而在自律的基础上，使规范知识富有真实的实践意义。但是，作为教育者，我们的任务不仅仅包括对教学问题做正确阐述，也应当包括对影响教学的内外诸因素做分析，如此才能使根植于自身文化土壤的教学变革成为可能。

三、基本假设与结论

以上分析包含了两个基本的假设。首先，虽然就中国当代的课程及知识体系而言，其中的本土色彩与20世纪初期相比显得有所弱化，但是当代中国的课程变革仍然是在中国的历史文化语境之中进行的，并没有（而且不可能）在“搬用”西方先进知识的同时，将西方或国际的社会文化语境也“搬迁”过来。课程变革要接受西方知识体系，必须考虑本国的历史文化处境。

其次，当代中国的课程变革依然无法回避本土知识与全球文化之间的矛盾，立足于本土文化处境的课程变革在处理本土知识与全球文化的关系时，乃是致力于将二者有机地融合在一起，寻求建构一种凸显本土文化价值因而能够赢得其他文化尊重的课程体系。倘若仅仅从“工具理性”的角度予以处理，虽然可以回避或消解本土知识与全球文化在价值理性层面的紧张，但是这一做法的代价却是遗忘本土知识的历史文化处境与教育价值取向，进而消解本土知识的文化优势，而这种文化优势恰恰就是我们在国际教育对话中借以立足并显示自身知识价值的根本资源。

事实上，就遭遇外来文化的猛烈冲击这一点而言，胡适那一代中国学者至今仍堪称体验最深的一代，恰恰因为这样，他们在思考课程变革时非常强调从本土的文化处境出发。当然，他们这样强调，并不是为了在外来文化面前“死守”中国文化的内在精神及其对于人生的教育价值，而是为了在了解本土文化处境的基础上，设计出具有中国文化品格的现代课程体系。我们只要考察一下当时学者开展的课程变革活动，就不难发现这一点。比如，陈寅恪在设计史学课程时，就没有完全“搬用”西方史学课程的知识结构及教育理想，而是立足于中国传统的史学教育文化（包括求知宗旨上强调考察中国历史中的文化精神，研究方法上侧重“涉身处境”地去体验历史，以及在教育价值取向上突出传统的品格陶冶，等等），然后再吸收西方史学中的现代方法，用以完善自己的历史课程设计，从而为世界贡献了一种既具有现代水平又内含中国文化精神的史学课程。（Zhou，2003）

最后需要强调的是，“课程的文化处境”这一论题的提出，除了意指课程改革必须考虑自身的文化处境之外，还意味着理解并尊重本土知识的教育价值。在与世界课程对话时，我们不能放弃自身所拥有的文化资源。或者可以说，尊重历史文化价值本身，也意味着对于他者文化的尊重以及对现实变革的尊重。

第三节　中国教师专业发展的文化解释

随着中国改革开放的不断推进和全球化的发展，中国教师专业发展的进程也受到了前所未有的重视，成为学校教育发展的一个重要组成部分。然而，在融通世界潮流、进行本土探索的实践中，如何寻找中国教师专业发展的文化理由以及如何确立发展的可行路向，却是为人忽视的方面。这里力图从中国教师专业发展实践中的两种典型方式出发，给出一种文化的解释，并为中国教师专业发展提供必要的分析基础以及基于中国实践的经验分享。

一、两种典型方式

在中国，公开课（也被称为观摩课、展示课）是普遍存在的教学活动，涉及学校、地区甚至全国等各个层面。在学校情境中，公开课具有两个方面的作用：一是为教师搭建展示自我的舞台，使骨干教师和名师在这种环境下脱颖而出；二是给普通教师树立样板，为教学提供优秀案例。在这个意义上，公开课已经成为一种教师专业发展机制，并成为中国许多地区教师晋升的一个必要条件。

不可否认，公开课是国家教育系统对教师教学工作进行业务指导和评估检查的平台之一。课堂公开化也成为对教师的专业生活进行督察的一种手段。但在学校情境中，除了督察型的公开课，还有很多竞争型、展示型、研究型的公开课。尽管这些公开课同督察型公开课或者通常的课堂一样，从教材到教学理念都渗透了国家意志，但其对于教学探究、革新的作用是实实在在的。在这些公开课中，个体教师的精心设计和教师们的群策群力以及教研员的指导，构成了集体智慧的结晶。它一方面为实践和探索新的教育教学理念、教学方式方法等提供了必要的途径，另一方面则为参与的教师提供了一个共同成长的机会。

可以说，公开课已经成为一种与教学相联系的教研制度，并成为教师探究课堂教学的专业生活方式。尽管教师在专业上的成长不仅仅借助于公开课，但公开课这一制度对于学校情境中教师专业发展的重要性已得到公认，其既有利于个体教师的专业发展，对于教师之间的专业合作也具有实践意义。

教师间的互相观课和指导已经被认为是一种有利于教师持续获得专业发展的有效途径，由此成为改善教学质量的重要因素。当同事之间相互开放自己的教室，教师就有了切磋教学问题的伙伴。可以说，教师之间在教学上的开放和互相支持正是发展优质教育的重要资源。

在中国，集体备课、集体听课和集体评价是比公开课更为常规的教研活动。这种做法已经是传统。在20世纪50年代所建立的统一教学研究管理制度中，无论是年级备课组还是学科教研组，其主要的活动即是组织教师集体备课、集体听课和集体评价，提倡教师之间共同分享备课资料和集体体验课堂教学的效果。至于基于U-S合作的专家与中小学教师围绕课堂而开展的交流，已经成为大学教师和中小学教师之间形成的良好合作伙伴关系的一个组成部分。

除了以上活动，个体教师之间的相互指导，也有相当的基础。比如在学校中对新教师予以传、帮、带（即老带青）的做法，一直延续至今，成为中小学培养初任教师的专业传统。

进而，在教师专业发展的合作文化方面，强调加强教师之间在课程实施等教学活动中的专业对话、沟通、协调和合作，共同分享经验，通过互动彼此支持，建设优秀的教师团队。可以说，中国已经具备了良好的基础。

早在1957年1月，教育部就针对加强学校的教学工作颁布了《关于中学教学研究组工作条例（草案）》，要求各地试行。这个条例共有八条，其中规定教研组的任务是组织教师进行教学研究工作，总结、交流教学经验，提高教师思想、业务水平，以提高教育质量。条例还对教研组的工作内容、组织领导等做了规定。(中央教育科学研究所，1984)[188]这是建立统一的教学研究管理系统的重要措施，也是学习苏联经验建立统一的教学制度的结果。自那时起，中小学逐步并全面建立了学科教研组，主要在同年级建立备课组，由每门学科各个不同年级的备课组共同组成该学科的教学教研组。各地也建立了相应的教研室，由此形成了一个纵（学科教研组）横（年级备课组）结合的统一的教学研究管理系统。其主要任务是制定学年、学期、每周甚至每一节课的备课和教学计划，在教学的要求、进度、要点、作业练习等几个方面达到统一，保证一定的教学规格。尽管从今天来看，这种合作的宗旨是相当行政化的，强调统一规格的教学规范，但它为教师之间的专业合作奠定了组织基础。

毋庸置疑，从学校发展的角度看，校长是关键角色，但是在日常的教学实践中，教师团队的专业领导也同样重要。在教师团队工作中，教师其实更为经常地轮流扮演领导角色，如自行组织教学讨论、自行进行示范教学、自行决定研究内容、集体相互质疑和评价、共同承担发展的责任。这实际上也是在实践多种教学领导方式和实现专业自我引领。很显然，强调教师之间的合作精神是教师团队工作的核心，也正是教育领导的核心内容。其鼓励一种来自教师内部的相互促进教学成长的合作方式，而不是来自外部的或行政式的评价方式，所以更容易为教师所接受，并且能够激发教师在教学创新方面的内在潜能和动力。这不仅仅是一种教师合作的方式，而且是一种促进教学的有效的学校内部组织方式。

专业团队合作是从中间层面出发，通过教师之间的专业合作推动学校教育教学整体质量的提高，更重要的方面是最大限度地满足在学校环境中每个教师的专业发展需要，促进教师个体在专业态度、知识和能力等方面的发展。

为此，教师专业合作的主要内涵是，最大限度地满足在学校环境中每个教师的专业发展需要，强调教师之间的专业对话和合作，营造教师之间专业合作的精神面貌和氛围，在学校中打造一支优秀的教师专业发展团队，从而推进每个教师在专业态度、知识和能力等方面的发展，提高课堂教学的质量，提升整个学校教育的水平。

二、文化的解释

从国际上的研究来看，教师的团队工作是推进课程教学的重要方式之一，已是一种共识。如有研究认为，教师的团队工作可以分为：教师组成一个小组或几个小组以检查学生的学习状况（例如，共同研究学生的作业和评价数据）；教师把检查的结果和他们的教学结合起来进行分析（例如，教学实践）；提高教师个人的教学水平和教师整体的教学水平（例如，形成教学团组）。在那种注重个性化或彼此对立的学校文化环境中，教师之间缺乏合作，容易各自为政。（Newmann et al.，1995）[30-32]国际上提出的“同伴互助”（peer coaching）理论，则提倡教师共同工作，形成伙伴关系，通过共同研习、示范教学以及系统的教学练习与回馈等方式，共同学习和改进教学策略，提升教学质量。（Joyce et al.，1982；Showers，1985）

可以说，教师的专业价值观关注的是教师在通过教育推动社会发展过程中所扮演的角色及其专业态度，认同教师即学习者，重视教师之间的同伴互助、相互依赖和相互欣赏以及互相支持和合作。

我们由以上研究可以看到，公开课活动与教师团队工作是两种密切相关的教师专业发展方式。

应该说，在我国公开课活动有文化传统的支撑。比如，儒家文化把个体人格理想的实现和价值的体现看作一个经过社会转化的过程，即个体价值的确立要经由社会的承认，因此非常在乎社会性的评价。这同西方文化强调个人主义以及在社会性活动中所谓的个人隐私，有着很大的取向差异。

比如，在个体教师的层面，公开课在某种意义上成为一个发展平台，同时也成为一种个人价值的实现途径。尽管有着对于公开课带来的压力的抱怨，但能够上公开课依然意味着一种对个体价值的肯定和荣誉。这个平台更是为骨干教师和名师提供了一个“成名”的机会。即使学校为什么这样热衷于推出名师，并把名师作为不可或缺的学校旗帜或说“标签”“品牌”，也许是一个值得追问的问题，但公开课成为“成名”的机制，恰恰证明了今天中国教育对文化传统的承继和延续。

中国的教师对公开课抱有更为开放的态度，这也可以在中国书院教育中得到印证。如鹅湖书院就有历史上著名的鹅湖之会，体现了教育与学术的相互砥砺。而书院允许各方人士前来听讲，便成为中国教育历史上的一种典型现象。

在西方文化环境下，观课也许不像在中国那样容易推行。如果我们能够注意调整公开课活动的真实目的和目标，一个良好的观课文化环境必将为教师之间的专业分享和合作提供巨大的动力。

尼斯贝特在研究中认为，每个社会的知识层面是能够用其社会特性来解释的。如从历史传统来看，希腊人把自己看作唯一的个体，有着与众不同的特性和目标。中国人的关键词是和谐，每一位中国人首要和首先是一个集体的成员，如宗族、村庄的成员，尤其是家庭的成员。在中国，个人并不像希腊人那样是一个跨越社会框架、保有独特个性的单位，而是与其他人发生联系时所担当的角色的总和。在中国，个人的权利是他对作为整体的社团的权利的“分享”，而不是任性而行的许可证。(Nisbett，2003)[5]

尼斯贝特在研究的基础上，做出了如下概括（Nisbett，2003）[44-45]：

- 关于注意与感知的模式：东方人更多地注意环境，西方人更多地注意物体，东方人比西方人更有可能发现事物之间的关系。
- 关于世界组成的基本假设：东方人看到的是物质（substances），西方人看到的是物体（objects）。
- 关于环境控制能力的信念：西方人比东方人更加相信自己能够控制环境。
- 关于静止和变化的默认假设：西方人看到的是静止，东方人看到的是变化。
- 关于对事物解释的偏好模式：西方人关注的焦点在于物体，东方人则网罗了整个环境。
- 关于组织世界的习惯：西方人喜欢分类，东方人更强调关系。
- 关于形式逻辑规律的运用：西方人比东方人更加倾向于用逻辑规律来理解事物。
- 关于辩证法的应用：当面对明显的矛盾时，东方人更倾向于寻找中庸之道（the Middle Way），西方人更倾向于坚持自己不同于别人的信念的正确性。

他还进一步概括指出，西方人的认知模式是线性的，而中国人的认知模式则注重关系（见图 4-1）。

上述概括也许有些简单，也不算新鲜，与许多同类的研究具有共性，但是从中我们依然可以看出，所有的这些区分实际蕴含有文化价值上的不同取向和判断，而对于社会发展中的个体和群体价值的不同观察视角，的确在相当程度上决定着或左右着教师专业发展的路向和方式。

也许我们可以这样理解，西方所实践和思考的如教师团队工作、同伴

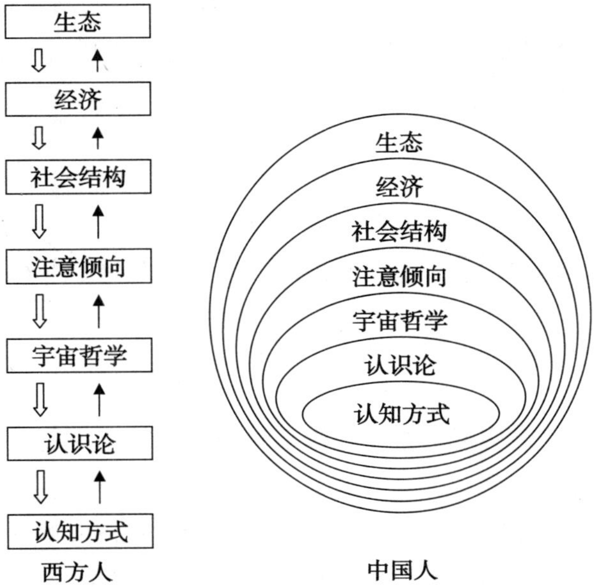

图 4-1　中西方认知模式示意图（Nisbett，2003）[33]

互助和合作等，是从自身文化特点出发的，之所以提倡是因为本身的文化有某种缺失；而中国人之所以赞同，并结合自己的经验付诸实践，却是基于自身文化的自然禀赋。中西方虽然都认为教师相互观课和教师专业合作是教师专业发展的重要途径，但在实践中呈现出不同的文化底蕴和行动方式。而这不仅有利于中国对于自己教师专业发展理论与实践的深入反思，也将成为国际教育发展中的重要分享资源。

我们相信，文化上的解释在理性地思考教师专业发展的可行路向方面是不可或缺的，但也不是唯一重要的。更重要的是，我们在这样的思考基础上，还应该实质性地推进实践的变革。我们必须清醒地意识到，公开课不是为了迎接上级督导或者为了赢得竞争，而应成为教师在学校情境中的交流平台。教师的专业成长不可能仅仅发生在人工搭设的舞台上，而且应存在于教师的日常专业生活中。从教师专业发展或行动研究的本质来看，公开课应成为激发教师专业发展动力的手段，这样才会对课堂教学产生实际的效用。在今天，如何延伸这种做法，使之成为教师之间日常的互相合作和经验分享、交流，则是观课文化和教师合作文化发展的一个重要取向。只要我们能够理清自身的文化理路，教师专业发展必将呈现自身的文化特色，而成为可以分享的教育资源。

第四节　全球视野中的中国教育

20 世纪 80 年代以来，人们纷纷用“全球化”这一概念来指称 19 世纪中后期随着经济贸易的持续扩张而在世界范围内引起的一系列经济、政治、社会、文化及教育的跨国交融趋势——所谓“全球化趋势”。在这一理论潮流中，全球化视野最初常常意味着以“西方中心主义”为基础，提出这样一些考察命题，比如“全球化的表现”“自由市场资本主义在世界的扩张”“世界的紧缩及全球整体意识的集聚”“全球文化的形成”等等。与这种西方中心主义的单线思路不同，另一种全球化视野则是从二元或多元的维度，考察政治、经济及文化全球化进程中的紧张关系及其影响，尤其是后殖民理论，更是突破了以往那种描述西方文化在全球不断推行的叙事模式，旨在通过重新考察历史揭示西方与非西方世界的文化作用关系，发起对西方“文化霸权”的批判，使非西方国家在全球化进程中挺立自己的本土认同。

与上述这些从经济模式（资本主义）与“文化霸权”出发勾勒全球化的理论探索相比，我们则把全球化进程理解成多重文化共存并相互作用的处境，而地方社会在此处境中的命运并非只有接受“西化”或走向“灭亡”，而是使多重文化在地方社会达成有机融合，同时地方社会在融合多重文化的过程中实现其在全球化时代的新生。正是立足于这种全球化视野，我们在此提出，从全球化视野出发来研究中国教育、将中国教育置于全球化进程中加以探索，意味着从历史的角度考察中国近现代教育改革者如何在多重文化共存的复杂语境中通过融合中西文化缔造中国现代教育，进而揭示在此过程中形成的“中国现代教育传统”。这种考察不仅可以从历史的角度丰富当前国内教育学界探讨全球化与中国教育之互动关系的理论积累，而且能够为中国教育在当前的全球化进程中建构自主的国际对话以及为世界其他国家与中国在教育文化交流领域达成和谐互动提供有益的历史经验。

一、西方学术界的全球化视野及其理路

马克思、恩格斯在《共产党宣言》中说过的一段话常常被探讨全球化的学者引用，其意图在于强调全球化的历史进程至少从 19 世纪上半叶就已开始启动①，而且这一进程赖以启动的文化动力乃是“资本主义”。

> 资产阶级，由于开拓了世界市场，使一切国家的生产和消费都成为世界性的了。……它们的产品不仅供本国消费，而且同时供世界各地消费。旧的、靠本国产品来满足的需要，被新的、要靠极其遥远的国家和地带的产品来满足的需要所代替了。过去那种地方的和民族的自给自足和闭关自守状态，被各民族的各方面的互相往来和各方面的互相依赖所代替了。物质的生产是如此，精神的生产也是如此。各民族的精神产品成了公共的财产。民族的片面性和局限性日益成为不可能，于是由许多民族和地方的文学形成了一种世界的文学。(马克思 等，1995b)[275-276]

全球化进程从西方资产阶级最初开拓世界市场的时候便已开始，但当时很少有人像马克思、恩格斯那样从“经济”的角度分析西方资产阶级启动全球化进程的动机，并预言世界各国只有走出“民族的片面性和局限性”，才可以适应愈演愈烈的全球化历史趋势。以当时的中国为例，晚清帝国的统治集团便没有像马克思、恩格斯那样来理解其所遭遇的“变局”，

---

① 也有人根据华勒斯坦的“世界体系”理论，认为全球化进程开始于 16 世纪。

并因此付出了惨重的代价。而就西方学术界的状况而言，虽然“罗马俱乐部”曾于20世纪60年代提出“全球化”这一概念①，但西方学界真正兴起全球化理论探索的热潮却是在20世纪80年代中后期（倪世雄 等，2001）。

正如马克思、恩格斯是从“世界市场”的出现这一经济现象出发来展开自己的“全球化”论述，20世纪80年代的全球化研究也是以“二战”之后跨国公司在世界范围内的资本及市场扩张作为分析对象，并因此使得经济全球化这一命题首先成为全球化研究的热门话题。一些对跨国公司发展走向十分敏锐的经济学者纷纷提出“全球化”就是跨国公司的经济理念及其运作体系（包括弗里德曼的新自由主义经济思想、全球金融贸易规则以及生产体系、减少国家干预等等）在全球范围内不断扩展的趋势（杨雪冬，1999）。受这些言论的影响，西方许多政治家、新闻界人士以及普通大众对于全球化的理解都被经济全球化的视角束缚了，而经济全球化的诸多话语也因此在全球化公共论坛上占据了“霸权地位”。

罗伯森（R. Robertson）（也有人译为“罗伯逊”）曾参与20世纪80年代的全球化大讨论，并对经济主义的全球化话语的“霸权地位”表示过不满。在他看来，当时人们“主要根据来自工商研究视角的许多关于全球化的书籍、文章提倡的术语来理解”全球化实在是一件“不幸”的事情。罗伯森意在提醒人们注意，全球化是一个长期的历史过程，“它在不同时代曾含有许多目前已被边缘化的区域对世界作出的极其重要的贡献”，而经济主义的全球化话语只是在为跨国公司唱赞歌，它在理论上将全球化看成以西方为中心的过程，在实践上则会“无视”非西方世界的社会与文化经验。（罗伯森，2000）[中文版序言1-3]

据此，罗伯森提出了一个崭新的全球化分析视角，即“全球地方化”

---

① 也有人认为最早提出全球化理论的是“依附理论”学派，其代表人物阿明在1957年建构了世界资本积累和发展模式，认为资本积累是通过世界分工发生的，并导致了中心国家和边缘国家的不等价交换和剥削关系，不过，边缘国家仍有可能摆脱资本主义世界体系，形成自己的发展模式。参见：杨金海．全球化研究的历史、现状和热点问题［J］．哲学研究，1999（11）：7-12.

（罗伯森，2000）[中文版序言2]，它是指“全球化语境中的地方性”。可以看出，在罗伯森的视野中，确实存在着某种可以被称为“全球化”的现象或事物，但这些可以被称为“全球化”的东西并不是经济主义者所描述的那种“世界文化”（如“新自由主义经济”），而是在世界各个地方社会（民族国家）盛行的国际性的“参照结构”。“新自由主义经济”当然可能会成为这种国际性的“参照结构”之一，然而它绝不是某一地方社会（民族国家）的全部的“全球化事实”，而是和地方社会（民族国家）的其他国际性的“参照结构”一样，至多只是地方社会（民族国家）全球化事实的表层，在它之下，才是真正的全球化事实，即地方社会（民族国家）的各种力量通过参照国际性的“参照结构”，塑造着“各自的存在、认同与行为”。①

所以，全球化乃是发生在某一地方社会的错综复杂的社会文化现象（汤姆林森，2002）[15]，其中所涉及的是一系列亟待考察的经验与行为关系。罗伯森就这样把全球化“引渡”给了社会学。在罗伯森的倡导下，社会学视角的全球化研究逐渐在西方的全球化公共论坛上赢得了广泛关注（Waters，1998）[2]，人们不再把全球化看成纯粹的经济现象，而社会文化全球化也因此成为西方学术界的热点问题。罗伯森的全球化研究理路，即研究地方社会（民族国家）的各类“主体”如何在全球化的历史进程中塑造着“各自的存在、认同与行为”，更是被许多学者采纳，从而超越了西方全球化探讨的传统模式——从热情地拥护全球化这一立场出发，宣传某种普遍文化或救世做法（罗伯森，2000），并认为这种普遍文化能够成为“世界文化”。

从一定意义上讲，这种超越所反映的乃是学术立场的变化。如果说传统的全球化学者常常是在有意或无意地帮助西方经济及政治的主流势力说话，以至于使自己的全球化话语也成了资本主义经济、政治势力试图统一世界的强大行动的组成部分，那么以罗伯森为代表的全球化学者则是站在

① 类似关于罗伯森的全球化研究的理解，还可以参照汤姆林森（J. Tomlinson）在《全球化与文化》一书中的评论。本段引用的三个概念——“世界文化”“参照结构”“各自的存在、认同与行为”，均取自他的评论。

西方主流经济及政治势力的外围，以旁观者的姿态对全球化的历史进程进行跨学科的透视，他们首先关注的问题是如何客观地描述、分析全球化进程中的各种表现与结果。需要指出的是，从话语地位与权力来看，受西方主流经济及政治势力欢迎的全球化话语仍是按照前一种立场生产出来的。当然，这一点也不会对处于边缘的学者以旁观者的姿态考察全球化进程构成妨碍。西方学术界在全球化研究上的立场差异无疑从一个侧面反映了全球化时代西方社会的复杂性，这种复杂性恰恰是罗伯森等人的全球化研究试图探讨的核心主题，而传统的普遍主义者总是喜欢把全球化进程描述为某种单一性的文化在世界范围的逐渐推广，最终世界变成单一性的世界。

以上两种全球化研究的立场差异也使得人们很难把握到底什么是全球化，正如德里克（A. Dirlik）所言："全球化究竟是已被欧洲权力全球化了的资本主义现代性历史的最后一章，还是另外即将以任何具体形式出现的某个事件的开始，仍不甚清楚。"（德里克，1999）[4-5]或许唯一可以确定的依旧是罗伯森曾予以强调的观点，即必须跳出西方中心主义的全球化视野，全球化的内涵绝不仅仅是"欧洲权力"在世界范围创造"资本主义现代性历史"①。相反，就世界范围的全球化历史来说，其内涵远没有被充分理解，地方社会的全球化经验也是如此，而要想更深入地认识世界范围的全球化历史以及地方社会的全球化经验，显然必须勾勒新的全球化研究视角与理论路向。

就世界范围内的全球化考察而言，首先引起学界注意的无疑是政治学及国际关系理论领域的全球化研究，尤其是20世纪90年代以来，诸多被广泛讨论的全球化文献都是由西方的政治学者或国际关系学者创作的。在这些文献中，常常可以看见以下分析路径，即首先考察全球化时代的"全球问题"或"全球化现实"，然后探讨面对这些"全球问题"或"全球化现实"，国际政治、国际关系或其他层面应该做出怎样的调整。比如，布朗（S. Brown）1996年提出的"全球整体论"、弗里曼（T. Friedman）

① 就此来说，福山（F. Fukuyama）等人所谓"历史的终结"的言论无疑是在简化全球化的内涵及其丰富的可能性。

1999 年阐述的“全球化体系论”等等所采取的均是这种分析路径。在布朗那里，所谓“全球问题”，是指“从无政府状态到世界有序的治理、国际合作、战争与合作、财富与贫困、生态以及人权”，解决这些冲突与问题，需要成立超越民族国家的“世界政体”。(Brown，1996)[2-7]

毫无疑问，布朗的视野虽然转向了全球化的国际关系维度，但他所持的仍是普遍主义的理论路向，至于思考终点则是设计理想的全球化模型。弗里曼也是如此。他认为全球化研究应首先分析“经济（市场）全球化现实”对于各国“国内政治、经济政策和外交政策”的影响，接着探讨“民族国家、个人”如何与“全球市场”达成“平衡共存”，从经济全球化的现实中“获得好处”。在弗里曼看来，如果大家都按这样的思路来研究全球化，那么一个理想的“全球化体系”便会形成。很明显，弗里曼、布朗的理论有一个共同的假设，即世界必须成为观念一致、行动统一的世界，否则便无法解决全球化时代的全球问题或适应全球化现实。这一看似客观的假设其实仍是在告诫非西方社会，最好明智地在政治、经济以及外交上做出调整，以便融入美国主导的经济全球化现实，难怪法国《世界外交》杂志的编辑拉蒙内特（I. Ramonet）会指责弗里曼等人是在推行一种“新的极权主义”。(倪世雄 等，2001)

由此看来，正如经济学领域的全球化理论常常是在颂扬、传播“新自由主义”的经济文化，政治学视野下的全球化研究同样可能只是为了让整个世界都接受西方国家的政治理念与制度，真可谓“换汤不换药”。当然，在西方政治学领域，并不是所有的学者都选择了这种与经济全球化理论相互配合，共同努力将西方的政治文化、经济文化演变成“世界文化”的理论道路。这些另类的学者同样关注全球化的政治维度，但他们探讨的核心问题却是全球化时代的政治现实或全球化进程中的政治冲突。换句话说，与弗里曼等人从一元论（即西方中心主义）的立场出发建构统一的全球文化不同，他们则倾向于从二元乃至多元的维度考察全球政治一体化理想与地方政治现实之间的紧张关系，或者揭示政治全球化进程中西方世界与非西方世界的复杂关系以及西方世界对非西方世界的压迫与伤害。当然，无论从何种视角来考察全球化，这些学者的思考都是由真实的历史遭遇或现实经验引起的。

以史密斯（A. D. Smith）为例，他在研究全球化时之所以会勾勒出“全球主义”和“民族主义”二元对立的理论框架，便缘于他的现实经验。他注意到，虽然全球政治、经济的一体化进程一直在加快，但“民族主义并没有因此消亡，反而在20世纪的最后十年里呈现出自‘二战’以来最广泛、最强劲的势头”（Smith，1998）[xi]。由此史密斯提出了一个“二律背反”的命题，即“全球化时代的民族主义威力”，并以此来分析全球化进程（比如建立统一的欧洲）的难度以及为什么“我们不是在现代化和全球主义的力量中，而是在族裔共同体与族裔类型的历史与文化中寻找民族主义的力量与韧性”。（史密斯，2002）[中文版序4]尽管史密斯似乎有些夸大民族主义的威力，但他从“全球主义”和“民族主义”出发来考察全球化的政治维度，确实比那些西方中心主义的单一理论框架更能揭示全球化时代世界政治领域多重力量相互作用的复杂状况。

史密斯从二元文化（全球主义与民族主义）的角度透视全球政治演变的内在张力，从一个侧面反映出了西方人文社会学者跳出西方中心主义的全球化研究模式之后所可能采取的理论路向。在全球化研究的其他领域，探讨全球化进程中的紧张关系同样是热门话题——尽管探讨对象各不相同。比如汤姆林森的“文化全球化”研究便试图通过考察全球化的传媒与通信技术引起的“非领土扩张化文化体验”（即“坐在家里”便能形成“全球化的文化体验”），来分析地方文化与世界文化的联动与交融，进而“低调”地探讨“建立世界主义的团结一致的可能性”。（汤姆林森，2002）由这些理论构想出发，汤姆林森将个人日常生活体验纳入了全球化研究，提醒人们注意全球化时代日常生活体验的“复杂性”，思考如果要消除日常生活领域的矛盾体验，恢复稳定、清晰的秩序，必须解决哪些问题，包括如何消解欧洲、美国的文化霸权形象，第三世界能否将西方的商品与生活方式当作本土的文化，等等。（汤姆林森，2002）

鲍曼（Z. Bauman）也曾对全球化进程中的紧张关系在日常生活领域中的表现做过探讨，他的探讨揭示了日常生活领域的其他张力及其影响。在《全球化：人类的后果》中，鲍曼指出，随着全球化进程的不断加快，日常生活领域出现了一群现代国家的政治、文化疆域无法束缚的“全球精英”，现代国家的政治、文化体制不仅无法束缚“全球精英”的活动，甚至还得顺从“全球精英”的意志，让出其原本拥有的日常生活规划权力，或者至少放弃其原有的社会控制管理模式，如果不这样，“全球精英”便不会“大驾光临”。面对崛起的“全球精英”及其社团给现代国家的社会管理体制造成的冲击与“破坏性影响”，“新中产阶级”将日益陷入“严峻的生存不确定性、焦虑和恐慌”，“下层阶级”则会变得更加贫困。(Bauman，1998)[4-5]可见，鲍曼不仅考察了全球化进程中两大势力（即“全球精英”与现代国家）的作用关系，而且认为在这两大势力的作用下，社会生活将会变得更为分裂、紧张。

史密斯、汤姆林森以及鲍曼从不同侧面分析了全球化时代的紧张与冲突，他们的理论框架无疑能够为人们跳出西方中心主义的全球化视野提供可行的路径。沿着他们开辟的理论道路，人们可以对全球化时代西方社会不同领域、不同群体的生存状态及其相互关系展开深入的考察，随之，全球化理论也将变得日益丰富。事实上，史密斯等人的全球化理论亦是从各自的全球化生活经验出发而勾勒出来的。指出这一点，并不是为了否定他们的理论贡献，而是意在强调全球化事实乃是全球化历史进程启动以来人类生活经验的总和，所以并不存在所谓真正全面、深入的全球化视野，毋宁说，真正全面、深入的全球化研究乃是一项永无止境的课题，该项课题之所以能够不断深入，得益于越来越多的领域与群体的全球化生活经验成为全球化研究的考察对象。也许正因为这一点，在梳理西方学术界的全球化研究时，以描述非西方世界的全球化生活经验为使命的后殖民理论才引起人们的注意。

就学术谱系而言，后殖民理论主要是由西方文学及文化批评领域以萨义德（E. W. Said）、斯皮瓦克（G. C. Spivak）为代表的非西方族裔学者生产出来的，是这些学者把握全球化历史、表达自身全球化经验的基本方式。由于这些学者来自文学及文化批评领域，所以他们非常关注西方文化在全球化历史中的作用。在他们的视野中，全球化事实就是西方世界对第三世界实施“文化殖民”，尤其是进入所谓的“后现代时期”以后，“文化殖民”更是取代以往的政治、经济控制，成了殖民统治的主要方式。如此也就不难理解，为什么萨义德会把“后现代时期”定义为“后殖民时期”（Said，1990）。那么，西方殖民统治是怎样通过文化的途径进行的呢？萨义德的《东方学》从历史的角度对此做了深刻探讨。在他看来，西方的许多作家、学者及殖民官员在文化殖民中发挥了重要作用，正是这些人通过话语实践对“东方人”的主体性、文化身份乃至历史实施了刻意的建构，并以此来教化“东方人”，逼使“东方人”借助于西方话语描述的“落后”形象来确立现代性的自我认同，直到成为无意识的或心甘情愿的“被压迫者”。（萨义德，1999）

类似的后殖民批判还有很多，它们与萨义德的理论汇集在一起，不仅丰富了全球化研究的文化殖民视野，而且在西方学术界及公共领域掀起了一股反抗西方“文化霸权”的浪潮。尽管从纯粹学术的角度来看，人们大可置疑后殖民视角下的全球化理论或许是在“以偏概全”，没有注意到西方文化在全球化历史进程中扮演的积极角色，但不可否认的是，这一理论的经验来源，即后殖民理论家在西方世界成长的痛苦经历与该理论所描述的殖民地居民的悲剧命运，确实揭示了任何一种全球化视野都无法否认的问题，而后殖民理论家所表达的痛苦——比如“受压迫者能为自己说话吗？”——也绝不仅仅是在展现他们无力在全球化的迷离处境中建构属于自己的文化认同时的个人尴尬体验，而且是为了将那些在全球化进程中处于底层的人们的苦难经验引入学术的公共论坛。（Spivak，1988）

从今天的全球化理论来看，人们对于全球化的反应是极其复杂多元的，面对眼前这个被称作“全球化”的“庞然大物”，有的人把它视为“乌托邦”并因此欢呼，而另一些人则把它视为“人间地狱”并因此诅咒，有的人则在冷静地探索不同地域的人们在全球化过程中的思想、行动与命运。（Cohen et al.，2002）[358]也许，在历史上，在这个“庞然大物”逐渐形成的一两百年里，这些复杂多元的反应均曾出现过，那么，过去不同地域及不同群体的人们到底是怎样理解他们各自在全球化的历史进程中所面临的境遇与挑战的？之后他们又是如何采取行动的？其结果如何呢？这些问题均需要人们在一种更为多元开阔的视野下对近一两百年以来的历史变迁展开细致的探索，而且这种探索既不是为了歌颂西方文化在全球化进程中的不断胜利，也不是为了抵制西方的“文化霸权”，并试图让某种“非西方文化”主宰全球化进程，而是为了通过历史考察，寻求全球社会在相互了解的基础上实现对话与理解的方式。

二、中国教育研究的全球化视野

中国学术界从 1986 年开始翻译国外的全球化研究文献，至于大规模地兴起专门的全球化研究则是在 20 世纪 90 年代中后期。（陈定家，2004）在这股浪潮中，中国学者所探讨的全球化的核心问题是中国应该如何面对、参与当前的经济、政治及文化全球化，由此引发的一系列争论表明，专门的全球化研究常常将全球化看成外在于中国的世界历史演变趋势，中国可以“自由”地决定“是否加入”或在“多大程度上加入”世界的全球化趋势。虽然经过几年的讨论之后，中国学者已不再从“中国与西方”“社会主义与资本主义”的传统框架来认识全球化、处理中国与全球化的关系（俞可平，1999），但无论框架怎样更新，专门的全球化研究都没有突破其所探讨的核心问题，因而仍是在延续专门的全球化研究兴起时的思路，即探讨面对全球化的挑战，中国经济、政治及其他领域的事业应制定什么样的“战略原则”，以更好地处理中国与全球化的关系。

与上述专门的全球化研究相比，中国人文社会科学领域的另一些学者虽然没有在 20 世纪 80 年代明确提出专门的全球化研究，但他们在研究近现代中国的演变历程（而中国一百多年来的“全球化经历”恰恰是专门的全球化研究所忽视的维度）时，同样体现出了一定的全球化视野。只不过，由于韦伯、费正清等西方学者的中国研究框架在当时人文社会科学领域的影响甚大，学者们的全球化研究常常沿着以下两大思路而展开。一大思路是以西方的文化特性作为标准，对中西方的政治、文化进行静态比较，论证中国缺少与现代性（modernity）相匹配的文化特性。比如，中国传统政治的特性是儒教与封建专制的一体性（范艾，1988）[250-278]，中国传统绘画的基本特性是对景物实施“情化”处理（杨煦生 等，1987）[69-99]，中国人的思维方式也与西方人不同，其特征是以强烈的价值态度去处理实际的事务（唐逸，1988）[1-27]。显然，中西方各自历史经验的丰富性在这种“西方与中国”“传统与现代”二分的思路中均没有被充分考虑。另一大思路乃是从受西方力量“冲击”之后所产生的“反应”这个框架入手，来解释全球化时代中国政治、社会及文化领域的“现代性”，这样做无疑会重蹈前文提到的西方中心主义全球化视野的覆辙，从而忽视中国从自身的传统积累出发在全球化时代的历史境遇中建构本土现代性的艰苦努力。

进入 20 世纪 90 年代，尤其是 90 年代中后期以后，在一些人文社会学者的推动下，学界掀起了一股重新认识现代中国的热潮，并涌现出了诸多引人注目的分析框架，其中至少有三种框架与探讨全球化背景下的中国历史经验相关：一是探讨数百年前中国文化在世界体系中的核心地位及其后来的边缘化命运（荣新江，2001）；二是考察中国历史上沿海地区的经济开放与繁荣局面以及专制王朝在对沿海地区经济、社会生活实施文化控制的过程中所引发的各种紧张及其结局，从中可以看出试图开辟全球市场的地方经济在传统中国社会的兴衰历程（王铭铭，1999）；三是透过社会空间中的思想、知识和制度变迁，分析中国如何在全球化的历史进程中建构“自己的现代性”（汪晖，2000）。尤其是以汪晖为代表的第三种尝试，它所提出的问题及其形成问题的思路更是有意要突破此前流行的框架，力求揭示全球化时代中国历史经验及其演变的“内在理路”，而不是拿“冲击-反应”、中国转向“现代化”（或西方的现代性）等理论模式来勾勒问题，并以此来梳理全球化时代的中国历史进程。

从汪晖近年的成果来看，他所考察的中国经验主要集中在近现代思想史领域。在他看来，中国现代思想的核心观念，诸如“个人”“自由”“科学”等等并不仅仅是西方文化冲击或现代化改革的产物。以个人观为例，中国文化自有的个人伦理同样是现代中国知识分子建构个人观的基础，只有考察中西文化的交互作用，才可以把握现代中国的个人观念的形成过程。通过这种视野转换，个人观的形成理路就变成了近现代中国的读书人如何以自己拥有的思想资源来理解日益全球化的现代世界，并在此基础上用自己的话语方式重构个人存在。不妨说，汪晖这样做的意图在于“身临其境”地再现历史“当事人”自己的思想经验，看看他们为了认识近现代中国的历史境遇与出路到底走过了一段什么样的思想征程，进而使当代中国的知识分子认清自己的思想谱系。虽然他只考察了中国精英读书人的思想生活，但也从一个侧面展示了中国历史上的全球化历程和其中的中西思想文化互动的复杂图景以及当代中国学者在重新认识全球化时代中国历史进程时所取得的理论突破。

在梳理国内学者从全球化的视野出发研究中国教育的理论积累状况之前，需交代一下，一般认为，西方教育学术领域最先将“教育”置于全球化的语境中加以考察的学者是格林（A. Green），而格林之所以关注“全球化与教育的关系”，是因为他注意到，随着“经济全球化”的势头日益强劲，许多国家与地区纷纷推行了“教育市场化”改革，教育学界的后现代主义者据此认为应该取消统一的“国家课程”，代之以强调“选择”和“多样性”的“市场化”学校教育，否则便无法适应早已“碎片化”的、越来越尊重“差异性”的社会经济现实。言外之意是，“民族国家”传统的教育文化使命与行动模式在今天的全球化形势下已经“寿终正寝”了。从今以后，“民族国家”再也不必甚至不能围绕所谓的“共同文化”来设计自己的教育角色与政策，而应该以满足各种不同的教育口味为核心任务。（格林，2004）[译者序言1-13]

为了批判后现代主义者对于全球化时代教育路线的“偏激”分析，挺立、重构“民族国家”在教育全球化时代的使命，格林决心从历史和比较的角度考察“民族国家”的教育行动。他试图证明，在早期局部性的全球化进程中，各国就一直通过教育来培育本国的公民文化，形成“民族认同”，而“二战”之后，“运用教育实现民族认同”同样是“极为普遍的历史现象”。即便今天国家面对的是“全球化的异质化的世界”，也不能因此在教育问题上一味地屈服于这个世界；相反，国家必须承担起自己的教育职责，理由是“异质化的世界”不能缺少“社会凝聚”。为此，国家应该像过去那样以负责的态度思考当前全球化背景下的教育发展所面临的更为重要的问题，即“怎样通过适合于现代环境而且有利于深化民主和加强社会团结的方式，重建公民文化和民族国家地位的文化”。（格林，2004）[141-203]。格林所关注的无疑是国家在全球化的不同历史时期曾扮演过什么样的教育角色，今天国家又该扮演怎样的角色。通过分析这些问题，格林不仅向决策者们描述了“民族国家”在全球化历史进程中的教育行动，而且提醒他们后现代主义并不适合用来作为国家教育的行动纲领。

近现代国家在世界政治、经济及文化交往逐渐频繁的历史进程中曾致力于通过教育在形成“民族认同”的基础上实现统一；尽管“冷战结束导致了‘意识形态的终结’和单一经济模式的成功”，但现在这一“假设”已站不住脚，因为许多国家都意识到了应在经济全球化和全球教育市场的激烈竞争中建构自己的发展道路。当代具有全球化视野的教育学者在研究国家教育时决不能从“单一的经济或文化模式”出发勾勒理论框架，“国家对全球化所做出的反应多样性”决定了考察“不同国家的教育路程”、比较“国家之间的差异”仍然是教育学者在当前全球化背景下从事教育研究时必不可少的理论维度。从格林的这些理论呼吁中可以看出，基于全球化视野来研究教育，其根本目的不在于描述当前世界教育领域的一体化、交往加速或其他趋势，进而界定什么是“教育全球化”，而是要探讨“民族国家”在眼前这个被称作“全球化”的历史进程中如何建构自己的教育道路。

与格林在“国家教育体系即将消亡”的理论氛围中发起全球化时代国家教育的道路选择研究相比，中国教育学者则是在中国参加亚太经济合作组织（APEC）会议、加入世界贸易组织（WTO）等中国政治、经济日益全球化的背景下兴起教育全球化探讨热潮的。从相关文献来看，中国教育学者所关注的核心问题乃是中国“如何应对教育全球化”（陈剑琦，2004；邬志辉，2004）。最初中国学者通过参照经济、政治及文化全球化研究领域的成果，诸如“世界文化的形成”“依附理论”“后殖民理论”等（夏惠贤，1998；项贤明，2000），为人们分析全球化时代的中国教育处境勾勒出了许多值得尝试的思路，其中有的思路可以用来展望未来中国教育的崭新前景，有的则能够提醒人们思考中国教育在西方力量的挤压下所可能遭遇的各种不利局势。中国教育学者面对当前全球化浪潮时的心态可谓与其他领域的学者一样，皆为喜忧参半。

近几年里，许多探讨中国教育如何应对全球化浪潮的教育学者仍然具有上述那种在“忧患意识”中思索前进道路的心态。劳凯声在《WTO与中国教育》一文中提出，中国教育在加入WTO之后固然可以更快地融入国际教育“大市场”，但前提是必须对加入WTO会带来的以下问题展开深入分析：“对中国的教育将会产生什么样的影响？中国的教育将如何应对？我们会遇到什么样的机会与挑战？我们应该设计什么样的教育？”围绕这些追问，劳凯声的思考几乎囊括了将中国教育置于当时“经济全球化”的语境中加以探讨的教育学者所可能提出的各种宏观政策问题，其中中国教育（包括教师层面）将要面对的“挑战”就有十四个之多。（劳凯声，2001）与之相比，鲁洁的论文《应对全球化：提升文化自觉》则是从消费主义文化肆意横行及其危害出发，阐述全球化时代的中国道德教育难题，即如何“提高人们对于消费主义生活方式、消费主义文化的判断能力和批判能力，对于它的合理性提出质疑；引导每个个体对自己的消费取向进行理性反思，能够比较清醒地分辨：什么是自己的真实需要，什么是为他人所操纵的欲求”（鲁洁，2003）。

劳凯声、鲁洁等人分别探讨了如何从全球化视野出发来思考中国教育政策以及道德教育问题，叶澜则考察了中国教育学的百年历史演变过程。从其论文《中国教育学发展世纪问题的审视》来看，她试图通过中国教育学在过去的全球化浪潮中的曲折发展经历，揭示全球化进程中中国教育学的诸多真相，包括赫尔巴特教育学、杜威教育学在民国时期的支配性影响，舒新城、梁漱溟等人力图从中国教育历史及中国的文化、社会“国情”出发建构本土教育学的努力，等等。（叶澜，2004）2004年，邬志辉推出了专著《教育全球化：中国的视点与问题》。在他看来，“教育全球化是在经济全球化背景下衍生的概念，是针对经济全球化趋势而采取的教育应对行动。同时，教育全球化还指各国教育政策的制定越来越受全球共同认可的教育价值观的影响，关注人类共同未来的发展与命运；各国教育活动的开展越来越倾向于使学生获得理解国际复杂系统的能力，形成全球观念，学会共同生活”（邬志辉，2004）[29]。因而一方面，必须从体制、目标以及课程等方面改革中国教育，以求适应经济全球化驱动的教育全球化；另一方面，中国还应考虑在适应教育全球化的过程中可能面临的问题，包括捍卫“教育公平”与“国家教育主权”以及建构“公民身份认同”等。由于没有从中国历史经验出发探讨“全球化进程中的中国教育”，邬志辉在分析教育全球化时代中国教育面临的挑战时，常常只能以当代西方机构或人物的话语作为导引，来引出中国教育改革的方向。仅就理论而言，国内外人文社会科学领域的全球化视野均可被引入中国教育研究，国内教育学者在考察全球化时代的中国教育时也非常注意吸收人文社会科学领域的全球化视野。比如，郑金洲通过借鉴后殖民主义及其相关的全球化视野，提出“对第三世界国家来说，教育的全球化更多地意味着引进西方发达国家的教育经验和教育模式，而其本民族的教育传统和文化传统在这种历史进程中却面临重重危机”，“这也就是说，教育的全球化意味着西方在世界教育发展进程中从理论到实践都取得了控制性的强权”。如果用上述框架来解释中国教育，自然意味着全球化进程中的中国教育历史事实可以概括为“西方逐渐取得控制性的强权”的过程。实际上，全球化进程中的中国教育变迁历程绝非如此简单，不过他的本意不在于通过考察全球化进程中的中国教育发展史来证明上述理论构想，而只是在讨论中国可能“面临的挑战与改革路向”。他认为“教育本土化可以理解为全球教育思想与中国教育实际的会通、融合，是使全球教育思想转化为我国教育实际，并因而体现出本土特征的过程”（郑金洲，2005），但这个假设同样没有通过研究中国历史或当代经验来论证。

相比之下，九十多年前的许多中国学者却真正是在探讨全球化背景下的中国教育到底存在什么问题，而且其探讨方式不是拿西方教育家的理想来反衬中国教育的空白，而是首先对中国当时正在实施的课程教学体系展开调查研究，然后再来思考其中的问题。比如，1926 年，清华大学文科各系的学程大纲公布之后，引起了清华留美同学会的关注，会长徐宗涑邀请吴景超和雷海宗等人研究清华大学的文科课程。吴景超等人接到任务之后，不是从美国文科教育的某些最新动向出发，进而很直接地认为清华大学文科课程的“美国化”（全球化）的程度还不够，还应该引入一些“更新的课程”，而是在深入分析清华大学政治、经济、历史和教育心理等系的课程表和教学内容的基础上指出，“清华大学的文科，其职务不只在灌输学生以欧美的智识。大学文科的教员，应与学生一同研究中国的问题，使中国的社会科学，将来有独立的希望”（吴景超 等，1927）。吴景超等人的课程研究虽然只是临时客串，却从一个侧面集中展现了20世纪初期国内精英学者对于在全球化背景下的中国教育发展道路的焦虑。

邬志辉在从“中国的视点”审视教育全球化之前，曾提出可以和历史经验进行对话的主题。他说，“对中国而言，教育全球化的任务不是去完成未竟的启蒙方案，而是在全球互动中寻求‘另类的现代性’（alternative modernities），中国在应对教育全球化的过程中肩负着反省现代性和探索中国式教育现代性的双重使命”（邬志辉，2004）[55]。该主题在中国历史上曾反复出现过，折磨着中国现代教育家的灵魂，不仅吴景超等渴望建构本土知识的教育精英曾思考过类似的问题，即便那些表面上“西化”得非常厉害的人（如胡适）也没有逃脱（周明之，2005）[203]，但邬志辉既没有通过考察当代中国的教育经验来展示国人如何在今天的“全球互动”中寻求“另类的现代性”，也没有回溯中国一百多年的历史经验，而主要是描述西方世界在“经济全球化”背景下及“后现代主义”语境中的教育动向，并以此映照中国教育的“差距”，推出一些改革设想来弥补“差距”。

中国经验的悬置在国内其他有关教育全球化的论述中亦可以看到，尽管已有学者开始呼吁启用“复杂性理论”来认识全球化进程中的教育变革（杨小微，2004）[216]，但真正从历史出发考察中国一百多年的经验变迁中所包含的复杂的全球化事实的尝试仍不多见。导致这一视野局限的原因也许在于，许多学者习惯于仅仅从20世纪晚期全球范围内出现的一些宏大的教育潮流出发来界定“教育全球化”，以至于认为将中国教育置于全球化背景下考察就是去研究当今世界这些宏大的教育潮流，例如教育国际贸易化、教育经营产业化、教育主权分散化、世界公民教育、国际理解教育等，对于中国教育的挑战以及中国教育在融入这些宏大的教育潮流后可能产生的问题，从而遗忘了中国教育早已卷入全球化进程的历史事实。而中国教育在当前全球化进程中涌现出来的许多事实，诸如“创建世界一流大学”的政府行动、重建“国学教育”的民间努力等等，也被这种从全球教育潮流出发的全球化视野排除掉了。那么，什么样的全球化视野能够揭示一百多年来中国教育卷入全球化进程后的变迁历程与问题呢？

可以说，从任何一种全球化视野出发都可以勾勒出相应的中国教育研究框架或假设，但每一种视野是否有效，又能揭示什么，却需要至少深入考察一百多年来的中国教育经验才可知晓。不过，必须承认的是，从教育学者的努力来看，尽管他们的全球化视野并不是在深入考察中国经验的基础上勾勒出来的，但却集中展现了当代中国教育学者的全球化体验与思考，以及他们对于中国教育如何在全球化的处境中建构自己的发展道路的理论探索，他们的体验、思考与探索也是当前中国全球化进程中的教育“事实”之一（可划归于思想事实）。只不过，与前人曾经以“华与夷”“体与用”“日本与中国”“现代与传统”“美国与中国”等等各种二分的思路来探讨中国教育在全球化进程中的处境与出路不同，他们常常是从“全球与中国”“全球化与本土化”等二分的思路来展开自己的思索，而中国教育的思想维度在一百多年来的不断丰富，就是由一代又一代的中国探索者在与不同的域外文化参照体系展开思想互动的过程中完成的。

三、全球化进程与中国现代教育传统

以上分析的中国经验被悬置仅仅是国内教育学界近些年来在分析教育全球化以及中国的应然立场时所暴露出来的问题，它并不能涵盖国内教育学者同一时期内研究中国教育的全部努力以及这些努力透露出来的全球化视野。事实上，国内人文社会科学界的全球化视野已变得日益多元，不仅突破了“专门的全球化研究”兴起时的理论模式，而且至少贡献了一些透视全球化时代中国经验的理论框架，而国内教育学界亦有一些学者推出了有助于认识全球化时代中国教育真相的理论框架。从这些框架中可以归纳出一种社会学意义的全球化视野，也就是考察中国社会的不同群体如何在全球化的处境中塑造各自的存在、认同与行为。比如，田正平主编的“近代教育与社会变迁丛书”（河北教育出版社 2001 年版）便是通过叙述留美学生、商人、华侨等等社会群体怎样在近代化的中国社会中建构自己的教育行动，来描绘中国地方社会教育空间中各种因素交织在一起的互动画卷。而陈向明则瞄准了当代的一群留美学生，通过分析他们的跨文化人际交往状况，揭示他们在全球化的生存环境中所走过的一段从迷惘到重新定位自我的艰难历程（陈向明，2004）。这种历史考察与现实研究表明，全球化进程中的中国教育真相以及中国各类群体在全球化语境中的教育经验乃是由中国原有的文化力量和全球化带来的新生事物交互作用产生的。

过去，学界曾有许多人认为，中国卷入全球化进程之后遭遇的文化交互作用会以“现代化”这一结局收场，此类论断无疑可以将一百多年来头绪零乱的中国教育描绘成一幅清晰的图景。但今天人们已经意识到，将中国教育的运行轨迹简单地化约为“现代化”并不能解释为什么许多“现代化”的教育改革并没有在中国地方社会顺利实施，为什么广大村民甚至直到今天仍然生活在传统的教育文化观念中，从而使得中国教育的底层“真相”始终“沉默”地栖息在一厢情愿的“现代化”论述之外（曹诗弟，2005）。何况一旦发觉沿着“现代化”道路苦苦寻觅来的变化归根结底都是西化（桑兵，2005），又可能会引发“回家”的呼喊与行动。诸如此类的顾虑令今天的人们倾向于认为这是一场没有结局的文化交互作用，如此便等于承认中国教育在全球化进程中的旺盛创造力，与此同时，域外的教育文化也不会被中国教育的创造力所消解。

那么，在过去的一百多年里，尤其是在中国卷入全球化进程的最初五十年当中，文化交互作用到底给中国教育带来了什么呢？回答这个问题，无疑得去考察晚清以来知识精英与政府机构的思想与行动。至于为什么这样确定考察对象，则是因为二者对中国卷入全球化进程这一“千年未有之变局”反应最灵敏，感触最深刻，而且二者也是促成中国教育变革的主导力量。然而，明确考察对象之后，还得思考如何透视考察对象。总之，到目前为止，有一点已经非常清楚，这就是可以通过考察晚清以来知识精英与政府机构的思想与行动，来逐渐接近全球化进程中的中国教育“真相”。既然如此，应该将晚清以来知识精英与政府机构的思想与行动置于什么样的全球化视野下加以考察，进而准备揭示全球化进程中什么样的中国教育“真相”呢？也许把晚清以来知识精英与政府机构的思想与行动及其涉及的各种关系一一描述出来，便是在揭示全球化进程中的中国教育“真相”，但这样的话，就无法突出全球化视野特有的理论意识，以至于可能被批评为仅仅是在堆积史料。然而，如果简单地套用某种全球化理论，又可能只是在将自己的或自己认同的全球化体验与想象强加于历史，从而只能在一百多年来中国教育领域的全球化经验的外围发表评论。

因此，我们还是得思考什么样的全球化视野适合分析中国教育卷入全球化进程一百多年来的经验与问题。言外之意是，怎样理解中国一百多年的全球化进程往往首先取决于如何架构全球化视野。正如前面梳理国内外相关研究时所指出的那样，全球化视野大体可以分为两种范式。一是“世界主义”的全球化视野，该视野热衷于搜寻世界范围内的“一体化”趋势，并认为适应世界范围内的“一体化”趋势就是全球化进程中各个国家和地区的普遍“真相”，但这种视野一经推出便遭到了批判与反对。因为就实践意义而言，它所主张的“一体化”实际上不是在捍卫“西方中心主义”，就是在变相地打着“全球市场”“世界文化”等旗号来掩盖让世界屈服于西方力量的“殖民主义”企图，而从理论效果来看，它也是将“全球化”所涵盖的世界近现代史（乃至世界当代史）解释成性质单一的西方力量“西化”非西方世界的单向进程，无视非西方世界在世界近现代史中的主动创造以及由此而产生的世界近现代史的丰富内涵。不过值得注意的是，诸如此类的批判似乎并没有否认近现代世界各国遭遇的全球化进程乃是由西方力量发起的，而只是不愿承认“西化”就是各国全球化进程的唯一“真相”。

如果从上述“世界主义”的全球化视野及相关的“西方中心主义”视野出发来透视中国近现代史，则很可能将中国的全球化进程理解成逐渐被西方力量“同化”的历程，进而分析中国被“同化”之后国人可能产生的各种痛苦和“救亡”途径，而且这种分析也确实可以获得许多历史当事人的经验支持，比如康有为等人的“亡国”体验及其构想的包括“开巴西以存吾种”在内的一系列疯狂“救亡”计划（王树增，2004）[62]便能够印证这种分析的合理性。而以列文森（J. R. Levenson）为代表的当代汉学家通过架构“历史”（中国的传统性）与“价值”（西方的现代性）的对立框架，来解释中国知识精英（如康有为、梁启超等人）在放弃本土文化传统转而追求西方现代化之后产生的精神危机（Levenson，1965）[109-116]，他们堪称这种分析路径最著名的倡导者。然而，仅仅从教育领域的变化就可以看出，中国事实上并没有被西方“同化”，中国知识精英的内心世界也并非只有矛盾与痛苦，而中国教育在康有为之后更是呈现出旺盛的生长势头，以至于杜威、罗素等西方人来访后也为中国教育界的非凡创造力感到震撼。

全球化视野的另一大范式便是跳出“世界主义”或“西方中心主义”所勾勒出来的一系列理论框架与主题。对此，前文已做过一些梳理。从中可以看出，无论是世界范围内的全球化进程，还是某一地区的全球化进程，均没有表现为性质单一的演变趋势，而是展开为多重力量的相互作用。至于其结果，也不能沿着“世界或西方中心主义”的分析路径，将它概括为“西化”或“本土传统的失落”。与之相对应，世界教育像格林所揭示的那样，是一幅以“民族国家”（而不是“全球”或“世界”）的教育行动为基本构成单位的多元图景，因此立足不同国家的教育创造经验，对之展开考察仍是教育全球化研究的合法主题，而不能只从“国际化”、“美国化”或“后现代化”等等在世界范围内流行的普遍趋势出发，探讨各国教育在全球化进程中对这些普遍趋势的顺从状况。总之，沿着非西方中心主义的视野勾勒出来的诸多理论框架旨在考察罗伯森所提出的更深层的“全球地方化”事实，即地方社会（民族国家）的各类“主体”如何与国际性的“参照结构”展开互动，在政治、文化及教育领域塑造着“各自的存在、认同与行为”。

事实上，基于“西方中心主义”或“世界主义”的全球化视野，人们也会探讨地方社会在全球化进程中发生的多重力量相互作用的历史事实，只不过其所描述的内容常常是非西方的存在方式在西方力量的作用下逐渐衰落乃至消失的悲剧命运，地方社会的历史事实也因此仅仅是西方力量不断在全球普及的一个注解。不难看出，这种描述根本无法揭示罗伯森提出的“全球地方化”事实，它只是在刻画“西方全球化”的历史表现与轨迹。从理论层面来看，这种历史叙述无疑是由“地方性”与“西方性”二元对立的理论架构造成的。言外之意是，虽然这种叙述也是在考察地方社会在全球化进程中发生的多重力量相互作用的历史事实，但却是将地方社会多重力量相互作用的历史事实简单化约为“西方”取代“地方”，而不会去关注“西方性”与“地方性”在地方社会的共存与融合，并在此基础上考察地方社会如何在这种双重力量共存与融合的全球化历史进程中创造出“新的地方性”——当代全球社会丰富多元的文明图景也从另一个侧面透露出“新的地方性”不断涌现乃是世界近现代史的基本事实。

在中国近现代史研究领域，以二元对立的理论框架来描述中国历史经验最著名的代表无疑是费正清（丁钢，1996）[5]。从早年考察中国近代外交史开始，费正清便通过架构“传统”与“现代”、“中国”与“西方”等一系列二元对立的理论框架来考察中国的全球化进程，先后叙述了中国外交的传统模式（即“朝贡体系”）以及中国儒家的思想文化传统与政治模式在西方力量“刺激”下发生的“西化”（现代化）历程。（杨念群，2001）[14]可以说，在费正清的视野中，中国在全球化进程中除了放弃原有的东西、接受西方的现代方案之外，似乎不会有其他事实出现，更不会创造自己的现代历史。（Farquhar et al.，1993）因此，在理解中国近现代的全球化进程时，无须考虑中国本土文化是否会与西方文化共存，并在中国的各项事业与社会生活中发挥作用，更无须考虑中国能否在中西文化共存的全球化进程中创造出自己的新传统。（丁钢，2002）[195]事实上，被二元对立的理论框架排除在外的各种可能恰恰是中国在全球化进程中发生的更深层意义上的历史事实。以梁启超为例，他在重构中国历史研究及历史教育时，便没有采取“放弃本土传统、接受西方模式”这一“非此即彼”的重构思路。相反，“德国历史主义、新康德主义以及中国的佛学、儒学传统”一直并行存在于他的思想世界中，从而使他能够通过融合中西文化缔造现代性的中国历史学及历史教育。（黄克武，2003）

因为意识到中国近现代的历史变迁并不是简单地表现为“现代”（西方文化）取代“传统”（本土文化），费正清之后，汉学界有许多学者都认为二元对立的理论框架不适合用来理解中国一百多年来的全球化进程，进而勾勒出了一系列旨在揭示多重文化力量共存、互动与融合的理论框架来考察全球化进程中的中国历史经验。[①] 黄宗智更是提醒人们注意“中国近现代史上的双重文化人与文化双重性”，并呼吁学界放弃过去流行的各种“非此即彼的二元对立框架”，从“文化双重性”这一视野出发，重新考察中国近现代政治、文化及教育等领域的历史变革情况。（黄宗智，2005a）在黄宗智看来，“双重文化人在中国近现代史上扮演着极其重要的角色”，无论是在政治、经济领域，还是在文化、教育领域，均可以看到“双重文化的共存与相互作用”对于中国近现代历史变迁的决定性贡献，变迁中的双重文化互动也不是表现为西方文化支配并取代中国文化，而是在塑造中国自己的现代性。

以中国语言为例，尽管在 democracy、science、freedom 等英语单词大量涌入的一段时期里，中国只能以“德谟克拉西”“赛因斯”等音素词来做出回应，似乎中国本土语言在中国现代政治语言的建构与流通中一点用场也派不上，与此同时，中国也无法创造自己的现代政治语言，但这些外来词后来陆续都被中国化的词语——比如“民主”“科学”“自由”——替换了[②]，中国很快就根据本土的语言形式与内涵创造出了自己的现代政治语言。这个例证充分说明中国文化在与西方文化的互动过程中并非处于绝对从属的地位，更不可能陷入全然崩溃的命运。或许正是从这一点出发，黄宗智认为，中国文化和中国的语言一样，不是某种一成不变的抽象事物，而是中国人在一定时期创造、享有和使用的东西。西方与中国并不存在必然的你死我活的冲突，“一个人可以既是中国人又是现代人”。这些论述均是为了提醒学界注意中国在全球化进程中出现的更深层意义上的事实，即“不同文化的共处和融合中各种创新的可能”。（黄宗智，2005a）

---

① 参见：COHEN P A. Discovering history in China：American historical writings on the recent Chinese past［M］. New York：Columbia University Press，1984；DUARA P. Rescuing history from nation：questioning narratives of modern China［M］. Chicago：University of Chicago Press，1995.

② 和学界的许多人一样，黄宗智也认为现代中国的许多概念是由日本引进的（黄宗智，2005a），但桑兵认为，包括“哲学”“国民”等在内的许多概念是由来华传教士的中国助手与传教士一起商量发明的，在使用时间上，中国远早于日本（桑兵，2005）。

而后，黄宗智又提出了“现代传统”这一概念，其宗旨亦是将中国近现代全球化进程的基本内涵理解为中国在中西文化共存的历史语境中创造自己的“现代传统”。（黄宗智，2005b）

毫无疑问，中国近现代教育研究的全球化视野也可以参照上述观点勾勒出来。这首先意味着将中国近现代教育所处的全球化语境理解为多元文化的共存与互动，也就是说，全球化进程中的中国教育变迁绝非简单地展开为本土教育传统转向西方现代教育的断裂过程。（丁钢，2002）[195]正是从这一点上讲，“传统/现代”“中国/西方”等二分的框架以及“教育现代化”的视野并不能涵盖中国现代教育——“既是现代的、又是中国的”——所包含的文化互动内涵。同样，各种从“纯粹的中国（儒家）文化观”出发来打量中国近现代全球化进程的视野也无法深入中国教育的变迁历程，虽然基于这类视野可以提出一些令国人感动的话题，比如，怎样在西方文化的强力冲击下保持中国文化原有的“纯洁性”与“独特性”（陈新，2005），但执这类视野的学者常常认为中国文化是一种“永恒的形式”，它的原貌应该出现在历史的任何一个时期，否则这个时期的中国便丧失了自己的“文化传统”。实际上，所谓“纯粹的中国文化传统”不仅难以界定，而且即使将其视为“汉族的儒家文化”，它也因为与各种“异族文化”的互动而一直处于变化之中。对此，顾颉刚早在20世纪初期就已做过专门考察。（Schneider，1971）[264-293]显然，如果将这类“国粹主义”的视野引入中国教育研究，并不能使人体会到中国教育传统“不断创新的精神”（黄济 等，2003）[193-195]。

既然承认中国教育在全球化进程中的运行轨迹不是走向西方现代教育，与此同时，仅从丧失自家传统的角度也不能揭示全球化时代中国教育与西方教育展开互动的复杂状况与多重可能，那么考察“中国现代教育传统”的形成过程与实践表现便成了研究全球化进程中的中国教育历史变迁的核心任务。笼统地说，这里的“中国现代教育传统”乃是指晚清以来知识精英及政府机构的教育思想与制度建构行动的总和。在一百多年来卷入全球化进程的中国教育领域，可以找到许多行动主体，但正如前文所指出的那样，在各种主体中，对中国卷入全球化进程这一“千年未有之变局”

反应最灵敏、感触最深刻的无疑是知识精英与政府机构，而且二者还是促成中国教育变革的主导力量。正是这两大主体在全球化进程中通过与西方教育文化展开互动缔造了现代中国的教育传统，就像晚唐以来的知识精英与帝制政权在“异端文化”（非儒学）横行的动荡时局中建构了“新儒学”教育传统。

无论是吴景超等人提议以“研究中国的问题”来创建现代中国的人文社会科学学术与教学体系，还是梁启超在中西文化兼收的基础上勾勒中国现代历史学及历史教育，都表明立足中国本土文化及国情并通过与西方文化展开互动来建构中国现代教育乃是全球化背景下中国教育变迁的基本事实。而中国共产党一面吸收域外文化，一面从中国国情出发，不断摸索符合中国实际的现代教育，更是在缔造“中国现代教育传统”方面积累了丰富经验。总之，从“中国现代教育传统”这一概念出发，重新勾勒中国教育研究的全球化视野，不仅是为了突破“中国与西方”“传统与现代”等二分的理论框架从中西教育文化“你死我活”的角度来解释全球化时代的中国教育变革的做法，更是为了将晚清以来中国教育思想与体制在中西文化共存与融合的语境中寻求新生的历程与结果视为全球化进程中的中国教育“真相”。正是因为在多重文化共存的格局中形成了“中国现代教育传统”，人们在回顾历史时，才得以发现遭遇“变局”的中国既不是单纯依靠“前现代”的教育传统（尤其是儒家教育文化），也不是通过一味照搬西方教育来处理全球化进程中的挑战。（丁钢，2002）[194]

至此，从中国历史经验出发考察全球化进程中的中国教育、探讨中国教育在全球化进程中的变革经验所需要的理论准备已经交代完毕。应该承认，上述理论勾勒充分吸收了国内外人文社会学者加入全球化论战从而打破经济主义话语在该领域一统天下的局面之后涌现出来的各种考察思路，尤其是罗伯森、史密斯等人的理论框架——考察全球化进程中多重文化在地方社会相互作用的历史经验，揭示地方社会如何塑造各自的存在、认同与行为——更是为上述理论勾勒提供了思想支持，并因此将梳理“中国现代教育传统”视为研究全球化进程中的中国教育变迁的中心目的，而不是沿着汤姆林森等人的世界主义全球化研究路线，探讨地方社会（中国）与

“世界文化”达成一致的可能性。如邬志辉等人的著作所显示的那样，在国内教育学界，世界主义取向的全球化视野近年来已被引入中国教育研究领域，进而形成了这样一种研究范式：以改革者的姿态理解世界教育发展的普遍动向，思索中国教育如何应对这些动向可能引发的挑战与问题。邬志辉等人虽然没有考察晚清以来中国教育在全球化进程中的历史经验，但历史地看，他们通过把握域外教育潮流来重建本土教育体系的做法倒是从一个侧面证明了晚清以来中国教育改革者的思维方式直到今天依然左右着国人如何面对全球化进程，思想层面的“中国现代教育传统”的生命力由此可见一斑。

晚清以来（卷入全球化进程之后）的中国无疑是一个多重文化并存的复杂社会，而不是儒家文化或西方文化一统天下的单纯局面（余英时，2005）。对此，鲁迅亦曾有过生动描绘：“中国社会上的状态，简直是将几十世纪缩在一时，自松油片以至电灯，自独轮车以至飞机，自镖枪以至机关枪，……自迎尸拜蛇以至美育代替宗教，都摩肩挨背的存在。……四面八方几乎都是二三重以至多重的事物，每重又各自相矛盾，一切人便都在这矛盾中间，互相抱怨着过活”（鲁迅，1981）[344]。可见，中国卷入全球化进程并不意味着中国本土文化不再起作用，也不意味着从此国人将纯然以西方文化来建构自己的思想与行动，而是使国人的思想与行动陷入多重文化相互纠缠的历史语境。晚清以来的教育改革者自然也难逃此种境遇，既然如此，考察晚清以来的教育改革者在多重文化相互纠缠的全球化进程中的“过活”状态，以及他们如何在“矛盾中间”——文化构成复杂多元的历史语境中——化解“矛盾”，缔造中西文化和谐共存的中国现代教育，就成了任何试图理解全球化进程中中国教育变革经验的研究者均无法绕过的难题。

更具体地说，这种专门考察涉及以下几个分支主题。首先，从中国近现代教育改革者的思想与行动中可以梳理出什么样的文化互动问题，或者说，身处全球化进程或多重文化共存语境中的他们曾被哪些问题纠缠？通过考察他们的心路历程可以发现，诸如“如何学习西方教育与面对自己的教育传统”“怎样确立中国教育的文化根源”等等均是致使他们不得不在矛盾中“过活”的基本问题。（王喜旺，2009）[69-97]顺着这些问题展开探索，无疑能够体会他们怎样面对多重文化相互纠缠的全球化进程，进而揭示到底是哪些文化力量在左右着他们的教育思考与行动。其次，在多重文化力量共同发挥作用的变革过程中，近现代教育思想家与教育行政领导怎样在融合多重文化的基础上建构中国现代教育，从而使得现代中国教育无论是在理念上还是在体制上均成功地走出了近现代以前的模式，同时又不至于陷入极端的民族主义者所忧虑的悲剧命运，即在全球化进程中彻底丧失自我。后人在回顾中国一百多年来的曲折变革历程时，也因此有理由认为中国教育“既是中国的，又是现代的”。

“中国现代教育传统”正是在一代又一代的中国教育改革者不断摸索中西文化融合之道的过程中逐渐形成的，从晚清以来的一段时期内国人推崇以“中体西用”的原则来处理教育改革涉及的各种文化矛盾，到“五四”前后建立起相对稳定的现代教育体系，均可以反映出这一点来。而中国近现代教育改革者在这几十年间缔造的理念与体制传统直到今天仍在中国教育的各个领域起着支撑作用：从“民主”“科学”“公正”等教育价值理想追求，到胡适所谓的那种对待中西方文化的“全新态度”——一方面坦白承认我们自己的缺点，另一方面“真诚了解西方文明的精神”(余英时，2005)[92]；从严复“从不担心西学兴起会导致中国旧学的衰亡”，相反，“中国古书中隐藏的道理”完全可以通过“现代西学的框架体系得到发明”(余英时，2005)[117]，到胡适、冯友兰等人用西方现代系统化的哲学观念理解或解释中国古代的精神世界（桑兵，2005)，吴文藻、费孝通等人创建以“中国国情”为研究对象的现代社会科学与教学体系；再从推行以白话文为中介的教学体系、“6-3-3-4”学制，到梁漱溟等人试图将现代知识教育融入中国乡村建设的诸多实验经验；等等。它们无一不是影响至今的“中国现代教育传统”。

这些至今依然在中国教育各个领域发挥作用的理念与制度无疑表明，中国教育不仅通过融合中西文化缔造了自己的现代教育传统，而且国人“使用”这一传统也有了百余年的历史。正是从这一点出发，在考察“全球化进程中的中国教育传统”时，与其受制于传统的“中国教育传统观”

（即一提起“中国教育传统”，便想到“儒家教育文化”），将焦点放在苦苦论证“儒家教育文化”的生命力上，还不如集中精力探讨“中国现代教育传统”是如何在全球化的进程中逐渐形成的。当然，这样说并不是要否认“儒家教育文化”的生命力，而是意在强调中国教育传统在全球化进程中发生了“重构”——称之为“中国现代教育传统”即是为了突出中国教育传统的“重构”史实，其内涵远非“儒家教育文化”（或其他中国前现代的教育传统）所能包容的，相反，正如前文所指出的那样，“中国现代教育传统”是在中西多重文化共存与交融的历史语境中形成的，而它的诞生无疑得益于中国卷入全球化进程。

如果说以上两个方面仅局限于考察中国近现代教育改革者如何在全球化进程或多重文化相互纠缠的历史语境中缔造“中国现代教育传统”，而没有将“中国现代教育传统”置于中国社会中加以考察的话，那么第三个分支主题便试图探讨中国现代教育在中国社会的落实状况及其可能涉及的文化紧张。推出这一议题，自然是因为中国前现代的教育文化传统依然主宰着中国民间社会的日常生活，从而使得教育改革家与政府机构缔造的现代教育体系在民间社会推行时引发了一系列的冲突。以中国现代教育制度为例，无论是“京师同文馆”“京师大学堂”的设立，还是“中小学堂”的普及，均经历过一个不断与中国旧有的教育文化观念进行磨合的过程，然后才逐渐获得了国人的认同。当年丁韪良招收了一位“曾在法国使馆做过仆役的学生”，惹得其他学生群起反对（因为按“旧律”，仆役不许接受“高等教育”），便是明显例证。而在今天看来再平常不过的“星期制”和“学期制”，当初同样是在反复协调中西观念与习俗差异的艰难过程中建构起来的，而且在全国推行之后仍然得允许乡村学校根据农业生产的传统习惯对它进行适当调整，如增设“春耕假”和“秋收假”，来协调“上学”与传统农业生产之间的冲突。（司洪昌，2009b）[29-68]

对教育制度的建构经历与落实状况展开探索无疑也可以从另一个侧面证明“中国现代教育传统”就包含在中国近现代教育改革者为了融合中西教育文化而付出的思考与行动中。从这一意义来讲，相比于“中国现代教育传统”，在中西教育文化共存的历史语境中发生的复杂紧张的教育变革经历显然更值得关注。这种定位显然是为了体现从“全球化视野”出发来研究中国教育、将中国教育置于“全球化进程”中加以考察所可能具有的理论张力。对于这种潜在张力的假设来源，前文已经做过阐述，这便是把全球化进程理解成一种处境——“多重文化相互作用”的处境，而地方社会在此处境中的命运并非只有接受“西化”或走向“灭亡”，而是多重文化在地方社会达成有机融合，同时地方社会在融合多重文化的过程中实现其在全球化时代的新生。今天这种“全球化假设”已在世界范围内赢得了越来越多的积极回应，因为它所寄托的正是人类建构“文化自觉”“和而不同”的全球社会的善良理想。而从这种假设切入中国近现代教育改革者的思考与行动，正是为了看看中国现代教育思想与制度的缔造者们到底是凭借什么样的“文化自觉”才得以在多重文化纠缠的全球化进程中找到中国教育的新生之路的。

从晚清以“中体西用”处理全球化进程中的文化紧张问题，到梁启超通过融合中西文化勾勒中国现代学术与教育蓝图，再到梁漱溟发表令胡适大加赞赏的《东西文化及其哲学》① （余英时，2005）[92]，中国近现代教育改革者确实是在不断地依靠自己的“文化自觉”来探索中国教育在全球化进程中的新生之路。这条道路上留下的中西文化互动轨迹，包括前辈们怎样理解域外文化，为什么早期信奉进化论的改革者会认为西方从来都是“分科治学”，而实际上“分科治学”在西方只是19世纪后半期才流行起来的，为什么杜威的思想比康德、罗素的思想更能被国人接受，或者说什么样的域外文化更有可能被纳入中国本土的文化与社会情境……，诸如此类的文化互动经历显然可以为任何试图在今天的全球化进程中变革中国教育的思想与行动提供参照。就此而言，从历史的角度考察中国近现代教育改革者如何在多重文化共存的复杂语境中通过融合中西文化缔造中国现代

---

① 胡适赞赏梁漱溟的《东西文化及其哲学》表明，梁漱溟并非纯粹的文化保守主义者，更不是全然反对胡适等人的新文化运动。参见：余英时．现代危机与思想人物［M］．北京：生活·读书·新知三联书店，2005. 实际上，梁漱溟所关注的核心问题也是如何通过融合中西文化建构具有现代性的知识教育体系，只不过，他认为胡适推崇的新文化体系只适合中国城市精英阶层，忽视了中国农村的实际与需要。参见：ALITTO G S. The last Confucian：Liang Shu-ming and Chinese dilemma of modernity ［M］. Berkeley：University of California Press，1979.

教育也因此获得了多重意义，这种考察不仅可以从历史的角度丰富当前国内教育学界探讨全球化与中国教育之互动关系的理论积累，而且能够为中国教育在当前的全球化进程中建构自主的国际对话以及世界其他国家与中国达成和谐的文化互动提供有益的历史经验。

尾章

书写中国教育文化

我是“文化大革命”结束，恢复高考后（1978 年）上的大学。从 1978 年到 1988 年，由于机缘巧合，我一口气上了十年大学，学了三个专业。而后，留在大学工作至今。

不像有些人因家学渊源，学术生涯伴随一生是一件很自然的事情。如果说到家庭影响，因为爷爷和父亲都是画家，我自幼对绘画也甚为努力，也编织过一些美丽的幻梦。可还未成年，一股“上山下乡”的疾风把我吹落到了北大荒那一望无垠的田野上。当我光着膀子挥汗如雨地战斗在大田里，当我赶着二马车颠簸在黑土地上，当我一口气能吞下七八个窝头，把四仰八叉躺在烈日下的大田中休闲作为最大享受时，那些幻梦早已消失得无影无踪。不过在蹉跎岁月里，这爱好也曾是我排除寂寞和苦闷的精神支柱。

说起上大学，对我而言，还有着一段曲折的经历。2009 年，上海电影制片厂拍摄的《高考 1977》描绘了当年知青的高考情景，勾起了我对于当年参加高考的诸多感怀。因为，我曾经参加了 1977 年和 1978 年的两次高考。

1977 年高考之前，由于我的中学时代是在“文化大革命”中度过的，实际上一本中学课本都没有见过，也没上过课。当知道可以参加高考时，还是父母从上海给我寄来一些复习资料。像我这样在初中都没有真正读过书，根本就没有读过高中的人，仓促上阵的结果是不难想象的。1977 年冬季考试的结果是，我被一所大专学院录取。我还清楚地记得，当我接到录取通知书的时候，已经知道 1978 年夏季将举行全国统考的消息。还有不到半年的时间，为能就读自己理想中的专业，我毅然决然地放弃了入学。

我一直很喜欢历史，但当我 1978 年进入黑龙江大学报到时，学校却告诉我：“我们历史系还没有恢复，把你放到哲学系吧。”我不假思索地答应了，心想好在我自己以前还有一点学哲学的经历，于是便进了哲学系。现在看来，真的要感谢学校无意中的安排。那时的黑龙江大学哲学系有着和谐的教学氛围，中青年老师居多，最年长的也不到 50 岁，而我们这一批大学生经历过“上山下乡”，也有一定的社会阅历，因此，师生之间彼此很尊重，容易沟通。上课时老师也不按教科书讲课，而是根据研究问题来讲授，在课堂上大家一起讨论。这种教学方法对我的影响很大，促使我尽快地步入学术的轨道，去思考和研究问题。

1978—1982 年正是中国思想解放的重要时期，在研读古希腊哲学、德国古典哲学及南斯拉夫的实践哲学，以及中国哲学、思想史的同时，东欧问题、社会主义与官僚主义等议题也经常成为读书会与研讨会的主题。在这种火热的学习氛围中，大家天天往返于图书馆和教室之间，如饥似渴地读书、讨论，都憧憬自己有一天也能像康德、黑格尔那样拥有一种深刻的思想生活。我取消午休的习惯，就是在那个时候养成的。其间，我在阅读中对中国文化中的宗教问题很感兴趣，因此，当年在大学实习时，我带了一个实习小组，对三大宗教做过调查研究，为我以后的研究打下了基础。

顺着大学读书期间产生的对中国文化的兴趣，我在 1982 年考入了华东师范大学古籍研究所。古籍研究所拥有一批堪称国学大师的教师，如徐震堮、周子美、程俊英等先生是唐诗宋词、版本目录、《诗经》文学等方面的名家，在中国古典文史领域均有很高的造诣。徐震堮先生早年在东南大学随柳诒徵、吴宓研读中西文学，之后致力于研究《世说新语》。周子美先生早年是著名藏书家刘承幹先生嘉业堂藏书楼的负责人，曾任上海圣约翰大学、震旦大学、中法国立工学院教授，为著名版本目录专家。记得周子美先生当时已经 80 岁了，还站着给我们授课，无须看一纸一文，讲着一口常熟方言。他的讲课时长不多不少，就一小时，时间一到，经常是只听到一声“再会”，循声已不见先生的身影。我们都说周先生是活的历史，他熟读二十四史，我们搜集史料时都去请教他，他甚至可以告诉你在哪部史书中的第几卷第几页，以及谁是谁的叔或侄，令人五体投地。而程俊英先生是中国现代大学的第一代女大学生，毕业于北京女子高等师范学校国文部。她的《诗经》研究亦曾得到吴宓的提携，大学时期便在著名的《学衡》杂志发表《诗经》研究论文，为当代最早的《诗经》研究开拓者之一。我始终认为程先生对《诗经》译得最好，具有女性的特有气质，感情非常细腻，长短译句独具风格。

华东师范大学古籍研究所是当代中国古籍整理与研究的一大重镇，我也因此幸运地接受了非常系统的中国传统文化的训练，如目录学、版本学、校勘学、文字学、音韵学、训诂学等等，这些都是我们当时的必考科目。记忆中有一次考音韵，足足考了一上午，直做得头昏脑涨、天昏地暗，至今想来还“不寒而栗”！不过，现在搞起学问来颇感顺手之时，对于先生们的严格教诲倒是深表感激的。当时所里还延请学界大家为研究生授课，如陕西师范大学黄永年先生讲碑拓学等，开阔了我们的视野。由于冯契先生的倡导，古籍研究所与哲学系中国哲学史专业的课程打通，因此我们也有机会听哲学系的课。除了哲学系老师授课，当时复旦大学朱维铮先生还受邀来讲两汉史，朱先生一袭风衣，风华正茂，娓娓叙事中蕴含着思想洞察，给我留下了深刻的印象。

我的硕士生导师是潘雨廷先生，他主攻易经与道教。潘先生早年毕业于西学甚强的圣约翰大学教育系，之后又师从周善培、唐文治、熊十力、马一浮、杨践形、薛学潜等国学大师研习中国传统学术，深得几位国学大师思想的精髓。他不仅将孔子视为“最敬佩之人”，而且自勉“天有意让我澄清一下两千年来的《易经》”。潘先生曾担任中国《周易》研究会副会长、上海市道教协会副会长，只是他“述而不作”，因此名不见于当时，但梁漱溟、陈鼓应、冯契等先生知道他的造诣。潘先生也在他们的帮助下得以在大学获得学术研究的条件，身后出版代表作有《周易终始》《周易表解》《周易参同契考证》等。在读研期间，我更多的是学习道教、易经等方面的古代经典。我的硕士论文研究的是东汉虞翻象数易，涉及面相当宽，包括历法、音律、科技史和宗教史等方面的知识。这样的学习经历，为我打下了一个比较好的中国文化功底，对我以后的研究起了相当大的作用。

特别值得一提的是，读研期间，我还有幸受业于福建师范大学的黄寿祺先生和我校的苏渊雷先生。黄先生是章太炎的再传弟子，精于易学，时称“八闽才子”，是我论文的答辩委员会主席。而苏先生也是海上闻人，不仅精通历史学、文学，对易学、佛学也深有研究，早年作有《易学会通》，曾是上海市佛教协会副会长，是我论文的答辩委员会委员。我平时常有机会向两位先生讨教，与苏先生交往更多些。苏先生爱饮酒，有一次我陪同先生去参加国际易学会议，先生一路饮酒作诗至武汉。会议结束那天发生了一件趣事，一位学者走到苏先生面前，说完“您就是苏先生啊”，便呈上两瓶酒，然后当众跪倒，向苏先生行弟子礼。这让我头一回见识了活生生的传统礼教。

可以说，就读哲学系时期，我虽然渴望思想生活，却没有明确固定的思想对象，就读古籍研究所时期，在各位先生的熏陶下，我不仅找到了自己满意的探索对象，而且把中国文化视为自己的学术生命之本。

由于读研期间我曾担任过华东师范大学第一届研究生会主席和上海市高校研究生主席联谊会主席，在我毕业之际，学校为我争取了名额，希望我留校做行政工作并转向新兴的行政管理学。然而，我实在不识抬举，因为当时古籍研究所没有博士学位授权点，我打听到中国教育史专业方向博士生招生名额未满，于是，托人上门请教中国教育史名家张瑞璠先生。先生是孔子学会的常务理事，是研究儒家教育的专家。在得到允许后，我于1985年通过考试转入华东师范大学教育科学研究所，在张先生门下攻读博士学位。

转向教育之后，我也希望找到自己的学术途径，探索如何从文化研究的视角来深化已有的中国文化及教育史研究。其间，我写过一篇关于先秦道家教育思想研究的长文，虽然与先生对道家教育的观点不同，但在先生担任《华东师范大学学报（教育科学版）》副主编时，他认为我的文章言之有据，就给我发表了。这一点，让我深刻体会到先生对于学术研究的开放胸怀和对后学的提携之意。非常感谢张先生，这促成了我把先秦儒道教育思想的比较研究作为博士论文选题，也影响了我后来指导学生的方式。

潘雨廷和苏渊雷先生对佛道研究的关注，张瑞璠先生对儒学教育的重视……，正是这种师承背景的影响以及先秦以后的中国教育文化不可避免地要面对东汉以降的佛道文化，促使我尝试对三家的教育思想展开比较，并将中国传统教育置于儒佛道融合的文化语境中加以考察，力图从中国教育传统的多元发展形态去明晰中国传统教育的文化构成及其精神特征。于是，几乎与博士论文同时推进的这项研究，也成了我在中国教育文化及其历史方面研究的开端。

此领域的研究，应该说受启发于一些前辈的研究，如陈东原先生的《中国教育史》（1935 年）和周予同先生的《中国学校制度》（1931 年），程舜英先生的论文《佛教对中国教育和书院制度的影响》（1986 年）等，尽管前述两部著作所涉文字寥寥几十万字，后述论文是万字左右，但还是成为我做此系统研究的重要起因。除此之外，国内外学界很少涉及此领域。而且在我进行研究时，佛教《大藏经》和《道藏》还没有影印出版，能供参考的用新式标点整理的只有还未出版齐全的若干佛教哲学思想资料，而当时几乎所有的有关中国教育史研究的资料尤其是著作几无涉及佛道教育的，此项研究面临史料发掘上的极大困难。20 世纪 80 年代中后期，还没有多少人涉足宗教研究，《佛藏》和《道藏》目录大家也不熟悉，我与学校图书馆古籍部商量，进内库将需要阅览的线装书一一调出，专门放个书架。因为不让复印，只能边读边抄，加以断句和标点，以至于当时此类书籍的借书卡通常第一个登记的是我的名字，我抄录的史料比我成书后的文字要多。我立足于对儒佛道尤其是佛道原始典籍的研读、探究和发掘，将三家的史料加以比较分析，另外还仔细研读了各研究大家如梁启超、熊十力、吕徵、汤用彤、陈垣、蒋维乔、赵朴初、任继愈、郭朋、卿希泰等的著作。

1988 年 4 月，在我博士论文答辩前，《中国佛教教育——儒佛道教育比较研究》得以出版。在此书中，我将中国传统教育视为一个多元文化结构，系统全面地论述了中国佛教教育发生、发展的历史源流和主要特点，并从中外文化交流、融合的角度对儒佛道三家的教育思想、制度和方法进行了纵横向比较研究及关系研究，力图为确立中国传统教育为多元互补结构的发展理论奠定基础，为中国教育史研究提供新的角度、观点和方法，这为中国教育研究开拓了多元文化视角，为中国教育史研究开辟了一个重要的研究取向。

寒窗十年，我接连学了三个不同的专业，先后获得哲学学士、中国古典文学硕士和中国教育史博士学位。虽说不是有意而为，但古时文史哲不分家，我这样大概也算有点历史感吧。更要感谢世事造化，在求学期间我幸运地遇到了在儒佛道三方面各有造诣的前辈学者，受到了一批中国文化研究大家的学术熏陶，这真是一种千载难逢的学习经历！

在进入教育研究领域之后，我有机会参与了上海文化发展战略研究及“文化热”的讨论。当时参与讨论的专家，主要是从事历史、哲学、文学研究的，恰恰没有教育学方面的。但是任何文化的东西都需要教育作为传递、保存和发展的中介，教育应该在文化发展中拥有非常重要的地位。于是我萌发了一个想法，即启动更为全面的中国文化视域来分析中国传统教育的本质与演变。1990 年，我和上海教育出版社合作，在高校的哲学、文学及教育领域找到了一群学术背景相似且对中国教育感兴趣的青年同人，出版了《文化的传递和嬗变——中国文化与教育》一书，并得到著名史学家周谷城先生的欣然题名。接着，以此书为基础，进一步推出了一套“中国文化与教育研究”丛书。当时基本上没有关于教育文化研究的书，这套丛书也算开拓了中国教育文化的研究领域。

我以为，20 世纪 80 年代中后期“文化热”所产生的最大的学术影响莫过于打开并拓宽了人们的文化视野。在文化大讨论中，由于人们引入了大文化的观念，便把文化问题推向了更为广阔的领域。文化的研究开始从文化的各个方面、层次来考察社会整体文化的承继与变迁，从而为各个学科提供了一个大文化背景，同时又使各个领域的研究获得其本身的文化意义，并与整体文化的发展相联系。因此，需要将一种更为开阔的中国文化视野引入中国教育研究，将教育视为一种文化内涵复杂的历史现象，对中国教育所涉及的复杂文化面相展开深入全面的考察。而要理解中国教育，必须引入中国文化的观照，同样要想弄清中国文化史，也必须从教育切入。以此为认识基础，从历史维度对中国教育文化展开研究的两大基本前提在于：一是教育将文化（包括知识、思想、道德、风俗、艺术以及每一世代的认知图式等）加以有目的有意识的保存与传递；二是教育在文化传递的过程中也在不断地改组并重建着文化。

由此，我热衷于鼓动人文社会学者加入教育研究，期望民俗学者、文化人类学者也能加入进来，深入考察民间社会盛行的“大众文化”、“生活方式”或“礼仪”的教育及传递机制，更为全面地认识中国教育文化在各个层面的样态。

20 世纪 90 年代初，虽然“文化热”渐渐退去，但对于文化的思考与责任担当已经成为我自己的研究动力。这使我坚信，一个善于保持自己民族传统的民族，一个勇于改造与更新自己民族传统的民族，才是一个有生命力的民族。而研究传统教育的目的并不仅仅在于保存它，或者摆脱它的制约，而且是改造它、发展它，使其适应今天的需要。从这个意义来讲，我们今天对传统教育的批判、改造与重新解释，也势必会造成一个新的传统。

顺着这样的思路，就要进一步认识中国教育文化多层面的内涵及演变真相。当时书院研究方兴未艾，但在书院教育与传统文化的变迁方面尚欠涉及，只有把中国传统书院的产生、发展与演变放在中国社会文化发展的大背景下加以考察，才能从更为深广的角度考察书院教育的文化功能。同时，我还注意到，宗族作为中国传统宗法社会的基本组织，在其内外部展开了广泛的文化教育活动，由于它面对最为广大的社会成员，对于中国文化的传递与教育的推广发挥了不可或缺的作用。但当时对中国宗族教育之于中国封建社会政治、经济社会等发展的历史作用尚缺乏必要的研究。可以说，从书院到宗族教育的研究有助于理清中国历史上尤其是宋以来教育与社会文化的内在关系。于是就有了《书院与中国文化》（1992 年）、《近世中国经济生活与宗族教育》（1996 年）这两本书的出版。

那些年，我接触了一些热心于研究中国教育历史的国外学者，了解到国际上有关中国教育研究的一些情况与文献，发现我们自己对这些情况的了解却是十分贫乏的，遂产生了系统搜集国外有关中国教育的研究文献、从中比较中外学者在研究上的贡献与共同感兴趣的研究的想法。但当时由于资料缺乏而没有落实。后来我有机会访问了日本、加拿大及美国的一些大学与教育研究机构，有机会在国外广泛地搜集资料，我的研究终于获得了实质性的进展。

一些国外学者朋友般的热情帮助与支持，给我留下了美好的回忆。尤其是加拿大多伦多大学安大略教育研究院的海霍（R. Hayhoe）教授，对我的研究工作予以了极大的帮助。作为一位比较教育学者，她长期从事中国教育研究工作，并赢得了中国学者的友谊及国际声誉。我在她所在的大学访问期间，经常就我搜集的材料与她进行非常有益的讨论，她的帮助使我的工作得以顺利进行，并取得事半功倍之效。

另一位必须提到的是美国丹尼森大学历史系的基南（B. Keenan）教授。在我走访美国的一些大学及研究所时，作为早已熟识的老朋友，他邀请我到他家中度过了一个愉快的感恩节。作为一位研究中国近现代史的历史学家，他早年在哈佛大学出版的《杜威学说在中国的实验：民初政治与教育改革》（1977 年）一书，已在西方学术界获得很大的声誉。他经多年研究写成的《中华帝国最后的书院：长江下游的社会变革，1864—1911》一书，也于 1994 年在加利福尼亚大学出版社出版。他的家坐落在俄亥俄州沃辛顿近郊，我们在那里几乎畅谈了整整三天。从他那里，我了解到美国许多关于中国的研究及出版物情况，还得知 1989 年曾在加利福尼亚州召开了“中国封建末期的教育与社会”国际研讨会。我阅读了该研讨会的大部分论文打印稿。后来，我与加拿大英属哥伦比亚大学的伍德赛德（A. Woodside）教授在多伦多大学与约克大学联合亚洲研究中心举办的国际会议上见了面，作为主编之一，他告诉我上述会议的论文即将由加利福尼亚大学结集出版。令我感到意外的是，伍德赛德教授告诉我，他们主编的书中曾参考了我在 1988 年出版的《中国佛教教育——儒佛道教育比较研究》一书。这些令人愉快的经历，都为我回国后能继续进行并完成《中国教育的国际研究》（1996 年）的研究与写作提供了良好的基础。此项研究，不仅促成了我以后一直注意从更开放的国际视野进行研究工作的习惯，更让我结识了巴斯蒂（M. Bastid）、罗丝（H. Ross）、韩友耿（J. Henze）、彭恩霖（L. W. Paine）、波勒维斯卡娅（N. Borevskaya）、贝利（P. Bailey）和曹诗弟（S. Thogersen）等在中国教育研究方面卓有成就的国际学者，他们后来都欣然应允担任我主编的《中国教育：研究与评论》这一学术集刊的国际编委。而《中国教育：研究与评论》的出版，也为从不同的角度和以多元的话语方式来观察中国教育提供了一个对话的中介和共享的学术平台。

从 20 世纪 90 年代到 21 世纪初期，与我国改革开放迅速发展相契合，学术引来了繁荣发展的时期。这也使我能够在“八五”“九五”“十五”

期间连续推进了从中国传统文化与教育的研究、中国教育传统的理论研究到全球化视野中的中国教育传统研究等多项研究：从传统文化与教育的多元研究视角，进而深入中国教育传统的理论内涵，再进一步探讨中国教育在全球化视野下的生存和发展，构成了一个由内及外的中国教育文化探索历程。我完成了《文化的传递和嬗变——中国文化与教育》（1990 年）、《历史与现实之间：中国教育传统的理论探索》（2002 年）和《全球化视野中的中国教育传统研究》（2009 年）等专著的写作和出版。

我相信，传统不会从现代中国的历史经验中消失，这需要我们从更微观的村落、公共领域、个人生活史等角度，来深入考察“传统”与“现代”交织而成的中国教育的“现代性”。而我近 20 年来对国内教育叙事研究的倡导和大力推进，也是基于这种对于中国教育历史与现实经验的“文化解释”情结。或者说，没有人的活动就无所谓教育历史。而关于人的活动，我们必须从感知日常经验事实入手，从社会文化生活的角度来叙述人们的日常教育生活及其与社会文化和经济生活的关系。然而，仅仅解释是不够的，我们需要进入历史、经历历史而感知历史，当对教育历史的感知感悟成为我们共同的经历，为当代人感同身受时，教育历史就获得了新的生命，成为我们生活中的重要组成部分。因为，不同的民族文化孕育不同的思维方法，而每种文化都会产生它自己的解释、理解和处理现实的方式方法，并把这些方式方法传递、组织成技艺，把它们发展为真正的杰作。

与此同时，从 20 世纪 90 年代至今，无论是对传统文化在人文课程设置中的问题、课程改革的文化处境展开分析，还是强调中国教师专业发展的文化解释等方面的研究，我都在试图为中国教育自身的理论与实践发展提供强有力的文化理由。而从对教育与日常实践的教育学立场的重新审视到对教育经验的理论方式所蕴含方法论的探究，以及对教育学学科问题的理论重构努力，更是在强调全球文化与本土教育知识创新之间的理论张力，以拓展中国教育文化研究的理论基础。

进入 21 世纪以来，我与同人及学生们共同努力，将历史与现实相结合，把教育作为深层的社会文化活动的重要影响因素，力图通过研究教育文化与社会生活的内在联系，强调教育活动的文化内涵和实践功用，并呈现教育文化实践的多元形态与丰富内涵。同时，把教育文化研究作为一项文化行动，重点研究学校领域、公共领域、日常生活和非物质文化遗产中的教育文化现象与实践方式，用以考察以影像、音乐、美术、戏曲、戏剧、交互媒体、工艺、建筑空间等文化形式为媒介的教育生活，由此，探讨教育文化如何再现、表现和形塑民众的社会生活、身份意识、道德与情感认同，揭示这些教育文化现象和活动在各领域中的实践意义。令人欣慰的是，致力于教育文化研究所产生的众多成果，已在激励更多的年轻学者的倾情投入。

对于这种研究的推进，我感到既是一种责任，也是一种理想。正如康德所言："对一种教育理论加以筹划是一种庄严的理想，即使我们尚无法马上将其实现，也无损于它的崇高。人们一定不要把理念看作是幻想，要是因为实行起来困难重重，就把它只看成是一种黄粱美梦，那就败坏了它的名誉。"（康德，2005）[6]人们终将发现，教育是一项艰难而又令人向往的事业，无论其在社会发展中，还是在文化生活中，或是其他。毫无疑问的是，没有任何其他精神活动会像教育这样令人百感交集，尤其是给人以诸多的希望。

回顾自己的学习经历，可以说哲学给我以智慧，文学赋予我情感，教育为我的人生注入了无限的意义。我的学术著作和论文大部分都与中国教育文化研究相关。中国文化的熏陶，总是使我对中国教育的研究抱有一种强烈的文化情怀与炽热的学术激情，使我步履坚定地努力建构一个学术风格清晰、文化意识坚定的精神世界。

参考文献

艾恺，2003. 最后的儒家：梁漱溟与中国现代化的两难［M］. 王宗昱，冀建中，译. 南京：江苏人民出版社.

北京大学哲学系外国哲学史教研室，1981. 西方哲学原著选读：上卷［M］. 北京：商务印书馆.

伯克，2006. 法国史学革命：年鉴学派，1929—1989［M］. 刘永华，译. 北京：北京大学出版社.

曹诗弟，2005. 文化县：从山东邹平的乡村学校看二十世纪的中国［M］. 泥安儒，译. 济南：山东大学出版社.

曹松叶，1929. 宋元明清书院概况［C］//中山大学语言历史研究所. 中山大学语言历史研究所周刊：第10集. 广州：中山大学.

陈定家，2004. 全球化与身份危机［M］. 开封：河南大学出版社.

陈独秀，1984. 陈独秀文章选编：上［M］. 北京：生活·读书·新知三联书店.

陈剑琦，2004. 教育全球化：和而不同［N］. 中国教育报，2004-06-24.

陈向明，2004. 旅居者和“外国人”：留美中国学生跨文化人际交往研究［M］. 北京：教育科学出版社.

陈新，2005. 历史学的归途：全球化情境下思想史的写作［M］//丁耘，陈新. 思想史研究：第1卷. 桂林：广西师范大学出版社.

陈子展，1934. 文言—白话—大众语［N］. 申报，1934-06-18.

D'AMBROSIO U，1998. 数学教与学的文化框架［M］//BIEHLER R，SCHOLZ R W，STRÄBER R，等. 数学教学理论是一门科学. 唐瑞芬，等译. 上海：上海教育出版社.

德里克，1999. 后革命氛围［M］. 王宁，等译．北京：中国社会科学出版社.

丁钢，1988. 中国佛教教育：儒佛道教育比较研究［M］. 成都：四川教育出版社.

丁钢，1996. 中国教育的国际研究［M］. 上海：上海教育出版社.

丁钢，2002. 历史与现实之间：中国教育传统的理论探索［M］. 北京：教育科学出版社.

丁文江，赵丰田，1983. 梁启超年谱长编［M］. 上海：上海人民出版社.

恩格斯，1971. 自然辩证法［M］. 中共中央马克思恩格斯列宁斯大林著作编译局，译．北京：人民出版社．

范艾，1988. 论中国历史上的政教合一［M］//“文化：中国与世界”编委会．文化：中国与世界：第4辑．北京：生活·读书·新知三联书店.

方孝孺，2000. 童氏族谱序［M］// 方孝孺．逊志斋集．2 版．宁波：宁波出版社.

福柯，1997. 权力的眼睛：福柯访谈录［M］. 严锋，译．上海：上海人民出版社.

弗洛伊德，2005. 图腾与禁忌［M］. 赵立玮，译．上海：上海人民出版社.

福泽谕吉，1984. 劝学篇［M］. 2 版．群力，译．北京：商务印书馆.

傅修延，1999. 先秦叙事研究：关于中国叙事传统的形成［M］. 北京：东方出版社.

高平叔，1991. 蔡元培教育论著选［M］. 北京：人民教育出版社.

格林，2004. 教育、全球化与民族国家［M］. 朱旭东，徐卫红，等译. 北京：教育科学出版社.

葛兆光，2005. 思想史研究课堂讲录：视野、角度与方法［M］. 北京：生活·读书·新知三联书店.

龚笃清，2007. 明代科举图鉴［M］. 长沙：岳麓书社.

郭沫若，1954. 青铜时代［M］. 北京：人民出版社．

何良俊，2012. 四友斋丛说［M］. 上海：上海古籍出版社.

黑格尔，2009. 哲学史讲演录：第1卷［M］. 贺麟，王太庆，译．北京：商务印书馆.

胡适，1922. 关于新学制的感想［J］. 新教育（2）.

胡适，1924. 书院制史略［J］. 东方杂志（3）：142-146.

湖南省书院研究会，1989. 新旧县族办书院［M］// 湖南省书院研究会．书院研究：第 2 集 . 长沙：湖南大学出版社.

黄济，郭齐家，2003. 中国教育传统与教育现代化基本问题研究［M］. 北京：北京师范大学出版社.

黄克武，2003. 梁启超与中国现代史学之追寻［J］. 近代史研究所集刊（41）：181-213.

黄宗智，2005a. 近现代中国和中国研究中的文化双重性［J］. 开放时代（4）：43-62.

黄宗智，2005b. 悖论社会与现代传统［J］. 读书（2）：3-14.

加达默尔，1999. 真理与方法：哲学诠释学的基本特征：上卷［M］. 洪汉鼎，译 . 上海：上海译文出版社.

姜丽静，2012. 历史的背影：一代女知识分子的教育记忆［M］. 北京：教育科学出版社.

姜亮夫，1984. 古文字学［M］. 杭州：浙江人民出版社.

蒋梦麟，胡适，1920. 我们对于学生的希望［J］. 中华教育界（5）：1-11.

金曾澄，1922. 广东提出学制系统草案之经过及其成立［J］. 新教育（2）.

康德，2005. 论教育学（附系科之争）［M］. 赵鹏，何兆武，译 . 上海：上海人民出版社 .

克鲁克洪，等，1986. 文化与个人［M］. 高佳，何红，何维凌，译 . 杭州：浙江人民出版社.

拉普普，1979. 住屋形式与文化［M］. 再版 . 张玫玫，译 . 台北：境与象出版社.

劳凯声，2001. WTO 与中国教育［J］. 人民教育（6）：20-22.

李静，2004. 全息汉字教育：促进幼儿发展的有效途径［J］. 学前教育研究（Z1）：35-37.

李宜江，2016. “青椒”的历史印痕：大学青年教师学术与生活的社会考察［M］. 北京：教育科学出版社.

李泽厚，2009. 美的历程［M］. 北京：生活 · 读书 · 新知三联书店.

李泽厚，刘纲纪，1984. 中国美学史：第 1 卷［M］. 北京：中国社会科学出版社.

梁启超，1998. 中国历史研究法［M］. 上海：上海古籍出版社.

廖世承，1922. 关于新学制的一个紧急问题［J］. 新教育（4）.

刘师培，1997. 刘申叔遗书［M］. 南京：江苏古籍出版社.

鲁洁，2003. 应对全球化：提升文化自觉［J］. 北京大学教育评论（1）：27-30.

鲁迅，1981. 鲁迅全集：第 1 卷［M］. 北京：人民文学出版社.

罗伯森，2000. 全球化：社会理论和全球文化［M］. 梁光严，译. 上海：上海人民出版社.

吕作燮，1982. 明清时期的会馆并非工商业行会［J］. 中国史研究（2）：66-79.

马克思，恩格斯，1974. 马克思恩格斯全集：第 3 卷［M］. 中共中央马克思恩格斯列宁斯大林著作编译局，编译. 北京：人民出版社.

马克思，恩格斯，1995a. 马克思恩格斯选集：第 3 卷［M］. 中共中央马克思恩格斯列宁斯大林著作编译局，编译. 北京：人民出版社.

马克思，恩格斯，1995b. 马克思恩格斯选集：第 1 卷［M］. 中共中央马克思恩格斯列宁斯大林著作编译局，编译. 北京：人民出版社.

马林诺夫斯基，1987. 文化论［M］. 费孝通，等译. 北京：中国民间文艺出版社.

毛毅静，2015. 影像记忆：百年变迁的教育叙述［M］. 北京：教育科学出版社.

倪世雄，蔡翠红，2001. 西方全球化新论探索［J］. 国际观察（3）：30-35.

潘庆玉，2001. 语文教育发展论［M］. 青岛：青岛海洋大学出版社.

普特南，1988. 理性、真理与历史［M］. 李小兵，杨莘，译. 沈阳：辽宁教育出版社.

屈大均，1985. 广东新语［M］. 北京：中华书局.

璩鑫圭，唐良炎，1991. 学制演变［M］. 上海：上海教育出版社.

璩鑫圭，童富勇，1997. 教育思想［M］. 上海：上海教育出版社.

瞿葆奎，1992. 社会科学争鸣大系（1949—1989）·教育学卷［M］. 上海：上海人民出版社.

荣新江，2001. 中古中国与外来文明［M］. 北京：生活·读书·新知三联书店.

萨义德，1999. 东方学［M］. 王宇根，译. 北京：生活·读书·新知三联书店.

桑兵，2005. 近代中国的知识与制度转型解说［M］//赵立彬. 民族立场与现代追求：20 世纪 20—40 年代的全盘西化思潮［M］. 北京：生活·读书·新知三联书店.

沈兼士，1986. 沈兼士学术论文集［M］. 北京：中华书局.

史密斯，2002. 全球化时代的民族与民族主义［M］. 龚维斌，良警宇，译. 北京：中央编译出版社.

司洪昌，2009a. 嵌入村庄的学校：仁村教育的历史人类学探究［M］. 北京：教育科学出版社.

司洪昌，2009b. 全球化与教育制度建设及其文化紧张［M］//丁钢. 全球化视野中的中国教育传统研究. 桂林：广西师范大学出版社.

孙崇文，2008. 学生生活图景：世俗内外的教育冲突 [M]. 北京：教育科学出版社.

索绪尔，1980. 普通语言学教程 [M]. 高名凯，译. 北京：商务印书馆.

谈敏，1986. 历代封建家训中的经济要素 [J]. 中国史研究（2）：3-16.

谭彼岸，1955. 论晚清白话文运动并批判胡适的“白话文外来论” [J]. 中山大学学报（社会科学）（2）：9-34.

汤林森，1999. 文化帝国主义 [M]. 冯建三，译. 上海：上海人民出版社.

汤姆林森，2002. 全球化与文化 [M]. 郭英剑，译. 南京：南京大学出版社.

汤普逊，1999. 过去的声音：口述历史 [M]. 覃方明，渠东，张旅平，译. 台北：正港资讯文化事业有限公司.

汤浅光朝，1984. 解说科学文化史年表 [M]. 张利华，译. 北京：科学普及出版社.

汤志钧，陈祖恩，1993. 戊戌时期教育 [M]. 上海：上海教育出版社.

唐逸，1988. 中国文化中的理性思维 [M] //“文化：中国与世界”编委会. 文化：中国与世界：第5辑. 北京：生活·读书·新知三联书店.

陶行知，1922. 我们对于新学制草案应持之态度 [J]. 新教育（2）：12-15.

陶行知，1934. 大众语文运动之路 [J]. 生活教育（10）.

陶行知，1981. 普及现代生活教育之路 [M] //陶行知. 陶行知文集. 南京：江苏人民出版社.

汪晖，2000. 死火重温 [M]. 北京：人民文学出版社.

王国维，1983. 宋元戏曲考 [M] //王国维. 王国维遗书：第15册. 上海：上海古籍书店.

王筠，1962. 文字蒙求 [M]. 北京：中华书局.

王铭铭，1999. 逝去的繁荣：一座老城的历史人类学考察 [M]. 杭州：浙江人民出版社.

王树增，2004. 1901年：一个帝国的背影 [M]. 海口：海南出版社.

王喜旺，2009. 全球化与教育传统变革的理论探索 [M] //丁钢. 全球化视野中的中国教育传统研究. 桂林：广西师范大学出版社.

王晓秋，1992. 近代中日文化交流史 [M]. 北京：中华书局.

王兴瑞，1948. 张文襄与广雅书院 [C] //广东省立广雅中学. 广雅书院创办六十年、广雅中学成立卅七年纪念特刊．广州：广雅中学.

王镇华，1986. 书院教育与建筑［M］. 台北：故乡出版社.

韦伯，2004. 学术与政治［M］. 钱永祥，林振贤，罗久蓉，等译．桂林：广西师范大学出版社．

魏源，1976. 魏源集［M］. 北京：中华书局.

邬志辉，2004. 教育全球化：中国的视点与问题［M］. 上海：华东师范大学出版社.

吴景超，等，1927. 关于清华大学文科课程的商榷［J］. 清华周刊（416）.

吴琦幸，1990. 汉字文化在认知教育中的投射［M］//丁钢．文化的传递与嬗变：中国文化与教育．上海：上海教育出版社.

武安隆，1993. 文化的抉择与发展：日本吸收外来文化史说［M］. 天津：天津人民出版社.

武殿琦，胡育先，1993. 在中堂［M］. 太原：山西人民出版社.

夏惠贤，1998. 论国际教育和国际人的素质［J］. 外国教育资料（4）：65-71.

项贤明，2000. 教育全球化的后殖民特征［J］. 教育理论与实践（12）：2-5.

许承尧，2001. 歙事闲谭［M］. 合肥：黄山书社.

杨念群，2001. 中层理论：东西方思想会通下的中国史研究［M］. 南昌：江西教育出版社.

杨润陆，2000. 现代汉字学通论［M］. 北京：长城出版社.

杨小微，2004. 全球化进程中的学校变革：一种方法论视角［M］. 上海：华东师范大学出版社.

杨煦生，麦荔红，1987. 中国绘画与中国文化［M］//“文化：中国与世界”编委会．文化：中国与世界：第 2 辑．北京：生活·读书·新知三联书店.

杨雪冬，1999. 西方全球化理论：概念、热点和使命［J］. 国外社会科学（3）：34-40.

叶澜，2004. 中国教育学发展世纪问题的审视［J］. 教育研究（7）：3-17.

叶显恩，1983. 明清徽州农村社会与佃仆制［M］. 合肥：安徽人民出版社.

伊格尔斯，2003. 二十世纪的历史学：从科学的客观性到后现代的挑战［M］. 何兆武，译．沈阳：辽宁教育出版社.

永井道雄，1984. 近代化与教育［M］. 王振宇，张葆春，译．长春：吉林人民出版社.

永田广志，1978. 日本哲学思想史［M］. 版本图书馆编译室，译 . 北京：商务印书馆.

于述胜，2011. 中国教育口述史：第 1 辑［M］. 重庆：重庆大学出版社.

余英时，2005. 现代危机与思想人物［M］. 北京：生活 · 读书 · 新知三联书店.

俞可平，1999. 全球化研究的中国视角［J］. 战略与管理（3）：96-102.

张海鹏，王廷元，1985. 明清徽商资料选编［G］. 合肥：黄山书社.

张海鹏，张海瀛，1993. 中国十大商帮［M］. 合肥：黄山书社.

张隆华，1991. 中国语文教育史纲［M］. 长沙：湖南师范大学出版社.

张素玲，2007. 文化、性别与教育：1900—1930 年代的中国女大学生［M］. 北京：教育科学出版社.

张允侯，殷叙彝，洪清祥，等，1979. 五四时期的社团：1［M］. 北京：生活 · 读书 · 新知三联书店.

张仲礼，1991. 中国绅士：关于其在 19 世纪中国社会中作用的研究［M］. 李荣昌，译 . 上海：上海社会科学院出版社.

郑金洲，2005. 全球化时代教育面临的挑战与变革路向［J］. 教师之友（2）：5-9.

中国革命博物馆，湖南省博物馆，1980. 新民学会资料［G］. 北京：人民出版社.

中国史学会，2000. 李鸿章与森有礼问答节略［M］//中国史学会 . 中日战争：1. 上海：上海人民出版社.

中国陶行知研究会，1991. 陶行知教育思想理论和实践［M］. 合肥：安徽教育出版社.

中央教育科学研究所，1984. 中华人民共和国教育大事记：1949—1982［M］. 北京：教育科学出版社.

周明之，2005. 胡适与中国现代知识分子的选择［M］. 雷颐，译 . 桂林：广西师范大学出版社.

BASTID M，1987. Servitude or liberation?：the introduction of foreign educational practices and systems to China from 1840 to the present［M］//HAYHOE R，BASTID M. China's education and the industrialized world. New York：M. E. Sharp，Inc.

BAUMAN Z，1998. Globalization：the human consequences［M］. London：Polity Press.

BROWN S，1996. International relationship in a changing global system［M］. New York：Westview Press.

COHEN R, KENNEDY P, 2002. Global sociology [M]. New York: New York University Press.

ELMAN B A, 1990. From philosophy to philology: intellectual and social aspects of change in late imperial China [M]. Cambridge, MA: Harvard University Press.

FARQUHAR J B, HEVIA J L, 1993. Culture and postwar American historiography of China [J]. Positions (1): 486-525.

FEYERABEND P K, 1978. Science in a free society [M]. London: New Left Books.

GERDES P, 1996. Ethnomathematics and mathematics education [M] //BISHOP A. International handbook of mathematics education . Amsterdam : Kluwer.

HALL D, AMES R, 1999. The democracy of the dead: Dewey, Confucius and the hope for democracy in China [M]. Chicago: Open Court.

KROEBER A L, KLUCKHOHN C, 1952. Culture: a critical review of concepts and definitions [C]. Cambridge, MA: Papers of the Peabody Museum of American Archaelogy and Ethnology.

JOYCE B, SHOWERS B, 1982. The coaching of teaching [J]. Educational Leadership, 40 (1): 4-10.

LEVENSON J R, 1965. Confucian China and its modern fate: a trilogy [M]. Berkeley: University of California Press.

MCCLELLAN J E, 1976. Philosophy of education [M]. Englewood : Prentice-Hall, Inc.

NEWMANN F, WEHLAGE G, 1995. Successful school restructuring [R]. Madison: Center of Organization and Restructuring of School, University of Wisconsin.

NISBETT R, 2003. The geography of thought: how Asians and westerners think differently and ... why [M]. New York: The Free Press.

SAID E, 1990. Third world intellectuals and metropolitan culture [J]. Raritan, 9 (3):27-50.

SCHNEIDER L A, 1971. Ku Chieh-kang and China's new history: nationalism and the quest for alternative tradition [M]. Berkeley: University of California Press.

SCHWARTZ B, 1985. The world of thought in ancient China [M]. Cambridge, MA: Harvard University Press.

SHOWERS B, 1985. Teachers coaching teachers [J]. Educational Leadership,

42 (7):43-48.

SMITH A D, 1998. Nationalism and modernism [M]. London: Routledge.

SPIVAK G C, 1988. Can the subaltern speak? [M] // NELSON C. Marxism and the interpretation of culture. Urbana: University of Illinois Press.

TYLOR E B, 1980. Primitive culture [M] //GOUDSBLOM J. Nihilism and Culture. Oxford: Basil Blackwell.

WATERS M, 1998. Globalization [M]. London: Routledge.

WILLIAMS R, 1983. Keywords [M]. London: Fontana.

ZHOU Y, 2003. The cultural tension of curriculum activities in modern China [C]. Shanghai: Submitting Manuscript for the First World Curriculum Conference at ECNU.